Oliver Gassmann / Gerrit Reepmeyer

Wachstumsmarkt Alter

Oliver Gassmann/Gerrit Reepmeyer

Wachstums-
markt Alter

Innovationen
für die Zielgruppe 50+

HANSER

Bibliografische Information Der Deutschen Bibliothek
Die Deutsche Bibliothek verzeichnet diese Publikation in der Deutschen Nationalbib-
liografie; detaillierte bibliografische Daten sind im Internet über http://dnb.ddb.de
abrufbar.

© 2006 Carl Hanser Verlag München Wien
Internet: http://www.hanser.de
Lektorat: Lisa Hoffmann-Bäuml
Herstellung: Ursula Barche
Karrikaturen: Tom Frey © 2005 ProLitteris, Zürich
Umschlaggestaltung: büro plan.it, München
Druck und Bindung: Kösel, Krugzell
Printed in Germany

ISBN-10: 3-446-40636-0
ISBN-13: 978-3-446-40636-0

Geleitwort

Wie auch in anderen westlichen Ländern ist die demographische Entwicklung für die Schweiz ein zentrales Thema. Schon heute ist jeder dritte Schweizer über 50 Jahre alt. In weniger als fünf Jahren werden in der Schweiz schätzungsweise über 2,7 Millionen Menschen leben, die über 50 sind – die mit Abstand größte Bevölkerungsgruppe. In der Öffentlichkeit wird die demographische Entwicklung oft mit negativen Assoziationen belegt. Glaubt man dieser Diskussion, scheint es keine andere Alternative zu geben, als vor der Übermacht der Senioren zu kapitulieren.

Die Förderagentur für Innovation des Bundes (KTI) – betrachtet das Altern zusätzlich aus einem anderen Blickwinkel. Anstatt auf die Risiken zu verweisen, setzt die KTI bewusst auf die positiven Chancen des demographischen Wandels, denn eines ist sicher: Da es immer mehr ältere Menschen geben wird, werden in Zukunft immer mehr Produkte und Dienstleistungen gefragt sein, die sich an den spezifischen Bedürfnissen der älteren Menschen orientieren. Untersuchungen im Auftrag der KTI haben ergeben, dass viele Firmen noch nicht oder nur unzureichend auf diese – durchaus lohnende – Herausforderung reagieren. Die meisten Unternehmen haben ihr Produkt- und Dienstleistungsangebot noch nicht an die Anforderungen einer alternden Gesellschaft angepasst. Hier gilt es nun für die KTI, anzusetzen. Mit unserer Anfang 2004 gegründeten Initiative „Innovation for Successful Ageing" fördern wir aktiv Forschungs- und Entwicklungsprojekte, welche sich mit der Entwicklung von altersgerechten Produkt- und Dienstleistungsinnovationen beschäftigen. Es geht dabei nicht um die Reduktion eines komplexen sozialpolitischen Themas auf ein merkantilistisches. Es geht vielmehr darum, die Bedürfnisse einer „neuen" Generation von alternden Menschen abzudecken und eine Win-Win-Situation zu schaffen.

Das vorliegende Buch entstand aus einer mehrjährigen Zusammenarbeit mit dem Institut für Technologiemanagement der Universität St. Gallen. Die Ergebnisse der Forschungsarbeiten haben die hohen Wachstumspotentiale altersgerechter Produkte und Dienstleistungen bestätigt. Innovationen für ein aktives Altern bieten daher neben wirtschaftlichen Chancen auch hohen gesellschaftlichen Nutzen. Das Buch veranschaulicht nicht nur, in welchen Bereichen das höchste Potential für altersgerechte Innovationen existiert, es bietet auch einen Leitfaden, wie erfolgreiche Innovationen in diesen unterschiedlichen Bereichen zustande kommen können. Die Lektüre hilft, die neuesten wissenschaftlichen Methoden der Innovationsforschung in die Praxis umzusetzen.

Bern, Januar 2006   *Dr. Johannes Kaufmann (CEO, KTI)*

Vorwort

Viele Länder der westlichen Welt erleben momentan die radikalste demographische Revolution ihrer Geschichte: Die Anzahl neugeborener Kinder sinkt, während die Gruppe der über 50-Jährigen kontinuierlich zunimmt. Im Jahr 2050 wird die Hälfte der Bevölkerung in Deutschland älter als 48 Jahre und ein Drittel 60 Jahre oder älter sein. Die alternde Bevölkerung stellt jedoch nicht nur Herausforderungen an Gesellschaft und Sozialsysteme, sie öffnet auch große Potentiale für die Wirtschaft. In Zukunft werden mehr Produkte und Dienstleistungen nachgefragt werden, welche sich an den Bedürfnissen älterer Menschen orientieren. Bei einem jährlichen Nettoeinkommen von etwa 140 Milliarden € und einem Vermögen von fast 2.200 Milliarden € stellt die 50-plus-Generation in Deutschland bereits heute eine riesige Marktmacht dar. Untersuchungen haben jedoch belegt, dass es bisher kaum Produkte und Dienstleistungen gibt, welche ausdrücklich die Bedürfnisse älterer Menschen berücksichtigen. Fast alle Unternehmen vernachlässigen die Menschen ab 50 konsequent in ihrer Produkt- und Dienstleistungsstrategie. Um in Zukunft erfolgreiche Innovationen auf den Markt bringen zu können, muss die traditionelle Fokussierung auf die Zielgruppe der 14- bis 49-Jährigen um die Zielgruppe der über 50-Jährigen erweitert werden, denn eine Tatsache steht fest: Die wichtigsten Kunden von morgen haben graues Haar!

Das vorliegende Buch beschäftigt sich mit dem Thema, wie Unternehmen vom demographischen Wandel profitieren können, indem sie innovative Produkte und Dienstleistungen an den Markt bringen, welche sich insbesondere – jedoch nicht ausschließlich – an die älteren Menschen richten. Ein besonderer Schwerpunkt wird dabei auf das Konzept des Universal Design als neues Paradigma in der Produktentwicklung gelegt. Ziel dieses Ansatzes ist die Entwicklung altersunabhängiger Produkte. Diese Produkte können sowohl von älteren als auch jüngeren Kunden benutzt werden. Sie sind aufgrund ihrer altersunabhängigen Konzeption attraktiv für alle Altersklassen. Für die Unternehmen stellt sich nur noch die Frage, wie sie diese Produkte möglichst effizient entwickeln können. Studien zum Innovationsmanagement haben gezeigt, dass das Zusammentreffen von entstehenden Marktbedürfnissen mit neuen Technologien die Erfolgswahrscheinlichkeit einer Innovation signifikant ansteigen lässt. Dabei stellen die Innovationsbereiche in den Unternehmen den geeignetsten Ort für die Verschmelzung von Markt und Technologie dar. Dieses Buch beschreibt Mittel und Strategien, um beide Aspekte zusammenzuführen und so die Entwicklung von altersgerechten Innovationen vorantreiben zu können. Mit vielen Fallbeispielen wird verdeutlicht, wie unterschiedliche Firmen auf die immer älter werdenden Konsumenten reagieren. Im Anschluss werden Bereiche und Branchen identifiziert, welche durch ein besonders hohes Innovationspotential für Produkte und Dienstleistungen für ältere Menschen gekennzeichnet sind.

Die Daten und Ergebnisse dieses Buches basieren auf unserer mehrjährigen Forschungstätigkeit am Institut für Technologiemanagement an der Universität St. Gallen. In enger Zusammenarbeit und im Auftrag der Kommission für Technologie und Innovation (KTI/CTI) – der Förderagentur für Innovation in der Schweiz – haben wir verschiedene Studien und Untersuchungen zum demographischen Wandel und den resultierenden Wachstumspotentialen für die Wirtschaft durchgeführt. Wir möchten uns daher an dieser Stelle bei der KTI/CTI für die ausgezeichnete Zusammenarbeit in den letzten Jahren bedanken. Besonderer Dank gilt hierbei Prof. Dr. Gilberto Bestetti, Dr. Véronique Dubois, Dr. Johannes Kaufmann, Marcus Matthias Keupp, Prof. Dr. Beda Stadler sowie Dr. Franziska Schwarz.

Weiterhin möchten wir uns für den wertvollen Input verschiedener Experten aus Wissenschaft und Praxis bedanken. Unser Dank gilt insbesondere Dr. Christian Berg, Dr. Oliver Christ, Dr. Yves Depeursinge, Jean-Claude Gabus, Prof. Dr. Francois Höpflinger, Dr. Daniel Inglin, Dr. Darius Khoschlessan, PD Dr. Knut Koschatzky, Prof. Dr. Andreas Kruse, Martin Mezger, Thomas Stahlecker, Charles Studer und Dr. Rolf Wohlgemuth. Zudem konnten wir auf die tatkräftige Unterstützung vieler Studenten an unserem Lehrstuhl zählen, insbesondere Daniel von Heimendahl sowie Rene Bertapelle, Ralf Dyllick, Daniel Imhof, Verena Jäniche, Julia Jakob, Sven Kirch, Daniel Leuthard, Michael Lüthi, Philippe Münger und Benjamin Stengl. Wir hoffen, dass wir mit diesem Buch einen Leitfaden geben können, um die Entstehung erfolgreicher Innovationen im Markt für ältere Menschen zu forcieren.

St. Gallen, New York, Januar 2005   *Oliver Gassmann*
                                                           Gerrit Reepmeyer

Inhalt

Eine alternde Gesellschaft als Wachstumschance

1

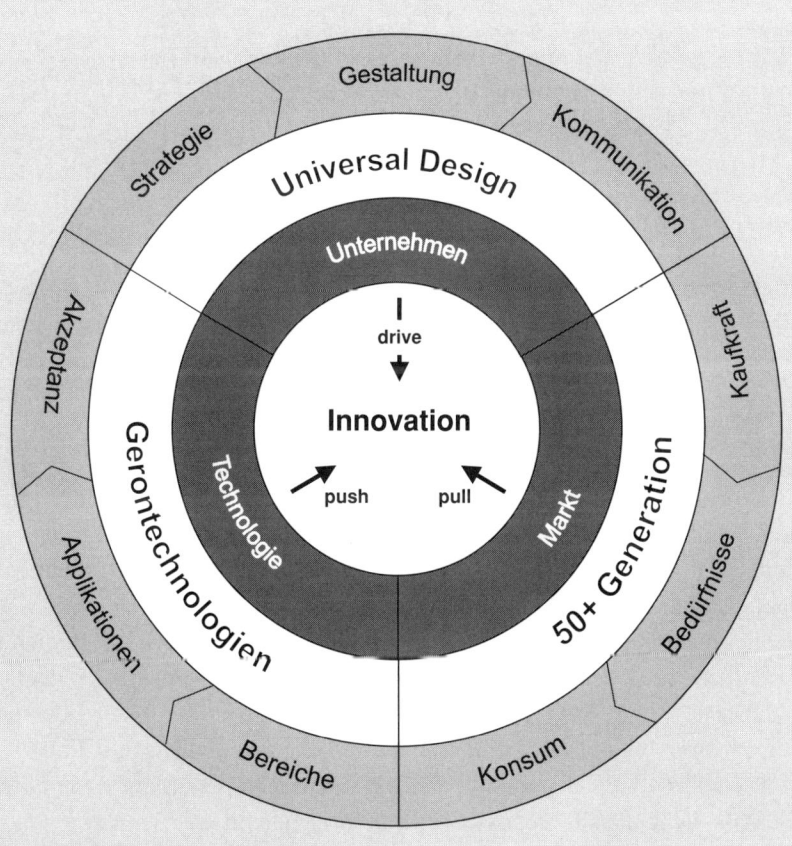

1.1   Alter als neues Paradigma für die Wirtschaft

Fast alle Länder Europas stehen unmittelbar vor der dramatischsten Revolution
ihrer Geschichte: In nur wenigen Jahren wird die Gesellschaft zum ersten Mal aus
mehr älteren als jüngeren Menschen bestehen. Die über 50-Jährigen werden dann
die größte Bevölkerungsgruppe ausmachen. Doch viele Gesellschaften sind auf
diesen radikalen Umbruch noch nicht vorbereitet. In der Öffentlichkeit wird der
demographische Wandel oft mit einer negativen Konnotation belegt. Begriffe wie
Rentenalarm, Generationenkrieg, Rentenkollaps, Überalterung oder *Rentenprob-
lematik* beherrschen die alltägliche Diskussion und werfen einen grauen Schatten
auf die Gruppe der älteren Menschen (siehe Bild 1.1).

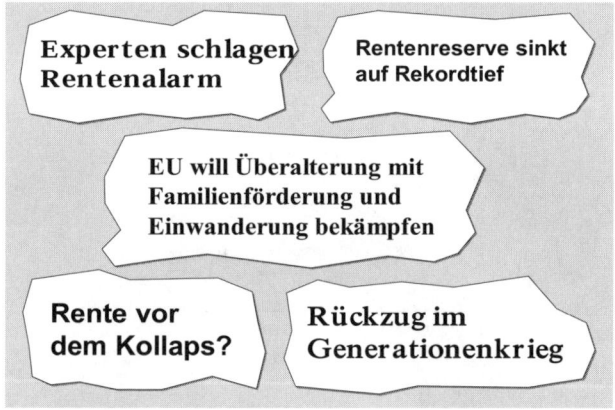

Bild 1.1: Negative Begriffe prägen die Diskussion über das Alter in der Öffentlichkeit

Selbst Frank Schirrmachers Bestseller „Das Methusalem-Komplott" greift auf
einen kontrovers zu diskutierenden Titel zurück. Es gilt weiterhin die altherge-
brachte Überzeugung: Jeder möchte alt werden, aber niemand möchte es sein.
Dabei ist die traditionelle Auffassung des Alters inzwischen selbst völlig veraltet.
Die heutigen älteren Menschen sind zunehmend finanzstark, körperlich fit und
wesentlich gesünder als vergleichbare frühere Generationen. Sie denken und
fühlen sich „jung". Dies verwundert wenig, denn die älteren Menschen von heute
sind in ihrer Jugend mit völlig anderen Wertvorstellungen und Idealen aufgewachsen als frühere Generationen älterer Menschen. Es sei nur darauf hingewie-
sen, dass die heute 50- bis 65-Jährigen in ihrer Jugend die 68er-Bewegung auslös-
ten und großen Anteil an kulturellen Revolutionen wie Rock 'n' Roll, Elvis Presley und den Beatles hatten. Sie identifizieren sich mit Frauen wie Cathérine De-
neuve, Tina Turner oder Senta Berger und mit Männern wie Robert Redford,
Sean Connery oder Mick Jagger. Es ist banal, aber wahr: Wer im Jahr 1968 beispielsweise 27 Jahre alt war, ist heute 65. Die Nachkriegsgeneration hat somit
endgültig die Kriegsgeneration als Seniorentypus abgelöst und ein radikal neues

Bild vom Alter geschaffen. Wer würde die Personen im Bild 1.2 für Senioren halten, auch wenn sie alle älter als 50 sind?

Bild 1.2: Senioren?

Die Wirtschaft hat diese Entwicklung jedoch sträflich außer Acht gelassen. Viele Firmen haben sich über viele Jahre mühsam ein jugendliches Image für ihre Marken und Produkte aufgebaut und fixieren auch heute noch ihr Leistungsangebot fast ausschließlich auf jugendliche Kunden. Die Zielgruppe der 14- bis 49-

Jährigen scheint für die meisten Unternehmen das Allheilmittel für eine erfolgreiche Produktplatzierung zu sein. Menschen ab 50 Jahren werden als potentielle Kunden konsequent vernachlässigt, obwohl inzwischen fast jedem klar ist, dass der König Kunde von morgen graues Haar trägt.

Aufgrund des herkömmlichen Bildes älterer Menschen denken viele Produktmanager nach wie vor, dass der Begriff des Seniors Assoziationen nach Dingen hervorruft, denen der Geruch des Alters anhaftet. Bei Produkten für Senioren denken viele Menschen zunächst nur an Begriffe wie Haftcreme, Stützstrümpfe, Filzpantoffeln, Inkontinenz oder Treppenlift. Es wird dabei oft vergessen, dass die neuen Alten nicht nur durch ein jüngeres Erscheinungsbild gekennzeichnet sind, sondern auch ein aktiveres und lebhafteres Konsumverhalten haben als ihre Vorgängergenerationen. Daher stellen sie nicht zuletzt wegen ihrer stark wachsenden Größe eine attraktive Zielgruppe für Unternehmen dar. Ein Paradigmenwechsel in der Auffassung des Alters ist daher nicht nur in der Gesellschaft, sondern auch in der Wirtschaft zwingend notwendig. Es ist eine unabdingbare Konsequenz der demographischen Entwicklung, dass in Zukunft mehr Produkte und Dienstleistungen nachgefragt werden, welche sich an den Anforderungen und Bedürfnissen älterer Menschen orientieren. Daher liegt es an den Unternehmen, das noch brachliegende wirtschaftliche Potential der alternden Gesellschaft zu nutzen. Das demographische Potential ist unwiderruflich gegeben.

> Viele Produktentwickler glauben immer noch, dass Senioren nur Haftcremes, Stützstrümpfe oder Filzpantoffeln kaufen. Diese Auffassung ist falsch. Ältere Menschen von heute sind fit, gesund und fühlen sich „jung". Sie identifizieren sich mit Frauen wie Cathérine Deneuve, Tina Turner oder Senta Berger und mit Männern wie Robert Redford, Sean Connery oder Mick Jagger.

1.2   Demographisches Potential in Europa

Seit Beginn der Menschheit betrug die Lebenserwartung in über 99,9 Prozent der Zeit gerade einmal 30 Jahre (vgl. Hyflick 2000). Erst gegen Ende des 19. Jahrhunderts begann die durchschnittliche Lebenserwartung signifikant zu steigen. Um 1900 betrug sie in den meisten Ländern Europas zwischen 40 und 45 Jahren. Heute liegt die Lebenserwartung in Deutschland bereits bei 75 Jahren für Männer und 81 Jahren für Frauen. Eine 65-jährige Frau lebt im Schnitt weitere 23 Jahre und ein 65-jähriger Mann weitere 19 Jahre (vgl. Statistisches Bundesamt 2003a). Diese Tendenz wird in Zukunft noch steigen. So wächst beispielsweise die Lebenserwartung von Europäern und Amerikanern jährlich um drei Monate (vgl. Schirrmacher 2004). Jedes zweite neugeborene Mädchen hat bereits eine Lebenserwartung von fast 100 Jahren, und jeder zweite Junge wird aller Voraussicht nach 95 Jahre alt (vgl. Vaupel 2000). Aufgrund der ständig steigenden Lebenserwartung wird beispielsweise die Anzahl der über 80-Jährigen in Deutschland bis zum Jahr 2050 um 200 Prozent steigen.

> Eine 65-jährige Frau lebt im Schnitt weitere **23 Jahre**,
> ein 65-jähriger Mann im Schnitt weitere **19 Jahre**.

Neben der steigenden Lebenserwartung ist jedoch auch eine rückläufige Generativität in vielen europäischen Ländern festzustellen. Um die gegenwärtige Bevölkerungszahl zu sichern, müsste jedoch – ohne Zuwanderungen – jede Frau im Laufe ihres Lebens durchschnittlich 2,1 Kinder gebären (vgl. DB Research 2002). Diese Zahl wird auch als Bestandhaltungsniveau oder natürliche Reproduktionsrate bezeichnet. In den europäischen Industrieländern lag die Geburtenrate in den letzten Jahren mit 1,5 Kindern je Frau im Schnitt fast 30 Prozent unter der natürlichen Reproduktionsrate. Im Ländervergleich zeigt sich, dass die Spanne von 1,2 in Spanien und Italien bis 1,9 in Irland reicht. Die jährliche Anzahl an Geburten in der Schweiz sank sogar von 1,55 Kindern je Frau im Jahr 1990 auf einen historischen Tiefststand von 1,27 Kindern je Frau im Jahr 1999 (vgl. Bundesamt für Statistik 2002). Deutschland weist eine durchschnittliche Geburtenrate von 1,3 auf (vgl. DB Research 2002). Wegen der rückläufigen Generativität wird daher erwartet, dass die gesamte Bevölkerung in Deutschland bis zum Jahr 2050 um zwölf bis 17 Millionen Menschen abnehmen wird. Die im Jahr 1990 dazugewonnene Bevölkerung der DDR (einst 18 Millionen Menschen) wird sich somit in Nichts aufgelöst haben. Italien wird noch am Ende des Jahrhunderts bei gleich bleibendem Trend nur noch zehn Millionen Einwohner haben (vgl. Schirrmacher 2004).

> **2,1** Kinder halten die Bevölkerungszahl konstant.
> **1,3** Kinder bekommt jede deutsche Frau im Durchschnitt.

Aufgrund der rückläufigen Generativität jüngerer Generationen ist das Altern kein ausschließliches Problem der über 50-Jährigen, sondern ein Phänomen der gesamten Bevölkerung. Eine steigende Lebenserwartung bei gleichzeitig rückläufiger Generativität führt dazu, dass nicht nur das Durchschnittsalter steigt, sondern sich die Balance der Verteilung von jüngeren zu älteren Menschen verschiebt. Der Altenquotient einer Gesellschaft (der Anteil der über 60-Jährigen pro 100 Erwerbstätige) nimmt in fast allen Ländern zu. In ganz Europa standen im Jahr 2000 im Schnitt 100 Personen im Erwerbsalter 35 Personen im Alter von über 60 Jahren gegenüber. Im Jahr 2050 werden diesen 100 Personen 75 Personen im Rentenalter gegenüberstehen (vgl. DB Research 2002). In Deutschland ist das

Bild etwas extremer. Während im Jahr 2002 auf 100 Personen zwischen 20 und 60 Jahren in etwa 44 Personen von über 60 Jahren kamen, wird diese Zahl im Jahr 2030 voraussichtlich bei 71 und im Jahr 2050 bei 78 liegen. Wollte man den Altenquotienten des Jahres 2000 in Deutschland erhalten, müssten etwa 180 Millionen Menschen nach Deutschland einwandern (vgl. Schirrmacher 2004). Zusätzlich zum steigenden Altenquotienten altert auch die erwerbstätige Bevölkerung in hohem Tempo. Während der Anteil der jüngeren Arbeitnehmer zwischen 20 und 39 Jahren in vielen Ländern sinkt, steigt im Gegenzug der Anteil der 40- bis 59-jährigen Erwerbstätigen stark an. Dieser Trend wird in den nächsten zehn Jahren noch verstärkt und bewirkt einen markanten Rückgang der Erwerbstätigen zwischen 2015 und 2035.

> Das Altern ist kein Problem der über 50-Jährigen. Es ist eine Herausforderung für die gesamte Bevölkerung. Die jüngeren Generationen bekommen immer weniger Kinder, und die älteren Generationen leben immer länger. Dadurch wird die Balance zwischen Alt und Jung in doppelter Hinsicht verschoben. Um den gegenwärtigen Bevölkerungsstand zu sichern, müsste jede Frau im Laufe ihres Lebens 2,1 Kinder gebären; mit 1,3 Kindern pro Frau ist Deutschland davon jedoch so weit entfernt wie kaum ein anderes Land in Europa. Die über 50-Jährigen werden in nur wenigen Jahren die mit Abstand größte Bevölkerungsgruppe darstellen.

Die demographische Entwicklung in Deutschland hat einen Punkt erreicht, wo sich das zahlenmäßige Verhältnis zwischen älteren und jüngeren Menschen in absehbarer Zukunft erheblich verschieben wird. Im Jahr 2050 wird die Hälfte der deutschen Bevölkerung älter als 48 Jahre und ein Drittel 60 Jahre oder älter sein (vgl. Statistisches Bundesamt 2003a). Auch die Einwohnerzahl in Deutschland wird langfristig abnehmen. Derzeit hat Deutschland rund 82,5 Millionen Einwohner. Nach der „mittleren Variante" der „10. koordinierten Bevölkerungsvorausberechnung" des Statistischen Bundesamtes wird die Bevölkerungszahl nach einem geringen Anstieg auf 83 Millionen ab dem Jahr 2013 zurückgehen und bis zum Jahr 2050 auf das Niveau des Jahres 1963 (etwa 75 Millionen Einwohner) sinken. Das niedrige Geburtenniveau in Deutschland wird dazu führen, dass die Zahl der unter 20-Jährigen von aktuell 17 Millionen (21 Prozent der Bevölkerung) auf zwölf Millionen im Jahr 2050 (16 Prozent) zurückgeht. Die Gruppe der mindestens 60-Jährigen wird gleichzeitig mit etwa 28 Millionen Menschen mehr als doppelt so groß sein (37 Prozent). 9,1 Millionen Menschen (zwölf Prozent der Bevölkerung) werden im Jahr 2050 sogar mindestens 80 Jahre oder älter sein (vgl. Bild 1.3).

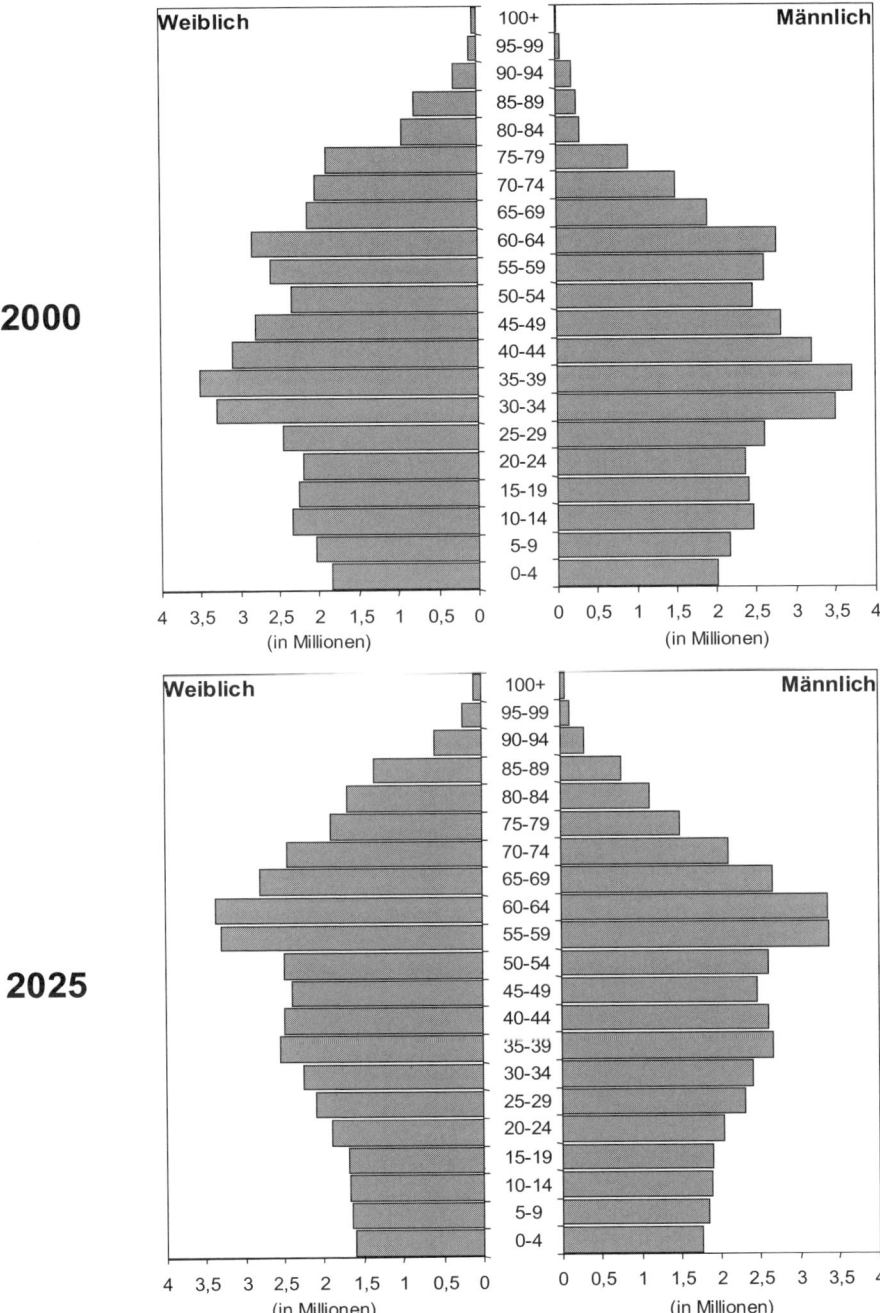

Bild 1.3: Die Bevölkerungspyramide in Deutschland steht kurz davor, zu kippen (Quelle: Statistisches Bundesamt 2003a)

Bei einer näheren Untersuchung der Gruppe der älteren Menschen fällt auf, dass es in Zukunft mehr ältere Frauen als ältere Männer geben wird. Etwa zwei Drittel der 1930 geborenen Frauen können damit rechnen, im Jahr 2010 ihren 80. Geburtstag zu feiern. Schirrmacher (2004) stellt sogar fest, dass im Jahr 2050 die Zahl der über 85-jährigen Frauen die aller anderen Altersgruppen übersteigen wird. Die Gründe für die geschlechtsspezifischen Unterschiede zwischen Männern und Frauen sind vielfältig. Sie reichen von hormonalen Faktoren bis hin zu unterschiedlichem Risiko- und Gesundheitsverhalten. Die geschlechtsspezifischen Unterschiede in der Lebenserwartung führen daher zu einer klaren „Feminisierung des Alters".

> In Deutschland wird bis zum Jahr 2050 die Zahl...
>
> ... der **unter** 20-Jährigen von **17** auf **12** Millionen **sinken,**
> ... der **über** 60-Jährigen von **20** auf **28** Millionen **steigen.**

Die sich abzeichnenden Trends in der Bevölkerungsentwicklung betreffen jedoch nicht nur Europa. Es handelt sich um ein globales Phänomen. Während viele Entwicklungsländer nach wie vor einen beispiellosen Jugendboom erleben, wird sich auch dort der Anteil der älteren Menschen mittelfristig stark erhöhen. Es wird davon ausgegangen, dass sich beispielsweise in Afrika der Anteil der über 80-Jährigen in den nächsten Jahren verdreifachen und in Lateinamerika sogar vervierfachen wird. In China wird sich aufgrund der dort vorherrschenden Ein-Kind-Politik der Anteil der über 65-Jährigen in weniger als 30 Jahren verdoppelt haben (vgl. Schirrmacher 2004).

> In China wird die Ein-Kind-Politik dazu führen,
> dass sich der Anteil der **über 65**-Jährigen in
> weniger als 30 Jahren **verdoppelt.**

Trotz der zukünftig zu erwartenden hohen Anzahl an älteren Menschen wird oftmals der Fehler begangen, die Menschen ab 50 Jahren als eine homogene Gruppe zu betrachten und sie unter dem Begriff „Senior" abzustempeln. Um verlässliche und glaubhafte Aussagen über die Generation 50 plus machen zu können, ist eine differenziertere Untersuchung und Beschreibung der älteren Menschen nötig.

1.3 Wer sind die älteren Menschen?

Die Gruppe der älteren Menschen ist sehr heterogen und eine Beschreibung des Marktes für ältere Menschen ist daher schwierig. Die Schwierigkeit der Definition wird allein durch die hohe Zahl an Begriffen deutlich, welche oftmals von Werbefachleuten erfunden werden, um die Gruppe der älteren Menschen zu beschreiben. Einige der am häufigsten genannten Begriffe sind im Bild 1.4 aufgelistet.

Neben der begrifflichen Abgrenzung stellt die Definition des Alters, ab welchem ein Mensch als alt gilt, ein weiteres Problem dar. Generell wird ein Alter von 50 bis 55 Jahren als Altersgrenze genannt, da ab diesem Alter die Auseinandersetzung mit dem Ruhestand beginnt. Spätestens ab 55 Jahren wird darüber nachgedacht, wie der nachberufliche Lebensabschnitt gelebt werden möchte.

Bild 1.4: Unzählige Begriffe zur Beschreibung der älteren Menschen belegen die Schwierigkeit, diese Bevölkerungsgruppe zu charakterisieren

Die Ausweitung der nachberuflichen Phase durch vorzeitige Pensionierungen und verlängerte Lebenserwartung hat dazu geführt, dass die Einteilung in Erwerbstätige und Menschen, die älter als 50 oder 55 Jahre sind, zu grob geworden ist. Neben der Stellung im Arbeitsmarkt wird daher heute als zweiter wichtiger Aspekt der funktionale Gesundheitsstatus einbezogen. Dies führt gemäß dem Genfer Altersforscher Christian Lalive d'Epinay zur Klassifikation von vier Phasen im Lebenslauf älterer Erwachsener:

1. Phase: **Letzte Berufsphase und nahende Pensionierung:** Zwar sind die Personen in dieser Lebensphase noch erwerbstätig, aber der Übergang in die nachberufliche Phase zeichnet sich ab. Das Alter, in dem die Erwerbstätigkeit endet, kann variieren. Einerseits führen Frühpensionie-

rungen dazu, dass zunehmend mehr Arbeitnehmer schon vor Erreichen des offiziellen Rentenalters aus dem Erwerbsleben austreten oder
ausgeschlossen werden. Andererseits bleiben Männer und Frauen manchmal auch nach Erreichen des Rentenalters weiter erwerbstätig.

2. Phase: **Autonomes Rentenalter:** Diese Lebensphase ist einerseits durch eine
Freisetzung von der Erwerbsarbeit, andererseits durch eine hohe soziale und persönliche Autonomie gekennzeichnet. Gesundheit und
Kompetenzen erlauben es, das Rentenalter nach eigenen Bedürfnissen
zu gestalten und zu genießen. Gesundheitliche Probleme und Einschränkungen sind noch kaum gegeben. Diese Phase später Freiheit
dauert allerdings unterschiedlich lang, und die Dauer des so genannten dritten Lebensalters ist von den vorhandenen finanziellen und psychischen Ressourcen sowie den körperlichen Belastungen in früheren
Lebensphasen abhängig. Diese Lebensphase ist gegenwärtig einerseits
durch wachsende wirtschaftliche Ressourcen und soziale Kompetenzen sowie eine klare kulturelle Verjüngung gekennzeichnet. Andererseits ist das autonome Rentenalter gesellschaftlich weitgehend unbe-
stimmt und konturlos.

3. Phase: **Verstärkte Gebrechlichkeit:** Diese Lebensphase ist dadurch gekennzeichnet, dass Behinderungen und Einschränkungen zwar ein eigen-
ständiges Leben nicht unmöglich machen, es jedoch erschweren.
Funktionale Einschränkungen, wie etwa Gehschwierigkeiten oder
Hörprobleme, zwingen zu Anpassungen der Aktivitäten (das heißt
vermehrte Häuslichkeit oder Verzicht auf anstrengende Reisen und
Hobbys). Vielfach sind Personen in dieser Phase in einigen Tätigkeiten
des Alltags auf externe Hilfe angewiesen. In dieser Lebensphase müssen – oft bei noch hohen geistigen Fähigkeiten – die Grenzen und Einschränkungen des menschlichen Körpers akzeptiert und bewältigt
werden. Es zeigt sich, dass in dieser Lebensphase das psychische
Wohlbefinden stark durch die „mentale Kraft" bestimmt wird.

4. Phase: **Abhängiges Rentenalter:** Diese Lebensphase ist durch gesundheitlich
bedingte Abhängigkeit und Pflegebedürftigkeit charakterisiert. In dieser Phase treten häufig auch kognitive Einschränkungen oder gar dementielle Erkrankungen hinzu. Selbständiges Leben ist kaum mehr
möglich, und die Menschen in dieser Lebensphase sind selbst bei einfachen Alltagsaktivitäten auf Hilfe anderer Menschen angewiesen. Es
ist diese Lebensphase, welche meist angesprochen wird, wenn das
Stichwort „Alter" angeführt wird.

Da die „nachberufliche Phase" daher sehr vielfältig ausfallen kann, stellt das kalendarische Alter ein ungeeignetes Kriterium zur Abgrenzung älterer Menschen dar. Auch wenn ältere Menschen oftmals mit Begriffen wie „Generation 50 plus" oder „Menschen ab 50" beschrieben werden, ist und bleibt ein großer und wachsender Teil der älteren Menschen auch nach dem 50. Lebensjahr autonom, aktiv und nicht „alt" im herkömmlichen Sinne. Zudem darf nicht vergessen werden, dass die Lebensspanne vom 50. bis zum etwa 80. Lebensjahr immerhin 30 Jahre beträgt. Die Konsumwünsche eines 55-Jährigen liegen mit Sicherheit sehr viel näher an denen eines 45-Jährigen als an denen eines 75-Jährigen (vgl. Haimann 2005). Somit haben ältere Menschen, welche sich in der Übergangsphase vom Arbeitsleben ins Rentnerdasein befinden, ein ganz anders ausgeprägtes Konsumverhalten als ältere Menschen, die sich bereits in diesem Lebensabschnitt eingerichtet haben.

Die heutige Langlebigkeit und die zunehmende Zahl gesunder und aktiver älterer Menschen führen dazu, dass wir heute immer mehr von zwei unterschiedlichen Alterskulturen ausgehen müssen. Einer Alterskultur für aktive ältere Menschen und einer für behinderte und pflegebedürftige ältere Menschen. Dabei stellt die zuletzt genannte Alterskultur eindeutig eine Minderheit dar. Selbst bei betagten Menschen ist das Leben im Alters- oder Pflegeheim die Ausnahme. In Deutschland gelten nur etwa sieben Prozent der 65- bis 69-Jährigen als pflegebedürftig (vgl. Infratest 2003). 65-jährige Männer und Frauen können heute damit rechnen, mehr als drei Viertel der ihnen verbleibenden Lebensjahre ohne massive Behinderungen zu verleben.

> In Deutschland gelten nur etwa ...
>
> ... **7 Prozent** der 65- bis 69-Jährigen als pflegebedürftig ...
> ... und nur **14 Prozent** der 85- bis 89-Jährigen.

Erst im neunten Lebensjahrzehnt, das heißt ab einem Alter von 80 Jahren, steigt die Vulnerabilität älterer Menschen merklich an. Jedoch selbst von den 85- bis 89-jährigen Menschen in Deutschland gelten weniger als ein Sechstel (14 Prozent) als pflegebedürftig (vgl. Infratest 2003). Die überwiegende Mehrheit der älteren Menschen und selbst der Hochbetagten lebt weiterhin unabhängig und selbständig.

> Wann ist ein Mensch alt? Diese Frage lässt sich nur schwer beantworten. Bisher galt das 50. bis 55. Lebensjahr als Grenze, welche die Alten von den Jungen trennte. Da ältere Menschen jedoch immer länger gesund und aktiv bleiben, stellt das kalendarische Alter ein ungeeignetes Kriterium zur Abgrenzung dar. Heute werden daher zusätzlich zum kalendarischen Alter zwei verschiedene Alterskulturen unterschieden – eine aktive und eine pflegebedürftige.

In den letzten Jahren hat sich somit nicht allein die Lebenserwartung, sondern auch die „behinderungsfreie Lebenserwartung" ausgedehnt. Heute sind ältere Frauen und Männer nicht in erster Linie Hilfs- und Pflegebedürftige, die der Gesellschaft zur Last fallen, sondern sie erleben ein weitaus unabhängigeres und autonomeres Altern als frühere Generationen älterer Menschen. Aufgrund dieser Veränderungen bei der Erfahrung des Alters zeichnet sich in der Gesellschaft seit einiger Zeit ein neues Bild des Alterns ab.

1.4   Das heutige Bild des Alterns

> *„Drei Viertel der Senioren können gut leben, haben einen guten Lebensstil und relativ viel Vermögen. Zusätzlich sind 70- bis 75-Jährige größtenteils noch sehr fit und vital."*
>
> Dr. Daniel Inglin,
> *Präsident der Schweizerischen*
> *Gesellschaft für Gerontologie, 2002*

Beim Umgang mit dem Alter wird oftmals von dem Trugschluss ausgegangen, dass Aspekte des individuellen Alterns auf die Gesamtgesellschaft übertragen werden können. Es wird befürchtet, dass die demographische Alterung zu einer weniger aktiven und dynamischen Gesellschaft führe. Aus soziologischer Sicht sind solche Übertragungen individueller Alterungsprozesse auf gesamtgesellschaftliche Strukturen jedoch zurückzuweisen (vgl. Höpflinger 2002a). Dies gilt auch für die These, dass mit zunehmendem Älterwerden der Bevölkerung konservative Tendenzen gestärkt werden, womit politische, soziale und wirtschaftliche Neuerungen verzögert würden oder überhaupt unterblieben („Aging-conservatism"-Hypothese). Solche oder ähnliche Thesen spiegeln veraltete Defizitmodelle des Alterns wider, die durch die moderne Altersforschung (Gerontologie) eindeutig widerlegt werden konnten. So haben einige führende Persönlichkeiten in Politik und Wirtschaft erst in hohem Alter ihre wichtigste Schaffensphase erlebt. Otto von Bismarck war bis kurz vor seinem 75. Geburtstag Reichskanzler des Deutschen Reichs, Konrad Adenauer war mit 87 Jahren noch Bundeskanzler der Bundesrepublik Deutschland, Warren Buffett ist mit 65 Jahren immer noch einer der erfolgreichsten und profiliertesten Investoren der Welt und André Kostolany verstand es noch mit mehr als 90 Jahren, erfolgreich mit Aktien und Anleihen zu handeln (vgl. Haimann 2005). Insgesamt wird erwartet, dass der Einfluss demographischer Alterung auf soziale und politische Einstellungen und Werte tendenziell gering und höchstens indirekt ist. Die Gleichsetzung von demographischer Alterung mit „gesellschaftlicher Alterung" basiert somit auf einem demographischen Fehlschluss.

Vor dem Hintergrund dieser Erkenntnisse wurde in den 1990er Jahren in der Schweiz ein nationales Forschungsprogramm ins Leben gerufen, um die Bedeutung des Alterns für die Gesellschaft zu untersuchen. Als Resultat konnten die folgenden fünf Aussagen identifiziert werden, welche einen zentralen Bestandteil bei der Beurteilung des heutigen Bildes der älteren Menschen einnehmen (vgl. Höpflinger und Stuckelberger 1999):

- Beobachtungen, welche über heutige betagte Menschen gemacht werden, sagen wenig über die zukünftige Gestaltung des Alterns aus.
- Die Lage und das Befinden älterer Menschen haben sich in den letzten Jahrzehnten in vielerlei Hinsicht verbessert.
- Gleichaltrige Frauen und Männern zeigen in allen Bereichen enorme Unterschiede und der typische Rentner oder die typische Rentnerin existieren nicht.
- Das menschliche Altern ist in hohem Maße gestaltbar und bei betagten und hochbetagten Menschen ergeben sich beträchtliche, unausgeschöpfte Lebenschancen.
- Negative und falsche Bilder über das Alter beeinflussen die Lebenssituation und das Lebensgefühl älterer Menschen negativ. Sie tragen dazu bei, dass ältere Menschen in unserer Gesellschaft einen geringen Stellenwert genießen.

Der Trendforscher Matthias Horx erkennt sogar heute bei vielen Menschen in der Zeit zwischen dem 50. Lebensjahr und dem Ruhestand einen neuen Lebensabschnitt, welchen er den „zweiten Aufbruch" nennt (vgl. Horx 2002). Die klassischen drei Lebensphasen der industriellen Gesellschaft (Kindheit/Jugend und Ausbildung, Erwerbs- und Familienleben sowie Ruhestand) haben somit ausgedient. In der Phase des „zweiten Aufbruchs" kommt es verstärkt zur Lebensbilanzierung und Selbstfindung, bei der die Menschen ihren bisherigen Lebensverlauf bewerten und meistens versuchen, Versäumtes nachzuholen oder Nichterreichtes zu erreichen. So ist der durchschnittliche Käufer einer Harley Davidson beispielsweise mehr als 52 Jahre alt. Menschen ab 50 Jahren nähern sich daher zusehends nicht mehr dem Ende des Schaffens, sondern stehen in der Mitte ihres Lebens. Andere Forscher sprechen von einer neuen, zunehmend von Aktivität geprägten Lebensphase zwischen dem 55. und 75. Lebensjahr (vgl. Kohli 2000). Es verwundert daher nicht, dass die über 60-Jährigen – wenn sie nach ihrem gefühlten Alter gefragt werden – mehrheitlich Angaben machen, die zehn bis 15 Jahre unter ihrem kalendarischen Alter liegen (vgl. Smith und Baltes 1996).

Die ausgeprägte Aktivität im Alter spiegelt sich in verschiedenen Bereichen wider, in denen ältere Menschen ihren Einfluss in der Gesellschaft, Wirtschaft und Politik manifestieren. So berichtet zum Beispiel der Bundesverband Deutscher Zeitungsverleger, dass Rentner einen erheblichen Teil der morgendlichen Zeitungsausträger ausmachen. Neben vielen Nebentätigkeiten und ehrenamtlichen Aktivitäten gründen immer mehr ältere Menschen Foren, Verbände und Parteien, welche ihre Interessen gegenüber dem Rest der Gesellschaft zu vertreten wissen – und einen erheblichen Einfluss auf das Verhalten ihrer Mitglieder ausüben können. Ein herausragendes Beispiel ist die US-amerikanische AARP (American Association of Retired Persons). In diesem Verband sind mehr als 35 Millionen über 50-Jährige organisiert. Aber auch die deutsche BAGSO (Bundesarbeitsgemeinschaft der Senioren-Organisationen e. V.) vertritt über ihre 79 bundesweit tätigen Mitgliederverbände über zehn Millionen ältere Menschen. Neben diesen klassischen Formen der Interessenbündelung gewinnen auch Online-Communitys speziell für ältere Internetnutzer stark an Zuspruch.

Aufgrund der steigenden Aktivität der neuen „alten" Generationen wurde der Begriff des Alterns in letzter Zeit vielfach in der Literatur und Öffentlichkeit diskutiert. Zum ersten Mal wurden die positiven Entwicklungschancen des Alterns in den 1980er Jahren von den amerikanischen Wissenschaftlern Rowe und Kahn aus einer soziologisch-wissenschaftlichen Perspektive untersucht. Rowe und Kahn haben mit ihrem 1987 im Journal *Science* erschienenen Artikel „Human Aging: Usual and Successful" den heute weit verbreiteten Begriff *Successful Ageing* geprägt. Er umfasste ursprünglich die Fähigkeit, die folgenden drei Aspekte im Alter erhalten zu können (vgl. Rowe und Kahn 1998):

- Krankheiten zu vermeiden,
- sämtliche kognitiven Funktionen erhalten zu können und physisch vital zu sein,
- sich aktiv im Leben zu engagieren.

Der Begriff Successful Ageing wurde in der Vergangenheit vielfach um weitere Faktoren ergänzt, so dass man heute von dem Konzept des *aktiven Alterns* spricht, welches von der Weltgesundheitsorganisation WHO eingeführt wurde und in dem 2002 erschienenen Policy Framework „Active Ageing" manifestiert wurde (vgl. WHO 2002). Dieser definiert aktives Altern als einen Prozess der Optimierung von Möglichkeiten zur Erhaltung der Gesundheit, der sozialen Teilhabe und der Sicherheit mit dem Ziel, die Lebensqualität älterer Menschen zu fördern. Das Konzept des aktiven Alterns stellt nicht nur die Frage nach der gesundheitlichen Versorgung, sondern zusätzlich nach Faktoren, die einen Einfluss auf den Alterungsprozess des Individuums und auf das Altern in einer Gesellschaft ausüben. Dieses Konzept umfasst somit neben der Versorgung der älteren Menschen mit lebens- und entfaltungswichtigen Grundgütern die Vermeidung funktioneller Einschränkungen, das Wohlbefinden, körperliche Fitness, kogniti-

ve Leistungsfähigkeit, soziale Aktivität, Mobilität, Selbständigkeit, Selbstverant-
wortlichkeit sowie soziale Partizipation. Ein ganzheitliches Konzept des heute
gebräuchlichen Verständnisses des Alterns folgt daher der ganzheitlichen For-
schungstradition und positioniert die Thematik Successful Ageing beziehungsweise aktives Altern in dem Spannungsfeld zwischen der Gerontologie als
zugrunde liegendem soziologischem Forschungsparadigma sowie der Gesellschaft und den Produkten und Dienstleistungen, welche ein aktives Altern ermöglichen (Bild 1.5).

GERONTOLOGIE ALS FORSCHUNGSPARADIGMA

Selbstverant-
wortlichkeit

Soziale
Partizipation

Selbständigkeit

Aktives Altern

Mobilität

Soziale
Aktivität

**Successful
Ageing**

Kognitive
Leistungsfähigkeit

Versorgung mit
Grundgütern

Körperliche
Fitness

Wohlbefinden

Vermeidung funktio-
neller Einschränkungen

ENGAGEMENT – PRODUKTE / DIENSTLEISTUNGEN – GESELLSCHAFT

Bild 1.5: Das Konzept des aktiven Alterns beschreibt die Anliegen und Erwartungen der älteren
Menschen von heute

Beobachtungen über heutige betagte Menschen sagen wenig über die zukünftige Gestaltung des Alterns aus. Die Lage und das Befinden älterer Menschen
haben sich in den letzten Jahrzehnten stark verbessert. Es kommt vielerorts
zur so genannten Phase des „zweiten Aufbruchs". Ältere Menschen nähern
sich nicht mehr dem Ende ihres Schaffens; sie stehen in der Mitte ihres Lebens
und versuchen, Versäumtes nachzuholen oder Nichterreichtes zu erreichen.
Ältere Menschen erleben heute ein aktives Altern, welches bewusst die positiven Entwicklungschancen des Alterns in den Vordergrund stellt.

Während viele Länder – allen voran die USA – das Thema Alter bereits seit vielen
Jahren aus unterschiedlichen Perspektiven untersuchen, fand das Thema in

Deutschland und der Schweiz aus wissenschaftlicher Sicht über lange Zeit kaum Beachtung. Sowohl die Entwicklung der sozialen Gerontologie als auch der entsprechenden medizinischen Fachrichtung (Geriatrie) verlief jahrelang schleppend. Obwohl Deutschland und die Schweiz eine analoge demographische Alterung erleben wie die meisten anderen westlichen Länder, ist die Gerontologie vergleichsweise schwach verankert. In der jüngsten Vergangenheit haben sowohl Deutschland als auch die Schweiz aufgeholt, und so spielt das Thema Alter mittlerweile eine wichtige Rolle in der Forschung in beiden Ländern. Der Umgang mit dem Thema Altern wird im Folgenden beispielhaft für die Schweiz beschrieben (vgl. Höpflinger 2002b).

Der Umgang mit dem Altern am Beispiel der Schweiz

Jahrzehntelang fand eine Diskussion über die Bedeutung des Alterns in der Schweiz so gut wie nicht statt. Das ausgeprägte Autonomiebedürfnis der einzelnen Kantone und Gemeinden führte bei alters- und gesundheitspolitischen Fragestellungen oft dazu, dass jede Region für analoge Probleme eigene Lösungen entwickelte. Dadurch wurden professionelle Strategien im Umgang mit dem Alter konsequent behindert. Das Hauptmerkmal der Altersarbeit der Schweiz bestand darin, dass zwar schon sehr früh spezielle Altersinstitutionen, Beratungsdienste und Betreuungseinrichtungen für ältere Menschen entstanden, diese lange Zeit jedoch weitgehend losgelöst von fachlich-wissenschaftlichen Perspektiven arbeiteten. Es ergab sich das Muster einer hoch entwickelten Altersarbeit ohne wissenschaftliche Begleitung – das heißt, es gab eine Praxis ohne Theorie. In den letzten Jahrzehnten wurden verschiedene Initiativen und Programme gestartet, um sowohl die Altersforschung als auch die Altersarbeit besser zu integrieren und zu organisieren. Die einzelnen Initiativen waren:

1953:   Gründung der Schweizerischen Gesellschaft für Gerontologie (SGG). Es entsteht eine gesamtschweizerische Fachvereinigung zur Förderung gerontologischer Forschung.

1970er: Durchführung des nationalen Forschungsprogramms NFP 3 zur Stärkung der gerontologischen Grundlagenforschung. Das NFP 3 erwies sich als erste größere schweizerische Altersstudie.

1980er: Verschiedene kantonale Studien zur Lebenslage älterer Menschen (Kantone Zug, Schaffhausen, Graubünden und St. Gallen).

1986:   Gründung der ersten „Memory-Klinik" Europas in Basel, welche Personen mit dementiellen Erscheinungen untersucht und therapiert.

1992–98:	Durchführung des Nationalen Forschungsprogramms NFP 32 zum Thema „Alter" mit einem Budget von 12 Millionen sFr. Zum ersten Mal standen auch die positiven Entwicklungschancen des Alterns im Vordergrund.
1992:	Gründung des ersten gerontologischen Forschungszentrums der Schweiz in Genf.
1995:	Gründung eines gerontologischen Studienzentrums an der Universität Lausanne.
1998:	Gründung des Zentrums für Gerontologie (ZfG) an der Universität Zürich unter der Leitung von Prof. Höpflinger. Gründung des universitären Instituts „Alter und Generationen" (INAG), welches seit Juni 2002 dem Institut Kurt Bösch in Sion angegliedert ist.
2000:	Anerkennung der Geriatrie als medizinische Spezialität mit eigenem Zusatztitel.
2001:	Gründung des Schweizerischen Seniorenrats (SSR). Als offiziell anerkanntes Organ des Bundes vertritt der SSR die wirtschaftlichen und sozialen Anliegen der älteren Menschen gegenüber Bund, Verbänden, Wirtschaft, Medien und Öffentlichkeit.
2002:	Gründung eines Lehrstuhls für Gerontopsychologie an der Universität Zürich. Gründung der Initiative VIVA 50plus, welche sich als eine internationale, interdisziplinäre, intergenerationelle und permanente Plattform für Alters- und Generationenfragen versteht.
2004:	Gründung der Förderinitiative „Innovation for Successful Ageing" der Kommission für Technologie und Innovation (KTI/CTI), der staatlichen Förderagentur für Innovation in der Schweiz. Die Initiative fördert gezielt Forschungs- und Entwicklungsprojekte bei Unternehmen, welche zu innovativen Lösungen am Markt führen und sich dabei an den Bedürfnissen älterer Menschen orientieren.
2005:	1st World Ageing and Generations Congress in St. Gallen – organisiert von VIVA 50plus. Mit über 100 Referenten aus 25 Ländern war die dreitägige Veranstaltung die erste weltweite Konferenz zum Thema Altern.

Trotz der inzwischen gelungenen Etablierung der Gerontologie in der wissenschaftlichen Forschung gibt es in der angewandten und produktorientierten For-

schung zum Thema Altern in der Schweiz noch einen erheblichen Nachholbe-
darf. Die erst vor kurzem gegründete Förderinitiative der KTI/CTI belegt, dass es
bislang nur wenig Produkt- und Dienstleistungsinnovationen gibt, welche die
Bedürfnisse der älteren Menschen berücksichtigen und zu einem aktiven Altern
der Gesellschaft beitragen können. Die Förderung derartiger Innovationsprojekte
hat eine spezielle Bedeutung in der Schweiz, denn das Potential dieser Produkte
wird als besonders hoch erachtet.

1.5   Potential neuer Produkte für ältere Menschen

> *„Die längere Lebenserwartung ist eine Riesen-
> chance für die Wirtschaft."*
>
> *Prof. Dr. Axel Börsch-Supan,
> Leiter, Mannheim Research Institute
> for the Economics of Aging*

Während in der öffentlichen Diskussion immer wieder betont wird, dass das
Potential altersgerechter Produkte hoch sei, gibt es wenige Untersuchungen, welche sich mit dem Bewusstsein des demographischen Wandels bei den Unternehmen beschäftigen. Ende 2003 wurde eine Studie am Institut für Technologiemanagement an der Universität St. Gallen bei 105 Unternehmen in der Schweiz
aus elf verschiedenen Branchen durchgeführt, welche genau dieses Bewusstsein
untersucht hat. Die Studie führte zu den folgenden Ergebnissen (vgl. Bild 1.6):

- 85 Prozent der befragten Unternehmen halten es für wichtig, das Produktangebot nach demographischen Gesichtspunkten auszurichten, das heißt, die
  Produkte an den spezifischen Bedürfnissen älterer Menschen auszurichten.
  Hingegen haben sich erst 29 Prozent der Unternehmen konkret mit der Idee
  befasst, altersgerechte Produkte anzubieten.

- Nur etwa ein Fünftel der befragten Unternehmen hat Marktstudien im Zusammenhang mit der immer älter werdenden Bevölkerung gelesen oder in
  Auftrag gegeben.

- 70 Prozent der Unternehmen, die bereits altersgerechte Produkte anbieten,
  sind mit dieser Produktdiversifizierung zufrieden und bestätigen, dass die
  Produkte am Markt erfolgreich sind.

- 59 Prozent der befragten Unternehmen erwarten, dass altersgerecht gestaltete
  Produkte zu durchschnittlichem beziehungsweise überdurchschnittlichem
  Wachstum führen. Nur zwei Prozent der Befragten erwarten, dass altersge-
  recht gestaltete Produkte zu unterdurchschnittlichem Wachstum beitragen.

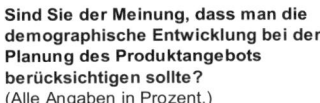

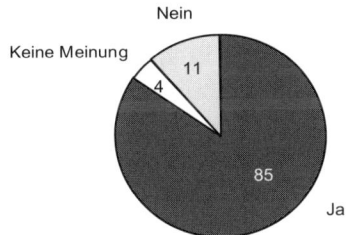

Berücksichtigen Ihre Produkte oder ein Teil davon die spezifischen Bedürfnisse der älteren Menschen?

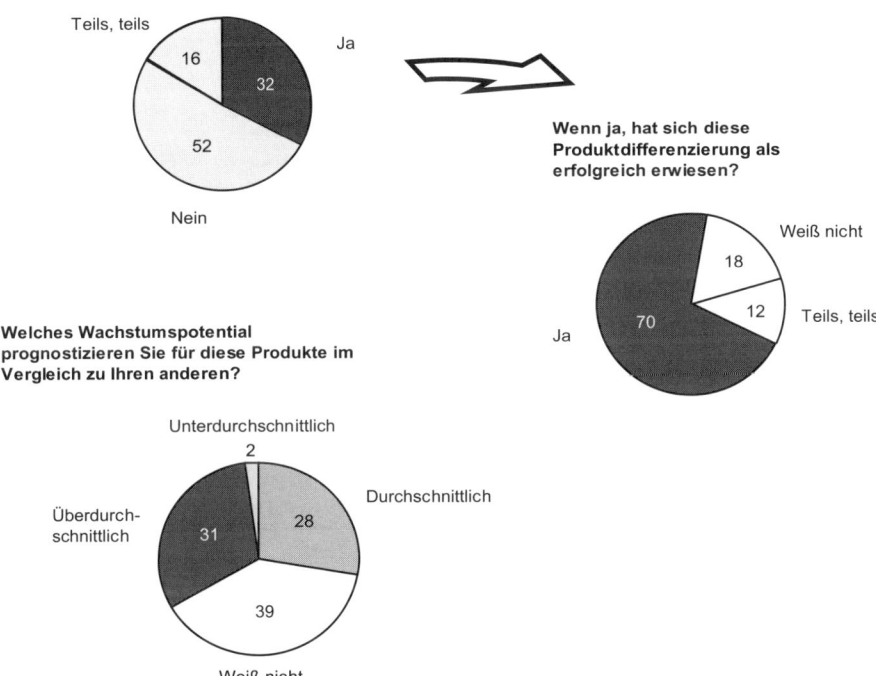

Welches Wachstumspotential prognostizieren Sie für diese Produkte im Vergleich zu Ihren anderen?

Bild 1.6: Viele Unternehmen halten den demographischen Wandel für wichtig, doch kaum jemand hat bereits reagiert. Das Potential altersgerechter Produkte ist somit enorm

Eine große Mehrheit der Unternehmen findet es demnach wichtig, das Produktangebot nach demographischen Gesichtspunkten auszurichten. Hingegen haben sich erst wenige Unternehmen konkret mit der Idee befasst, altersgerechte Produkte anzubieten. Viele Unternehmen, welche sich noch nie bewusst mit der Berücksichtigung der Bedürfnisse älterer Menschen befasst haben, sehen aber in ihrem Leistungsangebot Produkte, welche auch für ältere Menschen geeignet sind. Vielen Kleinunternehmen scheinen die finanziellen Mittel zu fehlen, um detaillierte Marktstudien zu erarbeiten (bei Firmen mit über 50 Mitarbeitern antworteten bereits 24 Prozent der Befragten, Marktstudien gelesen oder erarbeitet zu haben, bei Firmen mit über 250 Mitarbeitern sogar 28 Prozent). Der Unterstützungsbedarf scheint daher besonders bei kleinen Unternehmen sehr groß zu sein. Der größte Teil der Produkte, die bereits altersgerecht konzipiert sind, beschränken sich auf die körperlichen Beeinträchtigungen älterer Menschen, das heißt, sie sind defizitorientiert. Das bedeutet, dass Produkte, welche kompetenzfördernd eingesetzt werden könnten, noch relativ unterrepräsentiert sind und folglich hohes Potential in sich bergen.

Das zwar langsam steigende Bewusstsein, aber der immer noch nicht vorhandene Einfluss der alternden Bevölkerung in der Wirtschaft wird durch die Zitate im Bild 1.7 bestätigt.

Eine neue Generation von Kunden

Schweizer Firmen stellen sich auf ältere Menschen als wichtige Kundengruppe ein.

(Tagblatt, 1. Juni 2004)

Alt und reich

Warum die Zielgruppen-Definition „14-49" längst überholt ist.

(W&V Wochenmagazin für Marketing, Werbung, Medien und E-Business, 30. Mai 2003)

Markt der Grauen wird farbig

Schweizer Unternehmen vernachlässigen Menschen über 55 Jahren in ihrer Produktstrategie geradezu sträflich. Dabei bieten diese erhebliches Potential.

(Handelszeitung, 26. Mai 2004)

Die Deutschen werden älter

Unternehmen aus fast allen Branchen könnten davon profitieren. Wenn sie sich nur etwas anstrengen würden.

(Wirtschaftswoche, 12. Dezember 2002)

50+ Die Macht der Neuen Alten

Sie haben Geld, und sie wissen, was sie wollen. Die Superkunden stehlen den Jungen die Show.

(Focus, 22. März 2004)

Die Goldgrube Senioren-Marketing

Die Werbewirtschaft hat die 50-plus-Generation bisher meist ignoriert.

(Der Standard, 3. Oktober 2002)

Bild 1.7: Auch wenn das Bewusstsein bei den Unternehmen langsam steigt, ältere Menschen haben noch keine große Bedeutung als Zielgruppe in der Wirtschaft

Zusätzlich zu dem fehlenden Bewusstsein der Bedeutung des demographischen Wandels bei Unternehmen existieren noch wenig wissenschaftliche Studien und Untersuchungen, welche sich aus einer ökonomischen Perspektive mit dem Potential von Produkten und Dienstleistungen für ältere Menschen beschäftigen. Es sind hauptsächlich Beiträge zu finden, welche die Bedeutung des Seniorensegments herausstellen oder die Bedürfnisstrukturen der älteren Menschen untersuchen. Brünner (1997) und Kölzer (1995) geben beispielsweise eine ausführliche Beschreibung der Zielgruppe der Senioren, und Moschis, Lee und Mathur (1997) stellen eine mögliche Segmentierung des Marktes für Senioren vor. Hupp (1999) untersucht das Informations- und Entscheidungsverhalten älterer Menschen, während Trocchia und Janda (2000) die Internetnutzung durch Senioren analysieren. Szmigin und Carrigan (2001) liefern einen Beitrag über die gesellschaftliche Konstruktion des Alters und die daraus resultierende Selbstwahrnehmung älterer Menschen. Wolfe (1997) geht einen Schritt weiter und untersucht Denkstrukturen bei Senioren. Darüber hinaus gibt es einige Arbeiten im Bereich des Seniorenmarketings. Silvers (1997) erforscht marketingrelevante Ereignisse im Alter, und Bristol (1996) beschreibt den Einfluss des „Endorser Age" auf die Markeneinstellung. Deutlich wird in vielen Arbeiten, dass die traditionell für richtig erachtete Fokussierung auf das Marktsegment der jüngeren Konsumenten als falsch befunden wird (Krieb und Reidl 2001, Meyer-Hentschel 2000, Hupp 1999, Lewis 1997, Dychtwald 1997). Ältere Menschen stellen eine nicht weniger reizvolle, wenn nicht sogar attraktivere Zielgruppe dar. Darüber hinaus gibt es verschiedene Arbeiten zu Werbe- und Verkaufskonzepten für Senioren, Werbetechnik für ältere Konsumenten sowie der Rolle von Senioren in der Werbung (Lewis 1997, Nielson und Curry 1997, Carrigan und Szmigin 2000). Auch in der Konsumentenforschung gibt es bislang relativ wenige Untersuchungen, welche sich speziell auf ältere Menschen konzentrieren. Einer der ersten Forscher war Lazer (1986), der die Kaufkraft und -bereitschaft der Senioren analysierte. Hock und Bader (2001) haben einige Jahre später die Erkenntnisse erweitert und das Kauf- und Konsumverhalten der 55-plus-Generation untersucht. Eine ausführliche Untersuchung der Gesellschaft für Konsumforschung hat zwar einen Fokus auf ältere Menschen gelegt, sie berücksichtigt jedoch nur ausgewählte Themen wie beispielsweise Werte, Kommunikation, Einkommens- und Vermögenssituation, Ausgabe- und Einkaufsverhalten, Technik und Telekommunikation, Wohnen, haushaltsnahe Dienstleistungen, Mobilität und Reisen sowie Anlageverhalten (vgl. GfK 2002).

Die steigende Aktivität älterer Menschen, welche durch das Älterwerden kulturell jüngerer Generationen bedingt ist, sowie eine zunehmende Bewusstseinsbildung der Thematik bei Unternehmen werden als Haupttreiber erachtet, die Chancen des demographischen Wandels wirtschaftlich und gesellschaftlich nutzen zu können. Zweifellos besteht großes Potential darin, in Zukunft Produkte anzubieten, welche ausdrücklich die Bedürfnisse älterer Menschen berücksichtigen. Trotzdem stellt sich die Frage, warum altersgerechte Innovationen bisher noch keinen durchschlagenden Erfolg erzielt haben?

> Das Wachstumspotential altersgerecht gestalteter Innovationen wird als überdurchschnittlich eingeschätzt. Doch kaum ein Unternehmen hat bisher reagiert und sein Produktangebot entsprechend ausgerichtet. Die vorhandenen – aber noch nicht genutzten – Möglichkeiten in diesen Märkten sind enorm.

1.6   Gründe für die bisherige Zurückhaltung der Unternehmen

Das demographische Potential ist gegeben und die wirtschaftliche Kaufkraft ist ebenfalls vorhanden. Daher überrascht es, dass es immer noch relativ wenige Produktinnovationen gibt, welche sich den Wünschen und Anforderungen älterer Menschen widmen. Die Experten streiten über die Gründe. Es wird geschätzt, dass in vielen Fällen eine unklare Finanzierungssituation der entsprechenden Forschungs- und Entwicklungsprojekte dafür verantwortlich ist, dass es trotz des Bedarfs keine genügend große Nachfrage gibt. Die Situation wird oftmals mit einem Huhn-Ei-Problem verglichen: Der Markt wartet auf die entsprechenden Produkte, aber die Firmen warten auf Signale des Marktes. Bei einigen Produkten könnte daher eine staatliche Anschubfinanzierung helfen, diesen „Gordische Knoten" zu lösen. Grund: Zahlreiche Produktinnovationen für ältere Menschen sind meritorische Güter. Bei meritorischen Gütern erkennt das Individuum in der Regel den Nutzen eines Gutes nicht sofort oder der Nutzen wird erst nach Ablauf einer gewissen Zeitspanne offensichtlich. Daher ist die Zahlungsbereitschaft des Individuums geringer als der Wert des Produkts. Der Staat sollte daher den Konsum von meritorischen Gütern fördern, da er dem Individuum gegenüber einen Informationsvorsprung hat und diesen zum allgemeinen Wohl einsetzen sollte.

Meritorisches Gut:		
Wert des Produkts für die Gesellschaft	>	Zahlungsbereitschaft der Individuen

Wenn meritorische Güter nicht in ausreichendem Maß konsumiert werden, laufen sie Gefahr, sich kurz- oder langfristig nicht selbst finanzieren zu können. Typische Beispiele von meritorischen Gütern sind Bildung, Sport, Jugendbetreuung, Impfungen oder Kultur. Auch das Produkt Milch gilt als meritorisches Gut. Aus diesem Grund hatten sich vor einigen Jahren in den USA die größten Milchproduzenten des Landes zusammengeschlossen und gemeinsam die Kampagne „got milk?°" ins Leben gerufen. Ziel der Kampagne ist es, über die Vorteile von Milch aufzuklären und dadurch den Konsum von Milchprodukten zu erhöhen. Im Rahmen der Kampagne wurden verschiedene Prominente mit dem inzwischen berühmten „Milchschnurrbart" fotografiert. Die so entstandenen Werbeposter sind so bekannt geworden, dass die gesamte Kampagne inzwischen einen nationalen Bekanntheitsgrad von über 90 Prozent aufweist. Da es sich bei Produkten für ältere Menschen ebenfalls um meritorische Güter handelt, kann davon ausgegangen werden, dass derartige Produktinnovationen langfristig keine Mehrkosten verursachen und im günstigsten Fall sogar zu Einsparungen führen. Eine Förderung von entsprechenden Produktinnovationen ist daher aus staatlicher Sicht sinnvoll.

Weitere Barrieren, welche für einen bisher ausbleibenden Markterfolg altersgerechter Innovationen verantwortlich sein könnten, sind unklare Reglementierungen bei der Kostenrückerstattung durch die Krankenkassen oder Gesundheitssysteme – insbesondere bei Produkten aus den Bereichen Medizin und Medizinaltechnik. In Deutschland und der Schweiz sind die Rückerstattungen für Telemedizinprodukte weitestgehend nicht von staatlicher Seite abgedeckt. In den USA ist dies seit einiger Zeit der Fall, und in Schweden sind Rückerstattungen ebenfalls geplant. In den USA wird von den Rückerstattungen erwartet, dass die Einsparungen im Gesundheitswesen durch den Einsatz von Telemedizinprodukten die Ausgaben für diese Produkte nach einiger Zeit überkompensieren und somit zu einem positiven Gesamteffekt führen. Konkrete Zahlen liegen jedoch noch nicht vor. In der Schweiz sind lediglich telefonische Beratungen durch Ärzte von den Krankenkassen abgedeckt.

Auch wenn einige Unklarheiten von staatlicher Seite den Markterfolg altersgerechter Innovationen zu verzögern scheinen, haben die meisten Unternehmen die demographische Entwicklung schlicht verschlafen. Während viele Firmen immer noch an einem jugendlichen Image festhalten und ein junges Zielpublikum ansprechen wollen, gibt es bereits Beispiele von Unternehmen, welche seit einiger Zeit vom demographischen Wandel profitieren. Es ist also nicht unmöglich, mit altersgerechten Produkten Erfolg zu haben. Viele erfolgreiche Beispiele von Firmen, welche nicht vor der alternden Gesellschaft kapitulieren, sondern diesem Phänomen proaktiv begegnen, finden sich in Japan.

Beim Umgang mit altersgerechten Produkten von Japan lernen

Japan nimmt bei der Entwicklung, Vermarktung und Distribution seniorengerechter Produkte und Dienstleistungen eine Vorreiterrolle ein. Kein Wunder – ist Japan doch die Nation mit dem höchsten Durchschnittsalter weltweit. Zudem vollzieht sich der Alterungsprozess in einem höheren Tempo als in allen anderen Ländern der Welt. Bereits heute sind knapp über 40 Prozent der Bevölkerung älter als 50 Jahre. Der Anteil der über 65-Jährigen liegt bei mehr als 19 Prozent. 2015 soll schon jeder vierte Japaner älter als 65 Jahre sein.

Im Gegensatz zu vielen europäischen Ländern scheinen die Japaner weniger Berührungsängste mit der älteren Generation zu haben. Das Thema Demographie wird nicht mit einem so negativen Beigeschmack diskutiert. Statt das Alter mit negativen Begriffen zu belegen, spricht man in Japan respektvoll von einer „Gesellschaft des langen Lebens". Entsprechend wird der dazugehörige Markt nicht als „Seniorenmarkt", sondern als „Silbermarkt" bezeichnet. Schon 1999 gründeten japanische Unternehmen, Hersteller, Firmengruppen und Nutzer eine Vereinigung (Kyoyo-Hin Foundation), welche die Entwicklung und Verbreitung von Produkten, Einrichtungen und Dienstleistungen fördert, die bewusst sowohl für Jung als auch Alt geeignet sind. Nach Angaben dieser Stiftung ist der Markt für derartige Produkte und Dienstleistungen in den vergangenen Jahren rapide gewachsen. Zwischen 1995 und 2002 hat sich der Anteil dieser Produkte in ihrem jeweiligen Marktsegment verfünffacht. Mittlerweile fällt bereits jedes dritte Haushaltsgerät in das genannte Segment, und fast alle Bierdosen und Flaschen für andere alkoholische Getränke sind mit Blindenschrift versehen. Auch das japanische Ministerium für Wirtschaft, Handel und Industrie unterstützt die Entwicklung von Produkten für Alt und Jung, unter anderem, indem es Fördergelder vergibt.

Immer mehr japanische Unternehmen haben das Potential ebenfalls erkannt und bemühen sich, attraktive Produkte und Dienstleistungen zu entwickeln. Die breite Palette seniorengerechter Produkte in Japan weist eine Besonderheit auf. Viele stammen zwar aus dem Gesundheitssektor, sind aber bewusst weiterentwickelt worden und haben Eingang in das Alltagsleben der gesamten Bevölkerung gefunden. Beispiele für diese Strategie – in Japan unter dem Begriff „Kyoyo-Hin" (gemeinsam nutzbare Produkte) propagiert – gibt es viele: Kokuyo, Japans größter Hersteller von Büroartikeln, führt unter anderem Klammerhefter und Locher in seinem Programm, die sich mit der Hälfte des sonst üblichen physischen Aufwands bedienen lassen. Der Uhrenhersteller Seiko hat einen Wecker entwickelt, der auf Knopfdruck in klarer Sprache die Zeit ansagt, und in japanischen Haushalten finden sich zahlreiche elektronische Küchengeräte wie Waschmaschinen oder Reiskocher mit möglichst wenigen, dafür aber umso größeren Bedienelementen, mit akustischen oder visuellen Signalen. Menschen mit Sehproblemen wird der Alltag ferner durch folgende Anpassungen erleichtert: Stets gleich geformte Telefonkarten, Zeitkarten für Verkehrsmittel und Kundenkarten sind zur Differenzierung mit unterschiedlichen Einkerbungen an der Seite versehen. Tetra-Pak-Milchkartons lassen sich durch eine Kerbe von formgleichen Saftkartons unterscheiden und Shampooflaschen durch fühlbare Rillen von Flaschen mit Haarspülung.

Um von den erfolgreichen Beispielen aus Japan lernen und vom demographischen Wandel profitieren zu können, müssen sich die Unternehmen jedoch die Frage stellen, welche Bedingungen dafür verantwortlich sind, dass neue Produkt- und Dienstleistungsinnovationen ein Markterfolg werden können.

1.7 Bedingungen für den Erfolg altersgerechter Innovationen

Zur Entstehung von Innovationen werden grundsätzlich zwei Erklärungsansätze unterschieden. Einerseits besagt der *Technology-push*-Ansatz, dass allein die Verfügbarkeit von neuen Erfindungen, Entdeckungen und wissenschaftlichen Ideen der beste Weg sei, um auf innovative Produkte zu stoßen. Andererseits besagt der *Market-pull*-Ansatz, dass Ideen und Konzepte nur erfolgreich am Markt sein können, wenn für sie ein Bedarf in Form von Kundenbedürfnissen wahrgenommen wird.

Technology-push:		Market-pull:
Nur neue technolo-gische Erfindungen ermöglichen es, neue Produkte zu entwickeln.	vs.	Nur der Kunde ist in der Lage, dem Unternehmen zu sagen, welche neuen Produkte er haben möchte.

Beide Ansätze wurden über viele Jahre kontrovers diskutiert. In den 1950er und 1960er Jahren hat das Schumpeter'sche Technology-push-Paradigma dominiert: Als Beispiel gilt die Lasertechnologie, deren Grundlagen auf Arbeiten von Albert Einstein und Max Planck zurückgehen. Nach intensiver Forschung gelang es erstmalig Ende der 1950er Jahre, einen Prototyp zu erstellen – ohne jegliche Anwendungsgebiete zu kennen. Heute existieren unzählige Applikationen für die Lasertechnologie, zum Beispiel in der Materialverarbeitung, Informations- und Kommunikationstechnik sowie der Medizinaltechnik. In den 1970er und 1980er Jahren hingegen dominierte das Market-pull-Paradigma: Der Wechsel des Verkäufermarktes zu einem Käufermarkt stellte den Kunden als zentrale Quelle der Innovation in den Mittelpunkt.

Heute findet ein Sowohl-als-auch statt: Innovationen erfordern situativ einen ausgewogenen Einsatz von Markt und Technologie. Empirische Untersuchungen zu Innovationsprozessen haben zudem belegt, dass die wirtschaftliche Erfolgswahrscheinlichkeit von innovativen Technologien und Produkten stark ansteigt, wenn Technology-push und Market-pull – das heißt neue Technologien mit Märkten, Kunden sowie Applikationen – zusammengebracht werden. Somit erhöht die räumlich-zeitliche Konzentration von Market-pull und Technology-push die Erfolgswahrscheinlichkeit von Innovationen, mit denen sich Unternehmen komparative Wettbewerbsvorteile durch Differenzierung schaffen können. Für viele Unternehmen besteht somit das mittelfristig größte Innovationspotential in der Schnittmenge von entstehenden Technologien sowie bestehenden und entstehenden Marktbedürfnissen (Bild 1.8). Radikal neue Technologien ohne konkreten Marktbedarf stellen ein hohes Investitions- und Entwicklungsrisiko dar, auch wenn sie möglicherweise zu Durchbrüchen führen. Markt- und Technologieforschung ist hier zunächst zu bevorzugen. Zudem sind diejenigen Schnittmengen uninteressant, bei denen bestehende Technologien auf existierende Marktbedürfnisse treffen. Dort gibt es in der Regel bereits Lösungen am Markt, und das Innovationspotential für neue Produkte und Dienstleistungen ist entsprechend gering.

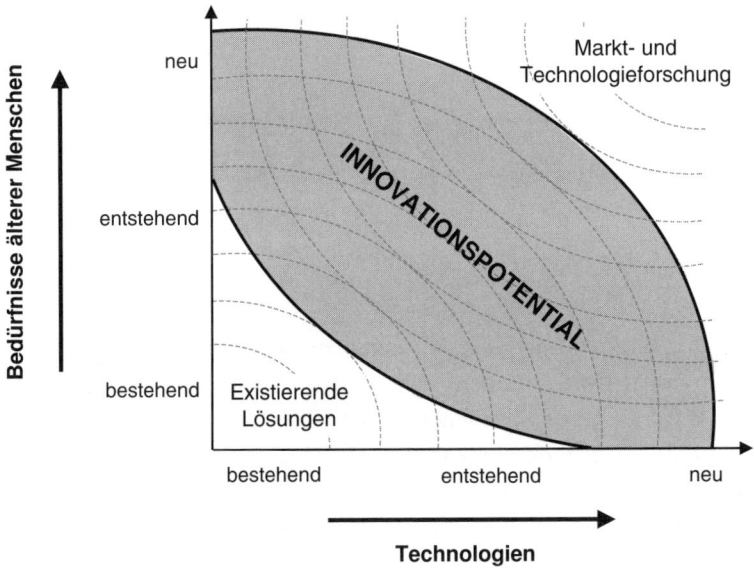

Bild 1.8: Das Innovationspotential ist hoch, wenn noch junge Technologien auf neu aufkommende Marktbedürfnisse treffen

Sowohl der steigende Anteil älterer Menschen an der Gesellschaft als auch die weite Verbreitung und zunehmende Parität von neuen Technologien deuten darauf hin, dass technologische Innovationen, welche sich an den Bedürfnissen älterer Menschen orientieren, großes Potential besitzen. Auf der einen Seite führt die Umkehr der Bevölkerungspyramide dazu, dass es immer mehr ältere Menschen gibt, die für sie geeignete Produkte und Dienstleistungen nachfragen werden (Market-pull). Auf der anderen Seite wird die technologische Entwicklung viele Möglichkeiten bieten, neue Produkte zu schaffen, welche auf innovativen Technologien basieren (Technology-push). Es stellt sich nun die Frage, wo und wie sich Technology-push und Market-pull am besten begegnen. Aufgrund ihrer Nähe und Abhängigkeit vom Markt sowie dem wettbewerblichen Druck zum Einsatz neuester Technologien stellen die Unternehmen den effizientesten Ort des Zusammentreffens von Market-pull und Technology-push dar. Der Einsatz verschiedener Maßnahmen auf Unternehmensebene, welche unterschiedliche

Kerntechnologien mit entsprechenden Applikationsfeldern am Markt zusammenbringen, wird als Company-drive bezeichnet. Der innere Kreis im Bild 1.9 illustriert daher das Zusammenspiel der drei Hauptelemente für die Entstehung erfolgreicher Innovationen: Market-pull, Technology-push und Company-drive.

Eine nähere Beschreibung des Marktes erfordert eine genaue Untersuchung der *Kaufkraft*, *Bedürfnisse* und des *Konsumverhaltens* der 50-plus-Generation. Generell kann davon ausgegangen werden, dass ältere Menschen eine Konsumentengruppe mit hoher Kaufkraft darstellen. Trotz der hohen Kaufkraft wird die Nachfrage der älteren Menschen nach Produkten und Dienstleistungen nur dann steigen, wenn das Produkt- und Dienstleistungsangebot ihre spezifischen Bedürfnisse berücksichtigt. Neben der Berücksichtigung der Bedürfnisse muss auch das Konsumverhalten der Senioren untersucht werden, um sicherzugehen, dass die angebotenen Produkte und Dienstleistungen auch tatsächlich von den älteren Menschen konsumiert werden.

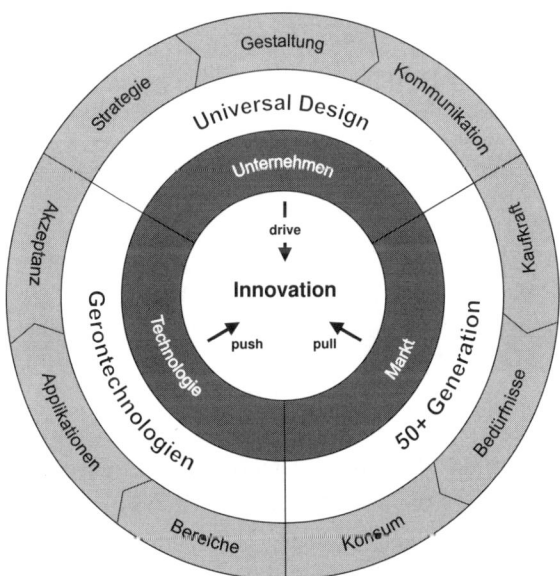

Bild 1.9: Das Triumvirat der Innovation: Markt (Market-pull), Technologie (Technology-push) und Unternehmen (Company-drive) sind gleichermaßen für den Erfolg einer Innovation verantwortlich

Technologien sind die Basis vieler innovativer Produkte. Aufgrund der steigenden Bedeutung des Einsatzes bestimmter Technologien für ältere Menschen wurde der Begriff der „Gerontotechnologie" eingeführt. Er umfasst alle Technologien, welche zur Verbesserung der Lebensqualität älterer Menschen eingesetzt werden können. Gerontotechnologien umfassen verschiedene *Bereiche*, wie beispielsweise Medizinaltechnik, Biotechnologie, Mikro- und Nanotechnologie oder Sensortechnologie. Aus der Anwendung der unterschiedlichen Technologien beim Kunden lassen sich mögliche *Applikationen* für Gerontotechnologien herleiten. Gerontotechnologieapplikationen versuchen, nicht nur kognitive oder physische Einbußen älterer Menschen zu kompensieren („Assistive Technologies"), sondern sie können auch kompetenz- oder aktivitätsfördernd eingesetzt werden. Für eine erfolgreiche Anwendung spielt die *Akzeptanz* dieser Technologien bei den älteren Menschen eine wichtige Rolle. Dazu gehört vor allem die Diffusion neuer Technologien bei älteren Menschen.

Bei der Frage, wie Unternehmen die marktseitigen und technologieseitigen Potentiale zusammenbringen können, wird seit kurzem das neue Paradigma des „Universal Design" im Innovationsmanagement diskutiert. Universal Design beschreibt, wie Unternehmen Produkte entwickeln können, welche unabhängig vom Alter der Konsumenten angewendet werden können. Sowohl jüngere als auch ältere Menschen sollen in gleichem Maße diese neuen Produkte konsumieren und verwenden können. Nachteile aufgrund des Alters gibt es bei der Benutzung dieser Produkte nicht. Universal Design fordert daher einerseits, dass ältere Menschen die Produkte und Dienstleistungen trotz ihrer altersbedingt auftretenden körperlichen und geistigen Einbußen konsumieren können. Andererseits sollen gleichzeitig jüngere Menschen nicht davon abgehalten werden, diese Innovationen ebenfalls anzunehmen und zu verwenden. Eine erfolgreiche Implementierung des Universal Design innerhalb des Unternehmens geschieht auf verschiedenen Ebenen. Zunächst muss Universal Design in der *Strategie* des Unternehmens verankert werden. Dies kann für das gesamte Unternehmen, bestimmte Unternehmensbereiche oder einzelne Produktgruppen geschehen. Nach erfolgreicher Abgrenzung der Aufgabe des Universal Design innerhalb des Unternehmens sollte die *Gestaltung* der Produkte und Dienstleistungen nach den Grundsätzen des Universal Design erfolgen. Das Ergebnis dieses Schrittes sind altersgerecht gestaltete Produkte und Dienstleistungen, welche nun an den Markt gebracht werden können. Eine erfolgreiche Markteinführung hängt von einer angemessenen *Kommunikation* der Produkte an die älteren Menschen ab.

Erfolgreiche Innovationen erfordern das Zusammenspiel von Markt und Technologie. Der effizienteste Ort für das Zusammentreffen von *Market-pull* und *Technology-push* sind dabei die Unternehmen. Durch ihre Nähe zum Markt und dem wettbewerblichen Druck zum Einsatz neuester Technologien ist der *Company-drive* der Unternehmen bestens geeignet, die Entwicklung von am Markt erfolgreichen Innovationen voranzutreiben.

1.8   Fazit: Als Unternehmen vom demographischen Wandel profitieren

In der Gesellschaft, Öffentlichkeit und insbesondere der Wirtschaft wird die demographische Entwicklung immer noch mit Ängsten, Sorgen und Risiken assoziiert. Nur selten werden die positiven Entwicklungschancen der älter werdenden Gesellschaft gesehen. Erschreckend viele Unternehmen halten unbeirrt an ihrem teilweise mühsam aufgebauten jugendlichen Image fest. Doch gerade diesen Firmen drohen herbe Verluste in den Märkten von morgen, denn es ist eine unausweichliche Konsequenz, dass in Zukunft immer mehr Produkte und Dienstleistungen nachgefragt werden, welche sich an den Bedürfnissen älterer Menschen orientieren. Alle Indizien sprechen dafür, dass nur diejenigen Firmen langfristig erfolgreich sein werden, welche bewusst die älteren Menschen in ihrem Produktangebot berücksichtigen. Die Hauptgründe, die dafür sprechen, warum sich Firmen damit auseinander setzen müssen, wie sie von dem demographischen Wandel profitieren können, sind folgende:

- Die Gruppe der älteren Menschen ist bereits jetzt riesig, und sie wird in Zukunft noch steigen. Die über 50-Jährigen werden in naher Zukunft die größte Bevölkerungsgruppe in Deutschland, der Schweiz und vielen anderen Ländern Europas darstellen. Innerhalb der nächsten Jahre rücken mehrere Millionen Babyboomer in die Gruppe der „älteren Menschen" auf. Aufgrund ihrer Verhaltensweisen und Einstellungen, welche sich stark von denen älterer Generationen unterscheiden, sind die Auswirkungen dieser Entwicklung zwar noch nicht absehbar, ihre Bedeutung für die Anforderungen an das Leistungsangebot der Firmen ist aber unverkennbar.
- Die traditionelle Auffassung des Alterns ist inzwischen selbst völlig veraltet. Ältere Menschen erleben heute ein vielfach „jüngeres" Altern als vergleichbare frühere Generationen. Sie wurden in ihrer Jugend durch radikal andere Wertvorstellungen und Ideale geprägt. Die heutigen Senioren denken und fühlen sich fit und jung.
- Mit Eintritt in die nachberufliche Phase kommt es bei vielen älteren Menschen oftmals zu einem neuen Lebensabschnitt, der auch „zweiter Aufbruch" genannt wird. Diese Veränderung führt zu neuartigen Konsumwünschen. Viele ältere Menschen wollen in dieser Phase Versäumtes nachholen oder Nichterreichtes erreichen. Beobachtungen über bisherige Generationen älterer Menschen liefern daher wenig aussagekräftige Prognosen für die älteren Menschen von heute und morgen.
- Das Potential von Innovationen für ältere Menschen ist enorm, denn es gibt immer noch kaum Produkte, welche sich an den Anforderungen der älteren Menschen orientieren. Obwohl in einer Untersuchung 85 Prozent der befrag-

ten Unternehmen es für wichtig halten, das Produktangebot nach demographischen Gesichtspunkten auszurichten, haben sich erst 29 Prozent der Firmen konkret mit der Idee befasst, entsprechende Produkte anzubieten. Dabei hat sich herausgestellt, dass altersgerechte Produkte am Markt erfolgreich sind und ihnen überdurchschnittliches Wachstumspotential zugesprochen wird.

■ Auch wenn in einigen Bereichen unklare Finanzierungssituationen dazu geführt haben, dass es noch kaum Produkte für ältere Menschen auf dem Markt gibt, ist und bleibt es die Aufgabe der Unternehmen, die entsprechenden altersgerechten Produkte zu entwickeln. Durch ihre Nähe zum Markt und den wettbewerblichen Druck zum Einsatz neuester Technologien sind sie bestens geeignet, neue Technologien mit Märkten, Kunden und Applikationen zusammenzubringen. Eine Grundvoraussetzung für den Erfolg von innovativen Produkten ist das räumlich-zeitliche Zusammentreffen von Market-pull, Technology-push und Company-drive.

■ Das zunehmende Bewusstsein und eine weitere Sensibilisierung der Bedeutung des demographischen Wandels bei den Unternehmen sowie die steigende Aktivität der älteren Menschen sind die Haupttreiber, die dazu führen werden, dass es in Zukunft immer mehr Produkte und Dienstleistungen geben wird, welche sich an den Bedürfnissen älterer Menschen orientieren.

2 | Märkte für ältere Menschen

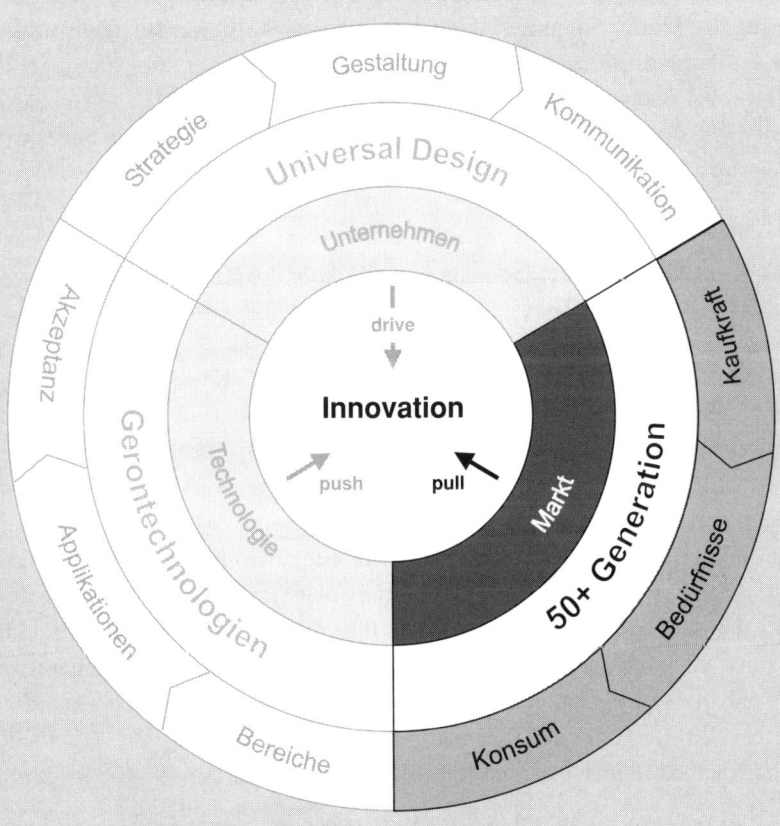

Die 50-plus-Generation redet heute ein gewichtiges Wort mit, wenn es um Absatzzahlen und Umsatzentwicklungen bei Unternehmen geht. Gleichzeitig belegen zahlreiche empirische Studien, dass der Kunde vielfach die zentrale Quelle für innovative Produkte darstellt (vgl. Lüthje 2003). Erfolgreiche Innovationen sind daher bei Firmen zu beobachten, welche sich intensiv mit den Bedürfnissen ihrer Kunden auseinander setzen. Studienübersichten finden sich bei Johne und Snelson (1988), Lilien und Yoon (1989), Köhler (1993), Balachandra und Friar (1997), Gruner (1997), Rothwell et al. (1974) sowie Cooper (1986 und 1979). Viele Unternehmen scheinen jedoch immer noch die Gruppe der älteren Menschen bei der Produktplanung zu vernachlässigen. Dies überrascht, denn allein aufgrund ihrer Größe stellt diese Gruppe ein erhebliches Marktpotential dar. Die Erschließung dieses Marktpotentials erfordert daher eine eingehende Untersuchung der Marktteilnehmer, denn sie sind diejenigen, welche die Produkte nachfragen, kaufen und nutzen. Aus demographischer Sicht sind die folgenden drei Faktoren bei der Untersuchung des Marktes für ältere Menschen relevant: die *Kaufkraft* der potentiellen Konsumenten, die *Bedürfnisse* der angesprochenen Zielgruppe sowie ihr *Konsumverhalten*.

2.1 Kaufkraft: Große Marktmacht der 50-plus-Generation

Die demographische Entwicklung hat einen starken Einfluss auf das Erwerbsverhalten einer Gesellschaft und somit auf ihre Kaufkraft. Gesellschaften, in denen ein hoher Anteil der Bevölkerung im Arbeitsleben steht, verfügen in der Regel über eine höhere Kaufkraft als Gesellschaften, in denen weniger Menschen in einem geregelten Arbeitsverhältnis stehen. In Deutschland, der Schweiz und vielen anderen europäischen Ländern wird jedoch in den kommenden Jahren ein Rückgang des Erwerbspersonenpotentials erwartet. Die rückläufige Generativität und das steigende Durchschnittsalter führen zu einer merklichen Reduzierung des maximal verfügbaren Angebots an Arbeitskräften. In Deutschland verlassen beispielsweise schon heute – teilweise als Folge günstiger Vorruhestandsregelungen – jährlich rund 200.000 mehr ältere Arbeitnehmer den Arbeitsmarkt als Nachwuchskräfte nachrücken (vgl. DB Research 2002).

Die Verluste der arbeitenden Bevölkerungsgruppe gehen in der Regel mit einem Nachfrageausfall einher, da das Einkommen in der nachberuflichen Phase geringer ausfällt als zuvor. Es wird zwar erwartet, dass der Rückgang der Erwerbspersonen durch eine Anpassung des Lohnniveaus kompensiert wird, es ist jedoch fraglich, ob die Produktivität der im Durchschnitt immer älteren Arbeitnehmer im adäquaten Maß zunimmt, um die negativen Auswirkungen auf den Arbeitsmarkt – und somit die Kaufkraft der Gesellschaft – zu kompensieren. Neben den reinen Mengeneffekten aufgrund der Alterung der Erwerbspersonen kommt es aber auch zu einer strukturellen Veränderung der Kaufkraft einer Gesellschaft aufgrund der Verschiebung der Altersstruktur. Auch wenn das verfügbare Einkommen nach der Pensionierung in vielen Fällen abnimmt, verfügen ältere Menschen in der Regel über relativ hohe Vermögenswerte, welche sie im Laufe ihres Lebens angesammelt haben. Die Kaufkraft der älteren Menschen kann daher generell als relativ hoch angesehen werden. Laut Einkommens- und Verbrauchsstichprobe des Statistischen Bundesamtes (2003b) haben Haushalte in Deutschland, deren Haupteinkommensbezieher zwischen 45 und 54 Jahren alt ist, mit 3.383 € pro Monat das höchste Nettoeinkommen. Das Einkommen der 55- bis 65-Jährigen liegt mit 3.015 € pro Monat immer noch über dem Durchschnitt aller Haushalte (2.771 €). Selbst die 65- bis 70-Jährigen und die 70- bis 80-Jährigen sind mit 2.509 € und 2.025 € noch relativ gut situiert (vgl. Bild 2.1).

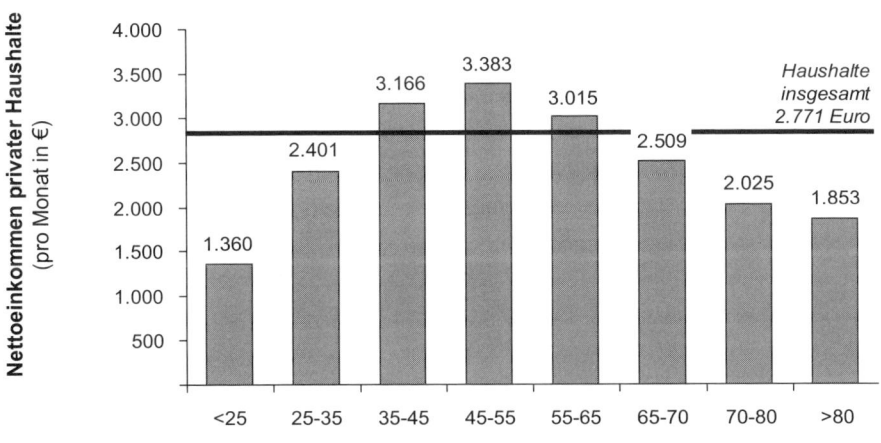

Bild 2.1: Ältere Menschen sind wirtschaftlich gut situiert (Quelle: Statistisches Bundesamt 2003b)

Insgesamt ist das durchschnittliche Nettoeinkommen der Senioren im Alter ab 65 Jahren zwischen 1999 und 2003 um elf Prozent gestiegen (vgl. DB Research 2002). Auch beim Vermögen sind die älteren Menschen in Deutschland gut positioniert. Etwa 60 Prozent des gesamten Vermögens befindet sich in den Händen der über 50-Jährigen. Dies entspricht einer Summe von 2.200 Milliarden €. Damit hat sich die wirtschaftliche Situation der Rentnerinnen und Rentner in Deutschland in den vergangenen Jahren weiter verbessert. Die gesetzliche Rentenversicherung ist nach wie vor die am weitesten verbreitete Alterssicherung in Deutschland. In den alten Bundesländern beziehen 91 Prozent der Männer ab 65 Jahren eine eigene Rente aus der gesetzlichen Rentenversicherung, bei den Frauen sind es 82 Prozent. In den neuen Bundesländern beträgt der Anteil jeweils 99 Prozent. In der Regel kumulieren die Renten mit weiteren Einkommen, welche dann die gesamte Höhe des Nettogesamteinkommens bestimmen. Ein weiterer Faktor, welcher die Kaufkraft der älteren Menschen stark beeinflusst, ist die Tatsache, dass insbesondere die Gruppe der heute 45- bis 60-Jährigen zu der so genannten Erbengeneration gehört. Sie bekommen teilweise hohe Beträge aus Spareinlagen, Aktien und Immobilien von ihren Eltern vermacht. In Deutschland sind allein im Jahr 2003 nach Angaben der Deutschen Gesellschaft für Erbrechtskunde (2004) Vermögenswerte in Höhe von rund 200 Milliarden € vererbt worden.

> **200.000.000.000,00 €**
>
> hat die
>
> **Erbengeneration**
>
> (das heißt die 45- bis 60-Jährigen)
>
> im Jahr 2003 geerbt.

Auch in der Schweiz gehören die Senioren zu der wohlhabendsten Bevölkerungsschicht sowohl beim Einkommen als auch beim Vermögen. Während die 60- bis 69-Jährigen im Mittel ein Nettovermögen von etwa 500.000 sFr. besitzen, sinkt dieser Betrag auf 357.000 sFr. für die Gruppe der über 80-Jährigen. Die über 80-Jährigen sind aber immer noch wohlhabender als die „reichste, jüngere" Gruppe der 40- bis 49-Jährigen. Beim verfügbaren Einkommen sieht die Situation in der Schweiz etwas anders aus. Dort stellen die 50- bis 59-Jährigen die Menschen mit dem höchsten Einkommen dar, während die Gruppe der 60- bis 69-Jährigen die Bevölkerungsschicht mit dem zweitgrößten Einkommen darstellt. Das gesamte verfügbare Einkommen der über 55-Jährigen in der Schweiz wird auf über 15 Milliarden sFr. jährlich geschätzt (vgl. Hock und Bader 2001). Zusammen verfügen die über 50-Jährigen in Deutschland und der Schweiz über eine Kaufkraft von mehr als 150 Milliarden € pro Jahr. Senioragency International, ein auf Marketing für ältere Menschen spezialisiertes Beratungsunternehmen, sagt sogar, dass die über 50-Jährigen in allen industrialisierten Ländern drei Viertel des Vermögens und die Hälfte der Kaufkraft besitzen (vgl. The Economist 2002).

> In allen industrialisierten Ländern
>
> besitzt die 50-plus-Generation ...
>
> ¾   des Vermögens und
>
> ½   der Kaufkraft.

Im Vergleich mit der Zielgruppe der 14- bis 49-Jährigen verfügt die Gruppe der älteren Menschen somit über bedeutend mehr finanzielle Mittel. Es lässt sich

sogar feststellen, dass Kinder insgesamt einem fast doppelt so hohen Armutsrisiko unterworfen sind wie Rentner (vgl. Hock und Bader 2001). Der Ausbau der
Altersvorsorge und die allgemeine Wohlstandsentwicklung haben nicht nur das
Armutsrisiko von älteren Menschen in den letzten Jahrzehnten deutlich reduziert, sondern auch die wirtschaftliche Lage einer bedeutenden Mehrheit der
Rentner sichtbar verbessert. Insbesondere die jüngeren Senioren sind wirtschaftlich in hohem Maße abgesichert, und der Anteil derjenigen, welche Ergänzungs-
leistungen zur Rentenversicherung beziehen, zeigt auch in den letzten Jahren eine
eher sinkende Tendenz. Daher ist für die nächsten zehn Jahre eher mit einer weiteren Verbesserung der wirtschaftlichen und sozialen Lage der Mehrheit der Senioren zu rechnen, auch weil zunehmend mehr gut qualifizierte, aktive und gesunde Personen ins Rentenalter eintreten. Allerdings beschwört die wirtschaftliche Ungleichheit bei Senioren die Gefahr einer „Zwei-Klassen-Situation" herauf
und für eine Minderheit von Senioren dürfte sich die soziale und wirtschaftliche
Lage relativ verschlechtern (vgl. Höpflinger und Stuckelberger 1999). Hinzu
kommt, dass insbesondere die Hochaltrigkeit weiterhin ein gewisses Verar-
mungsrisiko darstellt. Gemäß Höpflinger (2002c) gehen Finanzanalysten entsprechend davon aus, dass die finanzielle Absicherung gegenüber dem „Risiko
eines zu späten Todes" im nächsten Jahrhundert eine der finanzindustriellen
Wachstumsbranchen sein wird. Nichtsdestotrotz zeichnet sich die große Mehrheit der älteren Menschen durch eine enorme Kaufkraft aus.

Im Vergleich mit der viel umworbenen Zielgruppe der 14- bis 49-Jährigen
verfügt die Gruppe der über 50-Jährigen über bedeutend mehr finanzielle
Mittel. In allen industrialisierten Ländern verfügen die über 50-Jährigen über
drei Viertel des Vermögens und die Hälfte der gesamten Kaufkraft. Dieses
enorme Konsumpotential wartet nun auf attraktive Produkte.

2.2 Bedürfnisse: Vorstellungen und Wünsche älterer Menschen

Die Umsetzung der Kaufkraft in den tatsächlichen Konsum von Produkten hängt
von den Bedürfnissen der Käufergruppe ab. In einer Zielgruppe, die bislang weitgehend ignoriert oder missverstanden wurde und die anspruchsvoller, heteroge-
ner, empfindlicher, erfahrener, zahlreicher, zahlungsfähiger und zukunftsent-
scheidender gar nicht sein könnte, zählt es ganz besonders, ihre wirklichen Bedürfnisse und ihr Selbstbild zu verstehen, zu befriedigen und sie aktiv zu gestalten
(vgl. McCann Erickson 2005). Generell haben ältere Menschen die gleichen Bedürfnisse wie jüngere Menschen. Es gibt jedoch bestimmte Produkte und Dienst-

leistungen, welche verstärkt beziehungsweise speziell von älteren Menschen nachgefragt werden. Diese teilweise unterschiedliche Bedürfnisausprägung lässt sich durch die unterschiedlichen Wertvorstellungen der jüngeren und älteren Generation erklären. Werte prägen Ansichten und Auffassungen der Menschen und beeinflussen somit die Entwicklung von Bedürfnissen. Wertvorstellungen spielen daher eine entscheidende Rolle in der Wirtschaft, denn sie beschreiben die Einstellung von Konsumenten und werden daher als wichtige Kriterien im Kaufentscheidungsprozess angesehen (vgl. Howard 1977).

Generell hat jede Generation ihre eigenen Werthaltungen, welche sie während ihres ganzen Lebens entwickelt, beibehält und auch ins Alter mitnimmt. Die Verinnerlichung von Werten erfolgt in der Regel in den Jahren der Jugend und wirkt auf die einzelnen Generationen stark prägend. Einmal erworbene Werte bleiben im Laufe der Zeit relativ stabil, das heißt Änderungen des Wertesystems vollziehen sich nur allmählich (vgl. Inglehart 1979). Es kann davon ausgegangen werden, dass eine starke Wertekontinuität existiert, je älter die Menschen werden. Verschiedene Untersuchungen bestätigen die unterschiedlichen Wertvorstellungen der einzelnen Generationen (siehe Tabelle 2.1).

Tabelle 2.1: Wertvorstellungen unterschiedlicher Generationen (Quelle: Hock und Bader 2001)

Werte der alten Generationen (Jahrgänge 1920–1940)	Werte der jungen Generationen (Jahrgänge 1960–1980)
Arbeitsethos	Freizeitorientierung
Erfahrung mit politischem und wirtschaftlichem Chaos	Wohlstandserfahrung
Entbehrungsmentalität	Genussorientierung
Sparbereitschaft	Verschuldungsbereitschaft
Zukunftsorientierung	Gegenwartsorientierung
Prestige des Besitzers	Prestige der Verwendung
Verpflichtung gegenüber Konventionen und Bindungen	Individualisierung
Großfamiliensituation	Kleinfamiliensituation
Bildung als Privileg	Bildung als Selbstverständlichkeit

Waren die alten Generationen bisher scheinbar eher an konservative Werthaltungen wie Ordnung und Pflichtbewusstsein gebunden, konnte in der Vergangenheit ein Wertewandelschub bei diesen Generationen von den „Pflicht- und Akzeptanzwerten" hin zu den Selbstentfaltungswerten" festgestellt werden (vgl. Klages 1993). Dabei sind die Pflicht- und Akzeptanzwerte nicht völlig ausgelöscht und vollkommen durch Selbstentfaltungswerte ersetzt worden. Es handelt sich vielmehr um eine Verdrängung der traditionellen Werte, wobei die Selbstverwirklichung des Einzelnen an Bedeutung zunimmt (vgl. Hock und Bader 2001).

„Ausweis bitte !"

Der beobachtete Wertewandel bei den älteren Menschen wird von anderen Studien bestätigt. Es wurden Werte untersucht, die für die Generation der 60- bis 69-Jährigen besonders wichtig sind. Die Ergebnisse zeigen, dass neben traditionellen

Werten auch postmaterielle Werte wie Freizeitorientierung, gepflegtes Aussehen oder Leistungsbereitschaft eine immer stärkere Rolle spielen. Sozialer Aufstieg oder materieller Wohlstand repräsentieren eher unwichtige Werte. Viele ältere Menschen schätzen ihre Freiheit, Unabhängigkeit und Selbständigkeit und genießen ihre Freizeit. So verbuchen beispielsweise Reiseanbieter seit einigen Jahren große Erfolge beim Verkauf von Reisen an ältere Menschen, während das Wachstum der gesamten Branche eher stagniert.

Beispiel 2.1: Reiseanbieter haben sich bereits auf die Kunden ab 50 eingestellt

Viele Reiseanbieter haben bereits auf das steigende Bedürfnis älterer Menschen nach Freizeitangeboten reagiert und ihr Angebot entsprechend angepasst. Die Ausrichtung auf ältere Menschen rentiert sich. So sagt zum Beispiel Renée Dittrich, Geschäftsführerin bei Otto-Reisen, dass die 50-plus-Kunden bei Otto-Reisen pro Urlaub rund 150 € mehr ausgeben als der Durchschnitt (vgl. Rosbach 2005b). Senioren buchen gerne antizyklisch und machen etwas länger Urlaub. So wirbt TUI seit gut einem Jahr an zehn Standorten für seinen „Club Elan". Die Ziele Mallorca oder Teneriffa sind seit langem als seniorengerecht getestet worden. Die Hotelangestellten sind entsprechend geschult. Ein deutschsprachiger Arzt im Hotel wird ebenfalls von den Senioren sehr geschätzt. Der Slogan lautet: „Das Leben gemeinsam genießen". Bei Urlauben im „Club Elan" werden geführte Wanderungen, Museumsbesuche oder sogar Internetschnupperkurse angeboten. Sicherheit und organisierter Komfort sind die Leitmotive, welche dem Touristikkonzern überproportionale Zuwächse beschert haben. Bei den Reisezielen stehen Orte und Anlagen, bei denen das Wohlbefinden und Verwöhnen im Vordergrund stehen, an oberster Stelle bei älteren Menschen. 22,4 Prozent der älteren Urlauber verbringen den Urlaub im eigenen Land und 12,6 Prozent in Spanien, wo viele ältere Menschen Eigenheime besitzen. Exotische Länder sowie Erlebnisurlaube tauchen in der Regel gar nicht auf der Wunschliste der älteren Urlauber auf.

Der Wertewandel der älter werdenden Generationen wird besonders deutlich durch die Haltungen der so genannten Übergangsgeneration, den Babyboomern (Jahrgänge 1940–1960). Die Babyboomer sind heute zwischen 45 und 65 Jahren alt und stoßen somit Schritt für Schritt zu der Gruppe der älteren Menschen hinzu. Während sich die Babyboomer stark für die Veränderung der konservativen Werte der älteren Generationen eingesetzt haben, ist es jedoch schwierig, ihre konkreten Werthaltungen zu bestimmen. Generell wird bei den Babyboomern eine zunehmende Individualisierung der Wertvorstellungen erwartet. Der Wunsch nach sozialer Integration und erlebter Produktivität innerhalb der Gesellschaft ist bei diesen noch relativ jungen Senioren stark ausgeprägt.

Trotz der Bedeutung von Werthaltungen für die Ausprägung von Bedürfnissen vernachlässigen viele Unternehmen eine genaue Analyse der Wertvorstellungen ihrer Kunden – insbesondere beim Marktsegment der älteren Kunden. Auch wenn für viele Unternehmen daher die Bedürfnisse und Vorlieben der älteren Kundengruppen noch weitgehend unbekannt sind, gibt es Untersuchungen, welche Produkte und Dienstleistungen von älteren Menschen in besonderem Maße nachgefragt werden. Eine genauere Betrachtung dieser speziell nachgefragten Angebote kann zur Identifikation der spezifischen Bedürfnisse älterer Menschen herangezogen werden. Bereits Anfang der 1990er Jahre wurde in den USA untersucht, welche Produkte von älteren Menschen bevorzugt werden (vgl. Moschis 1992). Bild 2.2 gibt einen Überblick über alle Produkte und Dienstleistungen, welche zu mindestens 30 Prozent mehr von älteren Menschen konsumiert wurden als von einem durchschnittlichen Haushalt.

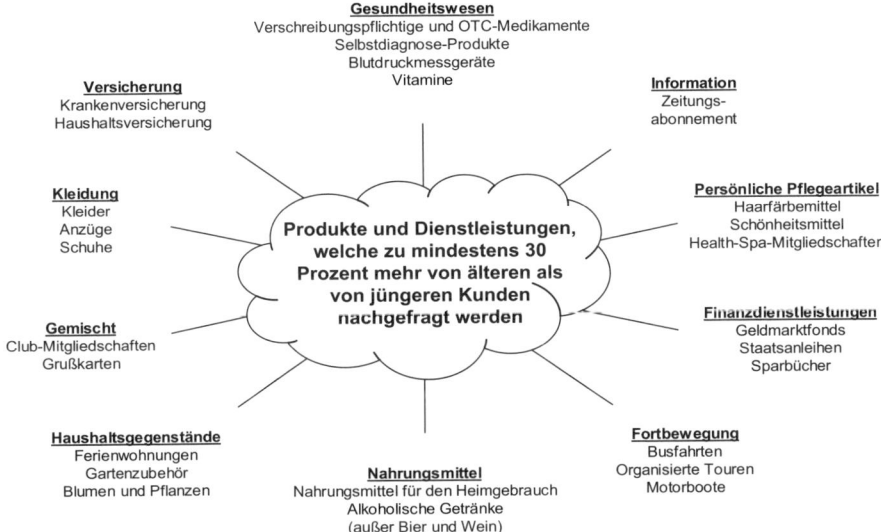

Bild 2.2: Obwohl ältere Menschen prinzipiell die gleichen Produkte konsumieren wie jüngere, gibt es einige Produkte, welche sie verstärkt kaufen (Quelle: Moschis 1992)

Die Untersuchung von Gütern, die bevorzugt von älteren Menschen nachgefragt werden, ermöglicht die Identifizierung von Marktsegmenten, welche attraktiv für ältere Menschen sind. Hock und Bader (2001) haben die folgenden Segmente und Themenschwerpunkte im Markt für ältere Menschen identifiziert:

Medizin, körperliche Gesundheit, geistige Leistungsfähigkeit, Finanzdienstleistungen, Versicherungen, Technologie, Bildung, Reisen, Kultur, Unterhaltung und Information, Mode, Körperpflege, Handel, Fahrzeuge, Wohnen, Haushaltsausstattung, Unterhaltungselektronik, Gartenbedarf, Therapeutisches, gesellschaftliche Aufgaben, Wohltätigkeitsorganisationen, Haustiere, ewiges Leben.

Die Liste verdeutlicht, dass der Markt für Senioren sehr komplex ist. Zusätzlich zu dem Ansatz, die Bedürfnisse älterer Menschen basierend auf dem aktuellen Konsum festzustellen, ist es möglich, die spezifischen Bedürfnisse der Senioren anhand ihrer Interessen abzugrenzen. Dabei ist es hilfreich, dass sich immer mehr ältere Menschen in eigenen Online-Communitys organisieren – wie beispielsweise „Seniorweb.ch" in der Schweiz. Da diese Plattformen in der Regel von und mit älteren Menschen aufgebaut werden, geben die Inhalte dieser Plattformen einen guten Überblick über die Interessen von älteren Menschen. Eine Querschnittsanalyse von verschiedenen Online-Plattformen zeigt, dass die folgenden Themenblöcke bei älteren Menschen auf besonders großes Interesse stoßen:

> *Gesundheit, Medien, Kultur, Computer, Reisen, Freizeit, Unterhaltung, Wissen, Dienstleistungen, Essen und Trinken, Geld, Tiere, Garten, Soziales.*

Nach der Identifikation von spezifischen Bedürfnisgruppen älterer Menschen muss ein weiteres, häufig auftretendes Phänomen berücksichtigt werden. Viele ältere Menschen nehmen ihre Bedürfnisse nach Produkten und Dienstleistungen selten oder nur stark verzerrt wahr. Ein typisches Beispiel ist die Aussage eines schwerhörigen Seniors: „Ich brauch doch kein Hörgerät", oder der Kommentar eines gebrechlichen 80-Jährigen, er „sei noch fit, aber sein 75-jähriger Nachbar würde einen sehr klapprigen Eindruck auf ihn machen". Ein Grund dafür liegt darin, dass sich ältere Menschen nicht eingestehen wollen, dass sie an bestimmten körperlichen oder geistigen Einbußen leiden. Da sie diese Einbußen negieren, schränken sie ihren Konsum an Produkten ein, welche möglicherweise Abhilfe bieten könnten. Ein weiterer Grund dafür, dass die Bedürfnisse älterer Menschen nicht als solche erkannt werden, könnte an einer oftmals auftretenden objektiv ungerechtfertigten Zufriedenheit im Alter liegen. Ältere Menschen adjustieren im Laufe ihres Lebens ihr Anspruchsniveau und nehmen daher einige Bedürfnisse nicht wahr, welche eigentlich existieren. Ein Beispiel ist die Aussage „der alte Fernseher funktioniere doch", obwohl die mangelhafte graphische Auflösung sowie schlechte Kontraste den älteren Menschen erhebliche Probleme beim Fernsehen bereiten. Aufgrund der langjährigen Gewöhnung an bestimmte Produkte haben sich viele ältere Menschen mit einer Situation abgefunden und fühlen sich in ihr wohl, obwohl es oftmals weitaus bessere Lösungen gibt. Falls die älteren Menschen ihre Bedürfnisse doch erkannt haben, kann es jedoch in vielen Fällen dazu kommen, dass sie Schwierigkeiten haben, diese Bedürfnisse entsprechend zu artikulieren. Daher sind Marktuntersuchungen und Studien mittels einer Befragung zur Identifikation von Bedürfnissen der älteren Menschen meistens nicht sehr aufschlussreich, und es kann zu einer starken Verzerrung der Wahrnehmung und Fehleinschätzung der eigenen Situation und Bedürfnisse kommen. Bei der Identifikation der Bedürfnisse von älteren Menschen sollte stets berücksichtigt werden, dass das, was die Nutzer sagen, nicht immer das ist, was sie tatsächlich wollen oder sie befähigt, ein bestimmtes Bedürfnis zu befriedigen (vgl. Rogers und Fisk 2003). Es wird allerdings in Zukunft erwartet, dass die Diskrepanz zwischen den Bedürfnissen und ihrer Wahrnehmung geringer wird. Starre Gewohnheiten werden eher nachlassen. Hinzu kommt, dass Familie und Angehörige oftmals eine wesentliche Rolle bei der Wahrnehmung der Bedürfnisse der älteren Menschen einnehmen. Daher ist es nicht verwunderlich, dass bei der Firma Senio in Heidelberg – einem Einzelhandelsgeschäft, welches sich ausschließlich auf Produkte für ältere Menschen spezialisiert hat – die Kundschaft zu etwa 50 Prozent aus Angehörigen der Senioren besteht. Selbst wenn die älteren Menschen Produkte selbst kaufen, werden die Angehörigen – wie beispielsweise Kinder, Verwandte oder andere Bekannte – in vielen Fällen vorher um Rat gefragt. Somit spielen die Angehörigen eine entscheidende Rolle für die Bedürfniswahrnehmung und das Kaufverhalten von älteren Menschen. Sie sollten daher bei einer Analyse des Marktes der älteren Menschen unbedingt mit eingeschlossen werden.

> Generell haben ältere Menschen die gleichen Bedürfnisse wie jüngere Menschen. Aufgrund ihrer Lebenssituation sind einige Bedürfnisse bei ihnen jedoch stärker ausgeprägt als bei jüngeren Generationen. Diese spezifischen Bedürfnisse umfassen die Themenbereiche Gesundheit, Sicherheit, Selbständigkeit, Mobilität und Partizipation.

Unabhängig davon, ob es sich um „alte" oder „junge" Generationen älterer Menschen handelt, können übergreifend und zusammenfassend die folgenden fünf Bedürfnisgruppen identifiziert und klassifiziert werden, welche hohes Potential für Produkt- und Dienstleistungsinnovationen haben:

- Gesundheit,
- Sicherheit,
- Selbständigkeit,
- Mobilität,
- Partizipation.

2.2.1 Gesundheit

Gesundheit im Alter wird als ein multidimensionales Konstrukt verstanden (vgl. Kennie 1984). Es setzt sich zusammen aus verschiedenen Aspekten, wie dem Fehlen einer Erkrankung, einem optimalen funktionalen Status sowie einem individuell angemessenen System sozialer Unterstützung. Ein umfassendes Verständnis der Gesundheit im Alter schließt somit sowohl Personenmerkmale (physisches und psychisches Wohlbefinden, körperliche und geistige Leistungsfähigkeit oder die Fähigkeit zu einer aktiven Lebensgestaltung) als auch Umweltmerkmale (selbständigkeitsfördernde, soziale oder medizinisch-pflegerische Angebote) ein (vgl. Kruse 2002). Körperliches Wohlbefinden und objektiver Gesundheitszustand im Alter stehen daher nicht in einem unmittelbaren Wechselverhältnis zueinander. Die Einschätzung, ob man sich für „gesund" oder „krank" hält, hängt stark von der Wahrnehmung des eigenen Körpers ab und nicht von direkt messbaren Werten. Somit konsumiert nicht derjenige mehr Medikamente, der nachweisbar kränker ist, sondern derjenige, der sich kränker fühlt. Aktuelle Forschungen zeigen, dass das körperliche sowie seelische Wohlbefinden im Alter in der jeweiligen Lebensgeschichte verankert ist. Ausschlaggebend für eine gute Gesundheit im Alter ist meist eine bewusste Lebensführung in jüngeren Jahren.

Der funktionale und psychische Gesundheitszustand der Menschen über 65 Jahren hat nicht nur in den letzten zwei Jahrhunderten, sondern insbesondere in den letzten Jahrzehnten eine markante Verbesserung erfahren. Die älteren Menschen sind heute generell gesünder als noch vor 15 Jahren. 92 Prozent der über 65-Jährigen bezeichnet den eigenen Gesundheitszustand als gut bis befriedigend (vgl. Hock und Bader 2001). Das psychische Wohlbefinden steigt vielfach sogar mit zunehmendem Alter an. Trotzdem ist in den letzten Jahrzehnten die Bedeutung vieler Krankheiten gestiegen, welche erst in höherem Alter auftreten, wie beispielsweise verschiedene Krebserkrankungen, Altersdemenz (Senilität), Osteoporose (Knochenbrüchigkeit), Arthrose, Arteriosklerose, koronare Herzkrankheiten oder vaskuläre Insuffizienzen. Das verstärkte Auftreten dieser Krankheiten ist jedoch nicht darauf zurückzuführen, dass sie erst in der jüngsten Vergangenheit entstanden sind. Die meisten Alterskrankheiten waren auch in früheren Zeiten vorhanden. Verschiedene anthropologische Studien belegen, dass sich die biologische Lebensspanne des Menschen – welche das maximal erreichbare Alter umschreibt – seit dem Neolithikum kaum verändert hat (vgl. Crews 1990). Es war deshalb auch in vorindustriellen Epochen möglich, dass Frauen und Männer ein hohes oder sehr hohes Alter erreichten, und somit an den heute weit verbreiteten Alterskrankheiten litten. Allein der frühe, vorzeitige Tod vieler Menschen in dieser Zeit – etwa durch Epidemien – führte dazu, dass solche altersbedingten Krankheiten (und namentlich Demenz) vergleichsweise selten auftraten. Aufgrund der hohen Mortalität war auch eine langjährige Pflegebedürftigkeit eher selten. Heute ist es jedoch der Fall, dass aufgrund der steigenden Lebenserwartung immer mehr Personen ihre biologische Lebensspanne erreichen und somit altersbedingte Krankheiten verstärkt auftreten.

92 Prozent der **über 65**-Jährigen
bezeichnet den eigenen Gesundheitszustand
als **gut bis befriedigend.**

Vielfach wird daher auf den ersten Blick eine kausale Beziehung zwischen steigender demographischer Alterung und steigenden Gesundheitsausgaben gesehen, da die Mehrheit der Gesundheits- und Pflegekosten im Alter anfällt. Tatsächlich steigen die Pro-Kopf-Ausgaben für medizinische Behandlungen mit zunehmendem Alter deutlich an, da im höheren Alter das Risiko chronischer Krankheiten und Behinderungen ansteigt. Mit steigendem Alter steigt auch das Risiko hirnorganischer Störungen rasch an, welche die Ursache für beispielsweise die Alzheimer-Krankheit oder andere Formen von Demenz sind. Aus den hohen Korrelationen von Alter und Krankheit beziehungsweise Alter und Krankheitskosten wird somit oft der populäre Schluss gezogen, dass „die Alten" der Hauptmotor der Kostenexplosion im Gesundheitswesen sind. Dieser Schluss ist jedoch falsch. Die überproportionale Kostenbelastung des Gesundheitssystems durch ältere Menschen erklärt höchstens die absolute Höhe der Gesundheitsausgaben in einer gegebenen Rechnungsperiode, nicht aber deren Wachstum im Zeitverlauf. Die Altersverteilung der Bevölkerung hat zwar einen Einfluss auf die altersmäßige Verteilung der Gesundheitsausgaben zu einem bestimmten Zeitpunkt, sie sagt jedoch nichts über die zukünftige Entwicklung aus. Vor allem darf die positive Korrelation von Alter und Krankheitskosten nicht zur Projektion der zukünftigen Kostenentwicklung benutzt werden.

Aus gerontologischer Sicht lässt sich sogar die Frage stellen, ob die immer wieder angeführte positive Korrelation zwischen (chronologischem) Alter und Krankheitskosten nicht eine Scheinbeziehung darstellt. Werden Krankheitskosten vom Todeszeitpunkt aus rückwärts gerechnet, wird deutlich, dass primär die Nähe des Todeszeitpunktes und weniger das Kalenderalter die Gesundheitskosten in die Höhe treibt. Das Sterben ist teuer geworden, nicht so sehr das Alter. Da die Sterberaten mit zunehmendem Alter ansteigen, führen hohe Sterbekosten zu einer positiven (Schein-)Korrelation zwischen Pro-Kopf-Ausgaben und Alter (vgl. Höpflinger 2002a). Die so genannten Sterbekosten – jene Ausgaben, die im letzten Lebensjahr anfallen – können heute auf etwa 20 bis 25 Prozent aller Gesundheitskosten geschätzt werden. Sie sind relativ unabhängig davon, in welchem Alter eine Person stirbt (vgl. Georgescu 2002).

Tatsächlich geht nur ein vergleichsweise kleiner Teil der vergangenen und künftigen Ausgabensteigerungen im Gesundheitswesen direkt auf die demographische Altersverschiebung zurück. Die Preisentwicklung medizinischer Angebote und eine erhöhte Inanspruchnahme medizinischer Güter und Dienstleistungen in allen Altersgruppen haben einen wesentlich größeren Einfluss auf die absolute oder auch relative Kostenentwicklung des Gesundheitssystems. Mehrere Studien sowohl in den USA als auch neuerdings in Deutschland belegen, dass die Ausgaben für die Behandlung lebensbedrohlicher Erkrankungen für Patienten jenseits des 60. Lebensjahres deutlich abnehmen. Die Erklärung dafür ist einfach. Wer die statistisch „kritische Lebensspanne" überlebt, stirbt im hohen Alter meist an Herz-Kreislauf-Erkrankungen – aber nur selten an therapie- und kostenintensiven Erkrankungen wie beispielsweise Krebs. Das bedeutet: Wer gesund alt wird, belastet auch in der letzten Lebensphase das Gesundheitssystem kaum; ganz abgesehen davon, dass diejenigen Personen weiterhin Beiträge in die Krankenkassen einzahlen. Ein 90-Jähriger in Deutschland verursacht beispielsweise nur die Hälfte der Kosten des 65-jährigen Vergleichspatienten (vgl. Georgescu 2002).

> Der populäre Schluss, die Alten seien für die Kostenexplosion im Gesundheitswesen verantwortlich, ist falsch. Die hohe Korrelation zwischen Alter und Krankheitskosten ist eine Scheinbeziehung. Nicht das Kalenderalter, sondern die Nähe zum Tod treibt die Gesundheitskosten nach oben. Das Sterben ist teuer, das Alter eher nicht.

Ein weiterer Grund, warum ältere Menschen das Gesundheitssystem nicht besonders belasten, ist, dass nahezu jeder zweite alte Patient zu Hause sterben möchte. Daraus resultiert sogar die Annahme, dass eine älter werdende Gesellschaft zu einer Kostensenkung im Gesundheitssystem führen könnte, denn eine höhere Lebenserwartung bedeutet auch, dass es mehr gesunde Jahre pro Leben geben wird. Daher rechnen viele Experten damit, dass weitere dramatische Kostensteigerungen im Gesundheitswesen nicht anstehen dürften. Obwohl beispielsweise in der Schweiz die Pro-Kopf-Kosten im Gesundheitswesen sich innerhalb von 25 Jahren mehr als verdoppelt haben, rechnet Pro Senectute (2002) damit, dass nur ein kleiner Teil der Kostensteigerung – etwa ein Fünftel – durch die demographische Alterung verursacht wird. Ein internationaler Längsschnittvergleich für 20 OECD-Länder lässt erkennen, dass zwischen 1960 und 1988 die demographische Alterung – nach statistischer Kontrolle des Pro-Kopf-Einkommens – kein bedeutsamer Erklärungsfaktor steigender Gesundheitsausgaben war (vgl. Getzen 1992).

Trotz der Tatsache, dass immer mehr ältere Leute länger gesund leben, ist in den nächsten Jahrzehnten absolut und relativ mit mehr kranken älteren Menschen sowie pflegebedürftigen Betagten zu rechnen, da die vielen geburtenstarken Jahrgänge der Babyboom-Generation alt werden. Die drei dominierenden körperlichen Grunderkrankungen im Alter sind dabei die Arteriosklerose, die Osteoporose sowie die Arthrose. Zu den psychischen und hirnorganischen Erkrankungen im Alter zählt primär die Demenz, denn immer mehr Menschen erreichen einerseits jenes hohe Alter, in dem dementielle Erkrankungen häufiger auftreten, und andererseits fehlen präventive und kurative Möglichkeiten für diese oft langjährigen chronischen Erkrankungen noch weitgehend (vgl. Höpflinger 2002a). Bei vier bis sechs Prozent der 65-jährigen und älteren Bevölkerung liegen bereits jetzt mittelschwere bis schwere Demenzen vor; berücksichtigt man auch die leichten Demenzen, so erhöht sich der Anteil demenzkranker Menschen in dieser Altersgruppe auf elf bis 14 Prozent. Mit einem Anteil von etwa 60 Prozent stellt die Alzheimer-Krankheit die häufigste Form aller Demenzen dar. Als zweithäufigste Form werden die vaskulären Demenzen, das heißt die durch eine Schädigung der Gefäße bedingten Demenzen, bezeichnet. Zehn bis 20 Prozent aller Demenzen sind als vaskulär bedingt anzusehen; 20 Prozent als eine Mischung aus vaskulärer und Alzheimer-Demenz (vgl. Kruse 2002).

Zusammen mit dem Anstieg von altersbedingten Krankheiten kann jedoch in Zukunft auch davon ausgegangen werden, dass die Bedeutung der Selbstverantwortung der Patienten im Gesundheitswesen ansteigen wird, was generell unter dem Begriff „Citizen Empowerment" verstanden wird. Die bisher passiv auftretenden Patienten werden kostenbewusster über Maßnahmen im Gesundheitswesen nachdenken und handeln. Die Patienten werden zukünftig aktiver in Entscheidungen über die eigene Behandlung eingreifen, da sie bemerken, dass sie durch ihre Behandlung Kostenverursacher bestimmter medizinischer Leistungen sind. Der wachsende Trend hin zur Selbstbestimmung des Patienten führt daher ein neues Element in die Diskussionen um das Altern und die Gesundheit ein. In Zukunft wird es nicht nur mehr Menschen mit einem Bedürfnis nach medizinischer Betreuung als je zuvor geben – diese Menschen werden vermehrt die Erwartungshaltung haben, verstärkt in die Entscheidungen über ihre eigene Gesundheit mit einbezogen zu werden, und sie werden einen größeren Anspruch gegenüber dem Niveau der erhaltenen Pflege haben. Die Forschung zeigt, dass Informationen über die Gesundheit und die Wahl der Gesundheitspflege, einschließlich der Information über mögliche Behandlungsarten, kritischer hinterfragt werden, und Möglichkeiten zur Mitwirkung bei der Gesundheitspflege öfter eruiert werden. Informierte Patienten übernehmen auch eher die Verantwortung für ihre eigene Gesundheit, sie holen früher eine Diagnose ein, lassen sich früher behandeln und melden sich eher für eine Therapie an, was sie zu effizienteren Konsumenten von Ressourcen der Gesundheitspflege macht.

Ältere Menschen von heute sind oftmals stark an der aktiven Verbesserung ihrer gesundheitlichen Situation interessiert. Freizeitaktivitäten und Sportarten, welche speziell für ältere Menschen gut geeignet sind, erleben großes Wachstum. Ein Beispiel ist Nordic Walking. Ein Unternehmen, welches erfolgreich auf die steigende Bedeutung der Gesundheit bei älteren Menschen reagiert und sich auf die Herstellung von Nordic-Walking-Stöcken spezialisiert hat, ist die Firma LEKI.

Beispiel 2.2: LEKI – Nordic-Walking-Ausrüstungen für ältere Menschen

Die Firma LEKI in Kirchheim in Deutschland ist einer der führenden Ausrüster für Nordic-Walking-Stöcke. Ursprünglich begann LEKI mit der Herstellung von Skistöcken. Eine der erfolgreichsten Innovationen von LEKI war ein speziell entwickeltes Härteverfahren, welches den Einsatz von Aluminiumrohren für den Skistockbereich ermöglichte. Durch die revolutionäre Entwicklung eines funktionstüchtigen Verstellsystems folgten 1974 die ersten verstellbaren Ski- und Tourenstöcke. Heute ist LEKI weltweit einer der führenden Anbieter im Ski- und Tourenstockbereich. LEKI verfolgt die Strategie, Produkte mit höchster Technik und Qualität anzubieten. Verschiedene Erfindungen wie die Korrektionszone, der Ergosoftgriff oder das Trigger-System gehören zu den Innovationen von LEKI. LEKIs Nordic-Walking-Stöcke bestehen entweder aus Aluminium oder Carbon. Zudem können sie in verschiedenen Längen und wahlweise mit einer fixen oder variablen Länge gekauft werden. Die Produkte von LEKI ermöglichen eine bestmögliche Kraftübertragung vom Arm auf den Stock. Dabei sorgt eine Schlaufe stets für die ergonomisch richtige Handhaltung. Der Anwender kann per Rasterverschluss den Stock lösen. Durch die einfache, sichere und komfortable Bedienung sind die Nordic-Walking-Stöcke von LEKI besonders für ältere Menschen attraktiv, welche die Produkte von LEKI gerne kaufen und somit aktiv an der Verbesserung ihrer gesundheitlichen Verfassung arbeiten können.

2.2.2   Sicherheit

Sicherheit spielt für ältere Menschen eine wichtige Rolle und umfasst dabei mehrere Aspekte. Generell wird der Begriff Sicherheit in materielle und personenbezogene Sicherheit unterschieden. Während Produkte zur materiellen Sicherheit Versicherungen und Finanzprodukte umfassen, bezieht sich die personenbezogene Sicherheit meistens auf die körperliche Unversehrtheit der älteren Menschen. Da finanzielle Sicherheit wenig mit technologischen Innovationen zu tun hat, beschränkt sich dieses Buch auf das Potential für Produkte, welche die persönliche Sicherheit der älteren Menschen betreffen – auch wenn Versicherungen und Finanzprodukte von älteren Menschen verstärkt nachgefragt werden.

Die persönliche Sicherheit der älteren Menschen bezieht sich in erster Linie auf die Sicherheit im Haushalt und Alltag. Die größten Hürden für die Sicherheit stellen dabei die oftmals eintretenden körperlichen Gebrechen und geistigen Einbußen der älteren Menschen dar. Damit ältere Menschen im Alltag und eigenen Haushalt sicher leben können und nicht auf die Hilfe vom Ehepartner, von Kindern oder anderen Angehörigen zurückgreifen müssen, können verschiedene kleinere Anpassungen im Haushalt getroffen werden oder Hilfsgeräte zum Einsatz kommen, welche unterschiedliche Verrichtungen des Alltags erleichtern. Technische Lösungen, welche diese Hilfsgeräte ermöglichen, werden auch „Assistive Technologies" genannt.

Viele Gefahrenherde im Haushalt der älteren Menschen umfassen einfache Dinge, wie beispielsweise eine schwer zu steigende Treppe, rutschige Fußböden oder schlecht nutzbare sanitäre Einrichtungen wie Dusche oder WC. Die Bewegungseinschränkungen der älteren Menschen machen häufig Anpassungen erforderlich. Die meisten Anpassungen erhöhen dabei nicht nur die objektive, sondern auch die subjektive Sicherheit der älteren Menschen. Teilweise können bauliche Maßnahmen erforderlich sein, wenn beispielsweise eine Rampe benötigt wird, um mit dem Rollstuhl in ein Haus zu gelangen, oder ein Aufzug nachträglich eingebaut werden muss. Es können aber auch kleine Maßnahmen und Hilfsmittel sein, welche das Leben erleichtern, wie beispielsweise der Einbau einer bodengleichen Dusche, die Verbreiterung von Türen, zusätzliche Haltegriffe im Bad oder eine bessere Beleuchtung. Eine sichere Wohnung reduziert ebenfalls die Kosten, welche aus Unfällen im Haushalt entstehen. Seit kurzem werden zur Erhöhung der Sicherheit älterer Menschen verschiedene Sicherheitssysteme diskutiert und am Markt eingeführt, wie beispielsweise Sturzdetektoren oder automatische Notrufsysteme. Insbesondere bei den Sturzdetektoren gab es in letzter Zeit einen starken Angebotsanstieg. Ein Beispiel für die erfolgreiche Entwicklung eines Sturzdetektors speziell für ältere Menschen ist das System COSYMED des Swiss Center for Electronics and Microtechnology (CSEM).

Beispiel 2.3: CSEM – Erhöhte Sicherheit für ältere Menschen dank Sturzdetektoren

Das Swiss Center for Electronics and Microtechnology (CSEM) ist ein privat organisiertes Technologieunternehmen, welches folgende Dienstleistungen anbietet:

- angewandte Forschung,
- Produktentwicklung,
- Prototypentwicklung und kleine Serienproduktionen.

CSEM ist in den folgenden Technologiebereichen tätig: Mikro-/Nanotechnologie, Mikroelektronik, Systems Engineering sowie Informations- und Kommunikationstechnologien. CSEM entwickelt ebenfalls eigenständige kommerzielle Aktivitäten, entweder in Kooperation mit anderen Firmen oder durch eigene Start-ups. CSEM betreibt Standorte in Alpnach, Neuchâtel und Zürich. Darüber hinaus ist CSEM in vielen europäischen Ländern sowie in den USA und Japan aktiv. Ende 2003 hatte CSEM 275 Mitarbeiter, und in den letzten fünf Jahren wurden elf unabhängige Spin-offs und Start-ups ausgegründet. Diese Unternehmen beschäftigen inzwischen mehr als 350 Mitarbeiter. CSEM generierte im Jahr 2003 einen Umsatz von mehr als 34 Millionen €.

Als Experte in den Bereichen Miniaturisierung, Schwachstromelektronik sowie Informations- und Kommunikationstechnologien ist CSEM besonders gut positioniert, um telemedizinische Anwendungen wie einen Sturzdetektor zu entwickeln. Vor diesem Hintergrund hat CSEM in der Forschung und Entwicklung einen Schwerpunkt auf tragbare Telemonitoring-Systeme gelegt. Das System COSYMED ist insbesondere für ältere Menschen entwickelt worden und umfasst die folgenden Funktionen:

- *Automatische Sturzdetektion*: Stürze gelten als ein Hauptrisiko älterer Menschen.
- *Automatische Überwachung*: Wichtige medizinische und physiologische Körperparameter können kontinuierlich beobachtet werden.
- *Kommunikation von Daten und Sprache*: Physiologische Parameter können direkt vom Nutzer zu einer externen Stelle, wie beispielsweise einem Arzt oder Monitoring Center, gesendet werden.

COSYMED ist modular und besteht aus miniaturisierten Modulen, welche direkt am Körper getragen werden und somit kontinuierlich das Verhalten und bestimmte Parameter der älteren Menschen überwachen können wie beispielsweise Pulsfrequenz, Körpertemperatur, EKG, eventuelle Stürze, Aktivität oder Sprache. Die gemessenen Parameter werden schnurlos zu einer Basisstation gesendet, welche an ein reguläres Telefonnetz angeschlossen ist. Die Basisstation verarbeitet die Informationen und gibt bei Bedarf ein entsprechendes Alarmsignal an eine betreuende Stelle weiter, welche am besten auf den gegebenen Alarm reagieren könnte. Nachdem die Verbindung hergestellt wurde, kann der Anwender sogar mit der kontaktierten Person sprechen. Dadurch wird die Sicherheit des Systems enorm erhöht. Durch einen Zusatz am Gerät kann COSYMED auch im Außenbereich eingesetzt werden. Zu dieser Erweiterung gehören eine tragbare Basisstation und ein zusätzliches GPS-basiertes Lokalisationsmodul. Der Alarm wird dann über eine mobile GSM/GPRS-Telefonverbindung über das Internet an die entsprechende Betreuungsstelle gesendet.

Neben COSYMED arbeitet CSEM ebenfalls an dem Projekt WEALTHY, welches darauf zielt, neue Konzepte für „smart clothes" zu entwickeln. Smart bio-clothes umfassen funktionelle Kleidungsstücke, bei denen medizinische Sensoren und Mikro-Monitoring-Einheiten in das Textil integriert sind, welche wiederum bestimmte Parameter des Körpers messen können und somit die Sicherheit des Trägers erhöhen. Nicht nur die Bekleidungsindustrie, sondern auch einige Firmen aus dem Healthcare-Bereich zeigen großes Interesse an diesen Lösungen.

Sicherheitssysteme wie COSYMED oder WEALTHY werden trotz ihres Nutzens auch kritisch diskutiert. Es bleibt ungeklärt, ob derartige Sicherheitssysteme dem Wunsch der älteren Menschen nach Sicherheit entspringen oder eher dem Wunsch der Angehörigen der älteren Menschen entsprechen. Ältere Menschen empfinden in der Regel die Anwesenheit einer persönlichen Ansprechperson als wesentlich angenehmer und sicherer als das Tragen eines elektronischen Überwachungsgeräts.

Neben den weit verbreitet eintretenden, aber unwesentlichen körperlichen und geistigen Einbußen im Alter kann es vorkommen, dass ältere Menschen an schwereren Einbußen wie Desorientiertheit und Verwirrtheit leiden. Dies bedeutet für die betroffenen Menschen sehr oft nicht nur eine Einschränkung der persönlichen Freiheit, sondern auch einen zusehends aufkommenden Verlust der Autonomie und Sicherheit. Hat diese Behinderung einen gewissen Schweregrad überschritten, erfolgt in den meisten Fällen systematisch die Einweisung in eine geschlossene Anstalt, was konsequenterweise die Einschränkung der persönlichen Bewegungsfreiheit mit sich führt. Diese Einbußen stellen daher ein besonderes Hindernis für die Sicherheit älterer Menschen dar und erfordern komplexe Lösungen. Elektronische Sicherheitssysteme können hier helfen, den älteren Menschen mehr Bewegungsfreiheit und Freiraum zu ermöglichen. Eine Organisation, welche Sicherheitssysteme für ältere Menschen anbietet, die unter Desorientiertheit und Verwirrtheit leiden, ist die Stiftung für elektronische Hilfsmittel FST.

Beispiel 2.4: FST – Sicherheitssysteme für ältere Menschen

FST ist eine Stiftung, welche technische Hilfsmittel für behinderte und ältere Menschen herstellt. FST hat sich zur Aufgabe gesetzt, jeder Person, die aufgrund einer körperlichen Behinderung eingeschränkt ist, elektronische Hilfsmittel (Telethesen) vermitteln zu können, die dem individuellen Bedürfnis des Betroffenen entsprechen. Die FST sieht sich daher als Schnittstelle zwischen modernster Technologie und den daraus entstehenden Anwendungen für behinderte und ältere Menschen. Insgesamt gehören seit der Gründung der Stiftung im Jahre 1982 über 10.000 Menschen in der Schweiz und über 6.000 Menschen im Ausland zu den Kunden von FST. Die Produkte von FST umfassen Kommunikationshilfen, Geräte zur Kontrolle der Umwelt, Informatikanwendungen und Sicherheitssysteme.

Seit 1992 verfügt die FST über eine für Alters- und Pflegeheime entwickelte Technologie, die dazu beitragen soll, die „dement gewordenen" Insassen in ihrem normalen Umfeld belassen zu können, ohne dass sie in eine spezialisierte, meist geschlossene Pflegeeinrichtung eingewiesen werden müssen. Gegenwärtig sind über 100 Pflegeheime in der Schweiz mit dem System „Quo Vadis" von FST ausgerüstet. Quo Vadis signalisiert, an welcher Stelle eine bestimmte Person eine gesicherte Zone verlässt. Somit kann einem desorientierten Menschen ermöglicht werden, weiterhin in seiner gewohnten Umgebung uneingeschränkt leben zu können. Gegenstände in Pflegeheimen, welche mit der Quo-Vadis-Technologie ausgerüstet werden können, sind beispielsweise Türen, Aufzüge oder Außentüren. Über eine Tracking-Software kann jederzeit verfolgt werden, wo sich die desorientierte Person im Gebäude befindet. Zusätzlich kann per Computer dem älteren Menschen ermöglicht werden, Zutritt zu einzelnen Räumen zu bekommen, indem die entsprechenden Zonen per Mausklick freigegeben werden. Quo Vadis kann somit behilflich sein, Eingänge und Räume zu sichern, die

von den verwirrten Menschen nicht betreten werden dürfen. Quo Vadis kann nicht
nur in Pflegeheimen, sondern auch im Haushalt zum Einsatz kommen. Darüber hinaus kann der Wirkungsbereich von Quo Vadis auch auf Anlagen im Außenbereich
erweitert werden.

Generell sieht FST den Markt für Sicherheitssysteme für ältere Menschen noch als einen Nischenmarkt. Dies liegt hauptsächlich daran, dass die Installationskosten noch
relativ hoch sind. Großes Potential liegt daher eindeutig darin, Produkte mit geringen
Installationskosten anzubieten. Bei der Abgrenzung möglicher Märkte spielt die Un-
terscheidung zwischen Bedürfnis und Nachfrage eine wichtige Rolle. Während die Bedürfnisse älterer Menschen bereits seit mehreren Jahren bekannt sind, ist erst seit Ende der 1990er Jahre die Nachfrage nach einigen Produkten zur Erhöhung der Sicherheit älterer Menschen stark gestiegen. Generell ist seit den 1990er Jahren zu bemerken,
dass Produkte im kognitiven Bereich an Bedeutung zunehmen. FST erwartet, dass sich
in Zukunft Märkte entwickeln werden, welche sich weniger mit körperlichen Behinderungen als zunehmend mit geistigen Behinderungen beschäftigen werden.

2.2.3   Selbständigkeit

Ein wesentliches Bedürfnis älterer Menschen ist es, so lange wie möglich ein unabhängiges, selbstverantwortliches und selbständiges Leben zu führen. Selbständigkeit im Alter umfasst daher eine weitgehend autonome Gestaltung der nachberuflichen Lebensphase. Dabei können die nachberuflichen Tätigkeitsfelder fast
so vielfältig sein wie die Tätigkeiten in früheren Lebensphasen. Es zeigt sich, dass
frühere Tätigkeitsmuster auch nach der Pensionierung grundlegend beibehalten
werden, was kontinuitätstheoretischen Annahmen entspricht. Bestimmend ist
daher die bisherige Lebensführung. Wer in frühen Lebensphasen aktiv und selbständig war, wird dies tendenziell auch in der nachberuflichen Lebensphase sein.

Ein zentraler Aspekt der Selbständigkeit im Alter ist die Möglichkeit, in den eigenen vier Wänden selbstverantwortlich wohnen zu können. Die selbständige
Haushaltsführung in der eigenen Wohnung genießt die höchste Wertschätzung
bei den älteren Menschen. Umgekehrt erscheint ein Wechsel in eine institutionelle Einrichtung als besonders negativ. Diese negative Einstellung wird durch veraltete und falsche Vorstellungen über Alters- und Pflegeeinrichtungen zusätzlich
verstärkt. Den meisten älteren Menschen bleibt es jedoch erspart, in ein abhängiges Wohnverhältnis wechseln zu müssen. In Deutschland leben beispielsweise
93,5 Prozent der über 65-Jährigen in normalen Privathaushalten. Knapp über die
Hälfte davon sind Ein-Personen-Haushalte, 43,1 Prozent Zwei-Personen-
Haushalte und 5,5 Prozent Drei- und Mehr-Personen-Haushalte (vgl. Oswald
2002).

93,5 Prozent der **über 65**-Jährigen
in Deutschland leben in normalen Privathaushalten.

Während aktive und gesunde Senioren kaum Probleme haben, in der eigenen Wohnung wohnen zu bleiben, stehen hochbetagte Menschen und ältere Menschen mit starken körperlichen und geistigen Gebrechen vor erheblichen Problemen, selbständig zu leben. Meistens ist ein geringes Maß an Aktivität dafür verantwortlich, dass ältere Menschen an Erkrankungen leiden, welche erhebliche Einbußen bei der Selbständigkeit zur Folge haben. Dazu gehören beispielsweise kardiovaskuläre Erkrankungen, apoplektischer Insult oder Hüftfrakturen (vgl. Kruse 2002). Heute erlauben jedoch ambulante Pflege und neue Formen betreuten Wohnens denjenigen älteren Menschen, welche an funktionalen Behinderungen und Einschränkungen leiden, vermehrt in ihren angestammten Wohnverhältnissen zu verbleiben. Die Organisation in der Schweiz, welche für ihr umfassendes und ausführliches Betreuungsprogramm für ältere Menschen bekannt ist, ist Pro Senectute.

Beispiel 2.5: Pro Senectute – Betreuung für ältere Menschen

Pro Senectute wurde im Jahr 1917 gegründet und ist die größte Fach- und Dienstleistungsorganisation im Dienst der älteren Menschen in der Schweiz. Pro Senectute ist föderalistisch aufgebaut und in jedem Kanton der Schweiz vertreten. Auf nationaler Ebene – wie in den meisten Fällen auch kantonal – ist sie als Stiftung organisiert. Pro Senectute fördert die Lebensqualität der älteren Menschen und bietet Dienstleistungen an, welche die Selbständigkeit älterer Menschen so lange wie möglich unterstützen sollen. Zudem setzt sich Pro Senectute für eine zeitgemäße Alterspolitik ein und stärkt die Solidarität zwischen den Generationen.

Pro Senectute hat knapp 19.000 Mitarbeiter (Angestellte, Sozialzeitengagierte, Ehrenamtliche und Freiwillige). Die Organisation wird zu 45 Prozent durch die öffentliche Hand finanziert. Weitere 40 Prozent werden durch den Verkauf von Dienstleistungen sowie durch Beiträge von Teilnehmern generiert. Die restlichen finanziellen Mittel stammen von verschiedenen anderen Dienstleistungen. Pro Senectutes Leistungsangebot umfasst:

- soziale Arbeit,
- Hilfen zu Hause,
- Sport und Bewegung,
- Bildung und Interessenpflege,
- Information.

Die soziale Arbeit umfasst die Sozialberatung älterer Menschen, individuelle Finanzhilfen, Sozialberatung mit Gruppen oder Gemeinwesenarbeit. Hilfen zu Hause umfassen Dienstleistungen, wie beispielsweise Haushilfe, Mahlzeitendienst, Putz- und Rei-

nigungsdienst, Wäsche- und Flickdienst, Fußpflege, Transport, Besuchsdienst, Hilfs-
mitteldienst, Wohnungsanpassungen oder Wohnberatung, Treuhänderdienst oder
ein Steuererklärungsdienst. Durch die Dienstleistungen und das weit verbreitete
Netzwerk in den Kantonen und der Gesellschaft leistet Pro Senectute einen wichtigen
Beitrag zur Aufrechterhaltung und Erhöhung der Selbständigkeit der älteren Menschen in der Schweiz.

2.2.4 Mobilität

Es gibt viele Gründe, warum ältere Menschen ihre Mobilität einschränken. Diese
liegen entweder an den älteren Personen selbst oder an ihrer Umwelt. Individuelle Gründe, welche die Mobilität einschränken, können gesundheitlich bedingt
sein. Bewegungen werden mühsamer und brauchen mehr Zeit oder die Hör- und
Sehfähigkeit nehmen ab, so dass die Orientierung schwerer fällt. Außerdem wird
die Informationsverarbeitung in Alter langsamer, was einen weiteren Grund zur
Reduzierung der Mobilität älterer Menschen darstellt. Auch die Angst vor gefähr-
lichen, neuen oder ungewohnten Situationen – insbesondere unter Zeitdruck –
kann dazu führen, dass ältere Menschen ihre Mobilität einschränken. Die größten
Befürchtungen bestehen beispielsweise darin, in der Dunkelheit draußen zu sein,
hinzufallen oder Opfer eines Überfalls zu werden. Darüber hinaus bestehen
Ängste vor dem rücksichtslosen Verhalten anderer Mitmenschen, zum Beispiel
im Straßenverkehr. Diese können sich verstärken, wenn man hauptsächlich alleine unterwegs ist und kein Partner oder eine andere Person als Begleitung zur
Verfügung steht.

Neben den individuellen Mobilitätshindernissen kann es auch vorkommen, dass
es Hindernisse in der Umwelt gibt, welche die Mobilität der älteren Menschen
einschränken. Es kann vorkommen, dass bestimmte Ziele schlecht zu erreichen
oder öffentliche Verkehrsmittel unkomfortabel sind und daher ein Mobilitäts-
hindernis darstellen. Um älteren Menschen Mobilität zu ermöglichen, sollte es
daher eine gute Anbindung des öffentlichen Nahverkehrs geben sowie genügend
öffentliche Parkplätze und leicht zu betretende Gebäude. Eine Bushaltestelle vor
der Tür garantiert allerdings noch nicht, dass öffentliche Verkehrsmittel auch
tatsächlich genutzt werden. Das Heraussuchen von Fahrplänen kann ebenso
Schwierigkeiten bereiten wie das Einsteigen in den Bus oder die Bahn. Auch die
Überfüllung öffentlicher Verkehrsmittel, der Mangel an Hygieneräumen, der
Lärm und das Umsteigen sind Gründe, warum viele Menschen eher auf öffentliche Verkehrsmittel verzichten oder sie ungern nutzen.

Innerhalb öffentlicher Gebäude warten auch Hindernisse, welche die Mobilität
älterer Menschen erschweren können, zum Beispiel schlecht bedienbare Fahr-
stühle und Rolltreppen. Die Firma Schindler hat daher ein System entwickelt,

welches die Bedienung von Fahrstühlen speziell für ältere Menschen stark vereinfacht.

Beispiel 2.6: Schindler – Intelligente Systeme zur Erhöhung der Mobilität älterer Menschen

Die Firma Schindler mit Sitz in Ebikon ist in den Bereichen Aufzüge und Rolltreppen tätig. Schindler ist der weltweite Marktführer bei Rolltreppen und die Nummer zwei bei Aufzügen. Täglich werden mehr als eine halbe Milliarde Menschen in der Welt mit Aufzügen und Rolltreppen der Firma Schindler befördert. Im Geschäftsjahr 2004 erzielte Schindler einen Umsatz von etwa 8,3 Milliarden sFr. und beschäftigte 39.400 Mitarbeiter. Schindler unterhält weltweit 30 Produktionsstandorte und mehr als 1.000 Niederlassungen in über 100 verschiedenen Ländern.

Im Jahr 2001 hat Schindler ein System entwickelt, welches insbesondere älteren und behinderten Menschen ermöglicht, auf eine sehr einfache Art und Weise Aufzüge bedienen zu können. Das System heißt SchinlderID und revolutioniert die Aufzugsbranche in der Hinsicht, dass während der 140-jährigen Geschichte der Aufzugsindustrie eher einzelne Komponenten und Kostenreduzierungen im Vordergrund aller Innovationsaktivitäten standen und nicht Verbesserungen bei der Passagierschnittstelle. SchindlerID zeichnet sich dadurch aus, dass es über eine neuartige Benutzerschnittstelle sowie über einen Access Control Service verfügt. Die Benutzung von SchindlerID funktioniert wie folgt:

- Der Fahrgast wird über ein Identifikationsmedium oder einen PIN-Code durch ein Lesegerät am Aufzug identifiziert. Das System überprüft die Zugangsrechte des Fahrgastes und weist ihm einen bestimmten Aufzug zu. Dabei werden folgende Kriterien berücksichtigt:
  - Kapazitätsauslastung,
  - individuelle Fahrtzeit,
  - Sicherheitsrestriktionen,
  - zusätzliche Attribute wie benötigter Raum, Behinderungen oder Präferenzen.
- Der Fahrgast steigt direkt in den ihm zugewiesenen Aufzug ein und wird unmittelbar ohne weitere Interaktion mit dem Aufzug zu seiner Zieletage befördert.
- Das Identifikationsmedium für die Fahrgäste kann in verschiedenen Gegenständen untergebracht sein, wie zum Beispiel am Schlüsselanhänger, in der Uhr oder als einfache Chip-Karte.

Insbesondere bei älteren Menschen stiftet diese Innovation einen hohen Nutzen. Einerseits wird durch die implizite Zielrufsteuerung der Aufzüge dafür gesorgt, dass die älteren Menschen durch den für sie geeignetsten Aufzug befördert werden. Beispielsweise wäre für einen Rollstuhlfahrer ein größerer Aufzug geeigneter als ein kleinerer. Andererseits kann in dem System berücksichtigt werden, dass ältere Menschen möglicherweise eine längere Zeit brauchen, um den Aufzug zu betreten. Die Türen des Aufzugs schließen somit erst später. Nach Betreten des Aufzugs wird die Person in das entsprechende Stockwerk befördert, ohne auf eine weitere Interaktion mit der Bedienung des Aufzugs angewiesen zu sein. Das Unternehmen Schindler erwartet, dass diese Produktinnovation speziell bei älteren und behinderten Menschen auf große Resonanz stoßen wird.

Die Art und Weise, wie ältere Menschen ihre Mobilitätseinschränkungen bewältigen, hängt von der Persönlichkeit, den Einstellungen und dem sozialen Umfeld der Betroffenen ab. Während eine Einschränkung der personenbezogenen Mobilität im Alltag zu erheblichen Einbußen an Lebensqualität führen kann und zu kompensatorischen Hilfsmitteln zwingt, ist im Bereich der öffentlichen Mobilität eine geringere Nutzung der Angebote zu beobachten. Daher ist eine geringere Teilnahme am Straßenverkehr eine Möglichkeit, diese Einschränkungen zu umgehen (vgl. FRAME 2003). Auch der Verzicht auf die Nutzung öffentlicher Personennahverkehrssysteme ist ein Resultat mobilitätsbehindernder und altenunfreundlicher Konzeptionen und Gestaltung. Dem Kreislauf aus altersbedingten physiologischen Defiziten, einer verringerten Verkehrsteilnahme und einem Mangel an Mobilitätspraxis können ältere Menschen entgegenwirken. Viele tun dies erfolgreich. An ihnen ist bereits wissenschaftlich belegt, dass Senioren in vielen Bereichen ihrer Aktivitäten Unsicherheiten effektiv ausgleichen, indem sie beispielsweise mehr Zeit für ihre Wege einplanen und mehr Rastpausen einlegen. Wenn sie mit dem Auto unterwegs sind, fahren ältere Menschen langsamer und umsichtiger.

2.2.5   Partizipation

Die Partizipation am täglichen Leben ist ein zentrales Element der Lebensqualität älterer Menschen. Viele gerontologische Studien konnten nachweisen, wie wichtig gute soziale Kontakte und Beziehungen gerade im Alter sind (vgl. Höpflinger 2002c). Kontakte und Beziehungen zu Mitmenschen wirken sich insgesamt positiv auf Wohlbefinden und Gesundheit im Alter aus. Das Eingebundensein in soziale Netzwerke sowie die subjektiv erlebte soziale Integration sind zentrale Voraussetzungen für die aktive Lebensführung, für das gesundheitliche Wohlbefinden sowie für die positive Lebenseinstellung. Die persönlich bedeutsame Aktivität im Alter stellt auch eine entscheidende Grundlage für die Aufrechterhaltung der körperlichen und geistigen Leistungsfähigkeit, der sozialen Teilhabe sowie des allgemeinen Wohlbefindens dar. Befunde von empirischen Studien deuten darauf hin, dass körperliche Aktivität einen gewissen Schutz gegen den Abbau der physischen Leistungsfähigkeit, kognitive Aktivität einen gewissen Schutz gegen den Abbau der kognitiven Leistungsfähigkeit im Alter darstellt (vgl. Kruse 2002). Beide Aspekte sind wesentliche Voraussetzungen für eine aktive Partizipation am sozialen Leben.

Besonders die Steigerung der kognitiven Aktivität älterer Menschen wird in letzter Zeit verstärkt diskutiert. Immer mehr Senioren nehmen beispielsweise an Bildungsprogrammen teil oder schreiben sich als Gasthörer oder regulärer Student an Universitäten ein. Sie weigern sich keineswegs, neue Dinge zu lernen. Im Gegenteil, sie sind aktiv daran interessiert, ihre geistige Leistungsfähigkeit auch im Alter aktiv zu halten.

Beispiel 2.7: Wachsende Nachfrage nach Bildungsangeboten für Senioren

Heutige Senioren sind immer mehr am Thema Bildung interessiert. In Zürich gibt es beispielsweise seit einigen Jahren eine spezielle Senioren-Universität. Die „Senioren-Universität Zürich" ist eine selbsttragende Weiterbildungsinstitution für Leute ab 60 Jahren. Sie zählt rund 2.000 eingeschriebene Mitglieder. Teilnahmeberechtigt an der Senioren-Universität sind alle Personen über 60 Jahren sowie Frühpensionierte ab 55 Jahren. Mitgliedsbeiträge betragen 90 sFr. für das Sommer- und Wintersemester oder 60 sFr. für das Wintersemester. Die Dozierenden der Senioren-Universität rekrutieren sich aus der Dozentenschaft der Universität Zürich sowie der ETH Zürich. Administrativ ist die Senioren-Universität mit der Universität Zürich verbunden. Einem Delegierten des Rektors obliegt die unmittelbare Leitung. Den Programmschwerpunkt der Senioren-Universität bilden Vorträge aus verschiedenen Wissens- und Forschungsgebieten. Ergänzend werden Sonderveranstaltungen (Seminare, Exkursionen oder Besichtigungen) sowie Aulakonzerte, Aufführungen von Seniorentheatern und auch ein Seniorenturnen angeboten. In den letzten fünf Jahren wurden rund 50 Vorträge pro Jahr von der Senioren-Universität angeboten, wobei die ETH Zürich konstant mit 25 Prozent beteiligt war. Die Vorträge umfassen verschiedene Themengebiete. Die Senioren-Universität Zürich ist Mitglied im europäischen Netzwerk „Learning in Later Life". Dieses Netzwerk ist ein Zusammenschluss von universitären Weiterbildungseinrichtungen, Universitäten des dritten Lebensalters und anderen Institutionen aus 18 europäischen Ländern, welche sich mit wissenschaftsorientierter Weiterbildung für ältere Menschen („Seniorenstudium") befassen. Das Zentrum für Allgemeine Wissenschaftliche Weiterbildung (ZAWiW) der Universität Ulm fungiert als Koordinationsstelle dieses Netzwerks.

Auch die Bildungsangebote der Schweizer Organisation für Altersfragen – Pro Senectute – treffen auf eine rege und stark wachsende Nachfrage bei den Senioren. Pro Senectute bietet eine Vielzahl von entsprechenden altersgerechten Angeboten an. Auf das größte Interesse stoßen Angebote zu Sprach-, Kreativ-, Altersvorbereitungs- sowie Gedächtnistrainingskursen. Zudem sind Kurse, welche sich mit modernen Kommunikationsmedien beschäftigen, wie beispielsweise Computer oder das Internet, mehr und mehr gefragt und nicht selten ausgebucht. Auch die Einführungskurse zum Umgang mit Mobiltelefonen sind gut besucht; die Interessenten für diese Kurse sind in der Regel älter als 50 Jahre und nicht – wie von der Werbung oftmals suggeriert – ausschließlich Jugendliche.

Die Partizipation am sozialen Leben ist auch positiv mit der Fähigkeit verknüpft, Eigeninitiative im Alter zu entwickeln. Dabei zeigt sich durchgehend, dass weniger die Quantität als die Qualität von Kontakten für die Lebensqualität älterer Menschen entscheidend ist. Namentlich das Vorhandensein einer „Vertrauensperson" erweist sich als zentral. Soziale Kontakte umfassen in der Regel die Familienverhältnisse, Kontakte zu Angehörigen, Freundschaften und Nachbarschaft sowie die Teilnahme am Arbeitsleben. Bis Mitte des 20. Jahrhunderts war das Altern noch stark durch das Arbeitsleben geprägt. Das Motto „Arbeit bis ins Grab" war das Schicksal der großen Mehrheit der Menschen in Deutschland und der Schweiz und nur die Reichen konnten sich einen „Ruhestand" leisten. Eine längere nachberufliche Lebensphase wurde für viele Menschen erst in den letzten Jahrzehnten möglich. Während in den 1950er Jahren zwei Drittel aller 65- bis 69-jährigen Männer weiterhin erwerbstätig waren (und selbst 40 Prozent der über 70-jährigen Männer noch in irgendeiner Form erwerbstätig waren), arbeitete beispielsweise in der Schweiz im Jahr 1970 nur noch fast die Hälfte der Männer nach Erreichen des Rentenalters weiter (und nur 20 Prozent waren auch im Alter von über 70 Jahren weiterhin erwerbstätig). Die Erwerbsquote der Rentner in der Schweiz sank daher in den letzten Jahrzehnten weiter. So sind in der Schweiz heute nur noch zwölf Prozent aller 65- bis 69-jährigen Männer erwerbstätig. Vielfach handelt es sich um Selbständige und Gewerbetreibende. Noch seltener ist es, dass Rentner erneut eine berufliche Tätigkeit aufnehmen. Allerdings könnte zukünftig die Zahl jener Rentner ansteigen, welche die Pensionierung dazu benützen, um sich nach jahrzehntelanger Arbeitnehmertätigkeit im Alter als „Jungunternehmer" zu engagieren. Modelle wie Adlatus und Senexpert illustrieren, dass es möglich ist, auch im Rentenalter produktiv zu bleiben (vgl. Höpflinger 2002c).

Insgesamt hat jedoch die Bedeutung des Arbeitslebens im Alter nachgelassen, und die Teilnahme am Familienleben und an der Gesellschaft macht einen immer wichtigeren Bestandteil des Lebens älterer Menschen aus. Die demographische Alterung – und namentlich die Kombination von geringer Geburtenhäufigkeit und hoher Lebenserwartung – verändert jedoch die Gesellschaftsstruktur in historisch fast einmaliger Weise. Einerseits überschneiden sich die Lebenszeiten von Generationen immer mehr. Die Wahrscheinlichkeit, dass Enkelkinder noch längere Zeit ihre Großeltern erleben, ist deutlich angestiegen. Damit sind Drei-Generationen-Beziehungen überhaupt erst möglich geworden. Andererseits sind die horizontalen Familien- und Verwandtschaftsbeziehungen aufgrund des Trends zu weniger Kindern geschrumpft. Sowohl die Zahl von Tanten und Onkeln als auch die Zahl von Geschwistern hat sich reduziert. Während früher die horizontalen Familienbeziehungen (zu Geschwistern, Tanten oder Onkeln) eine große Bedeutung besaßen, dominieren heute die vertikalen Beziehungen zwischen Kindern, Eltern und Großeltern (vgl. Höpflinger 2002a). Angesichts der weiterhin geringen Geburtenhäufigkeit und hohen Lebenserwartung wird sich diese Entwicklung zukünftig noch verstärken. In einer wachsenden Zahl von Familien werden zudem mehr Großeltern als Enkelkinder anzutreffen sein, und unter Umständen können sich vier Mitglieder der Großelterngeneration um die Aufmerksamkeit eines einzigen Enkelkindes streiten.

Einsamkeit im Alter ist häufig biographisch verankert, etwa als Resultat langjähriger depressiver Symptome oder sozialer Desintegration in früheren Lebensphasen. Allerdings nimmt soziale Isolation im hohen Alter auch aufgrund von Todesfällen zu und 100-Jährige können sich auch deshalb einsam fühlen, da kaum mehr Gleichaltrige übrig bleiben. Zudem können bei betagten Menschen Seh- und Hörbehinderungen zu klaren Einschränkungen der sozialen Kommunikation beitragen. Dasselbe gilt für hirnorganische Störungen. In einer Studie von Alters- und Pflegeheimen in fünf Kantonen in der Schweiz wurde deutlich, dass rund 48 Prozent der zumeist betagten Heimbewohner wegen psychischer und physischer Behinderungen deutliche Kommunikations- und Beziehungsprobleme aufweisen (vgl. Höpflinger 2002c). Die Beibehaltung sozialer Kontakte bedarf in solchen Situationen besonderer Aufmerksamkeit. In Bezug auf soziale Kontakte und Beziehungen älterer Menschen ergeben sich in öffentlichen Diskussionen allerdings häufig Missverständnisse. Die Vermutung ist weit verbreitet, dass Alter und Einsamkeit automatisch zusammengehören, da mehr und mehr ältere Menschen in Ein-Personen-Haushalten leben. Zwar ist das Risiko von sozialer Isolation und Einsamkeit bei Personen in Ein-Personen-Haushalten höher als bei Mehr-Personen-Haushalten, aber die Gleichsetzung „Ein-Personen-Haushalt = allein leben = isoliert" erweist sich als falsch. Neuere gerontologische Studien illustrieren, dass die überwiegende Mehrheit der älteren Bevölkerung und auch eine Mehrheit der betagten Menschen sozial gut integriert sind (vgl. Höpflinger 2002c).

Trotz veränderter familialer Strukturen ist der Anteil älterer und betagter Menschen ohne Angehörige heute gering. Die meisten älteren Menschen haben Kinder und Enkelkinder sowie zumindest ein überlebendes Geschwister. Dank der steigenden gemeinsamen Lebenszeit von Generationen hat sich der Anteil älterer Menschen mit Angehörigen aus anderen Generationen (Kinder und Enkelkinder) im Zeitvergleich erhöht. Die überwiegende Mehrzahl der Rentner kann zumindest auf ein überlebendes Kind zählen. In den meisten Fällen können ältere Menschen von heute auf ein diversifiziertes familiales Netzwerk zurückgreifen. Der Anteil betagter Menschen ohne Angehörige hat sich bisher keineswegs erhöht. Eher ist das Gegenteil der Fall, und der Anteil älterer Menschen mit vollständiger Familie (Partner, mindestens ein Kind, ein Enkelkind und ein Geschwister) ist angestiegen. Dies hängt eng damit zusammen, dass heute ehe- und familienfreundliche Generationen das Rentenalter bestimmen. Im Zeitvergleich haben sich die familialen Kontakte – im Gegensatz zu dem, was oft behauptet wird – eher verstärkt, wobei heute primär das Muster von „Intimität auf Abstand" vorherrscht. Die These vom Zerfall familialer Beziehungen wird nicht gestützt. So sind heute etwa gemeinsame Ferien von Großeltern und Enkelkindern häufiger als früher. Dies hängt mit der besseren Gesundheit älterer Menschen zusammen, wodurch eine aktive Großelternschaft überhaupt erst möglich wurde. Auch das Freundschaftsnetz älterer Menschen hat sich in den letzten Jahrzehnten ausgeweitet und verstärkt. Eine Studie in der Stadt Zürich aus dem Jahr 1997 belegt, dass nur etwa zehn Prozent der über 70-jährigen Menschen in Zürich als stark isoliert gelten, das heißt, sie haben keine Angehörigen, Freunde oder gute Nachbarschaftsbeziehungen. Die meisten älteren Menschen sind sozial gut integriert und leben und erleben ein aktives Sozialleben. Selbst Sexualität im Alter – lange Zeit tabuisiert – wird offener diskutiert und praktiziert (vgl. Höpflinger 2002c). Der Erfolg des Produkts „Viagra" des US-Pharmaherstellers Pfizer ist ein Beleg dafür.

Beispiel 2.8: Pfizer – Viagra: Blockbuster im Markt für ältere Menschen

Pfizer wurde 1849 durch Karl Pfizer und Karl Erhart gegründet und ist heute das größte Pharmaunternehmen der Welt. Im Geschäftsjahr 2004 erzielte Pfizer einen Umsatz von 52,5 Milliarden US$ und beschäftigte weltweit mehr als 122.000 Mitarbeiter. Pfizer ist in fast allen wichtigen Therapiegebieten und Märkten vertreten. Mitte der 1980er Jahre forschte Pfizer stark im Bereich Herz-Kreislauf-Erkrankungen. Zu dieser Zeit hatte eine Gruppe von Forschern bei Pfizer das Enzym Phosphodiesterase Typ 5 (PDE 5) identifiziert, welches für Angina-Erkrankungen verantwortlich zu sein schien. Im Jahr 1989 konnte schließlich die Substanz Sildenafil-Citrat entdeckt werden, welche die Behandlung von Angina ermöglichen sollte. Das beabsichtigte Medikament sollte durch eine Entspannung der Herzmuskeln zu einer Verringerung von Thrombose-Risiken führen. Erste präklinische Versuche an Tieren verliefen erfolgreich. Bei Hunden, Kaninchen und Ratten erreichte die Substanz eine Erweiterung der Herzarterien. Spezielle Tests mit Kaninchen bewiesen zudem ein verringertes Thrombose-Risiko.

1991 starteten die ersten klinischen Tests für das geplante Angina-Medikament mit menschlichen Testpersonen. Die erhoffte positive Wirkung blieb jedoch aus. Im gleichen Jahr haben zwei Forscher von Pfizer erstmals bekannt gegeben, dass die entdeckte Substanz Sildenafil-Citrat möglicherweise auch gegen Potenzstörungen eingesetzt werden könnte. Im Jahr 1992 wurde diese These dadurch bestätigt, dass in einer weiteren klinischen Studie für das Angina-Medikament nachgewiesen wurde, dass bei den Testpatienten Erektionen als Nebenwirkungen auftraten. Es wurden zwar noch einführende klinische Studien zur Phase II für das Angina-Medikament durchgeführt, es kamen jedoch aufgrund zu hoher Nebenwirkungen ernsthafte Zweifel über die Wirksamkeit des Medikaments auf. Kurze Zeit später wurde die weitere Entwicklung des Angina-Medikaments eingestellt.

Pfizer sah in der Substanz Sildenafil-Citrat jedoch die Möglichkeit, ein Medikament gegen Potenzstörungen entwickeln zu können. So wurden 1993 die ersten klinischen Tests für Potenzstörungen in England durchgeführt. Die Tests verliefen sehr erfolgreich und Pfizer entschied sich dazu, die Entwicklung des Medikaments weiter fortzuführen. Zwischen 1994 und 1997 führte Pfizer insgesamt 21 klinische Studien mit über 4.500 Testpersonen durch, bevor im Jahr 1997 die Marktzulassung bei der Food and Drug Administration (FDA) in den USA beantragt werden konnte. Die FDA verlieh dem Medikament Viagra während der Prüfung einen Sonderstatus, weil es eine hohe medizinische Relevanz besaß und einen Quantensprung in der Therapie eines medizinischen Bedürfnisses darstellte. Im Frühjahr 1998 wurde die Marktzulassung für Viagra erteilt und Viagra wurde somit das erste Produkt, welches Potenzstörungen durch die Verabreichung einer einzigen Pille erfolgreich behandeln konnte. Innerhalb der ersten zwei Jahre nach Erteilung der Zulassung durch die FDA wurde die Zulassung in 98 weiteren Ländern beantragt. Nur wenige Monate nach Markteinführung erreichte Viagra bereits Blockbuster-Status und erzielte im Jahr 2004 einen Umsatz von 1,7 Milliarden US$. Viagra ist ein gutes Beispiel für ein Medikament, welches insbesondere die älter werdende Bevölkerung als mögliche Zielgruppe betrifft. Ein bereits gescheiterter Wirkstoff erhielt eine neue Anwendung, welche speziell für ältere Menschen hilfreich schien, und wurde somit eines der erfolgreichsten Produkte in der Geschichte von Pfizer.

2.3 Konsum: Besonderheiten beim Kaufverhalten von Senioren

Nur wenn die Bedürfnisse älterer Menschen tatsächlich in den Kauf eines Produkts münden, kann von einem wirtschaftlichen Erfolg für das Unternehmen gesprochen werden. Der „Point of Sale" ist daher der beste Gradmesser für den Erfolg oder Misserfolg einer Innovation. Daher sollte neben der Analyse der Bedürfnisse der älteren Menschen stets ihr Konsumverhalten mit untersucht werden. Industrie und Handel können die zunehmende Bedeutung der reiferen Konsumenten nicht länger ignorieren, denn die über 45-Jährigen sind bereits heute für 63 Prozent des Umsatzes bei Konsumgütern des täglichen Bedarfs verantwortlich, obwohl sie einen Anteil von „nur" 43 Prozent aller Konsumenten darstellen (vgl. ACNielsen 2004). Die über 50-Jährigen haben ihren Konsum in den letzten 20 Jahren dreimal stärker ausgeweitet als alle anderen Konsumenten (vgl. The Economist 2002). Die Konsumausgaben der über 60-Jährigen erreichen heute bereits 74 Prozent der Konsumausgaben der 45- bis 59-Jährigen (vgl. Eurostat 2002).

Obwohl die über 45-Jährigen nur **43 Prozent** aller Konsumenten in Deutschland darstellen, sind sie für **63 Prozent** des Umsatzes bei den Konsumgütern verantwortlich.

Die Einkommens- und Verbrauchsstichprobe des Statistischen Bundesamtes (2003b) ergab, dass im Altersvergleich starke Abweichungen bei der Einkommensverwendung existieren. Bei den Haushalten mit Haupteinkommensbeziehern im Alter zwischen 25 und 55 Jahren ist die relative Bedeutung der Konsumausgaben geringer als bei Haushalten älterer Menschen. Die 25- bis 55-Jährigen verwenden in etwa nur zwischen 71 und 77 Prozent ihres ausgabefähigen Einkommens für Konsumbelange. Bei den Altersjahrgängen zwischen 55 und unter 80 Jahren war mit einer Konsumquote zwischen 77 und 82 Prozent eine stärkere Konsumorientierung auszumachen, während die Sparquoten durchweg bei deutlich weniger als zehn Prozent lagen (Bild 2.3). Bei den ganz Alten (über 80 Jahre) war jedoch wieder eine leichte Zunahme der Sparbereitschaft festzustellen. Die Sparquote dieser Altersgruppe war mit 11,7 Prozent leicht überdurchschnittlich.

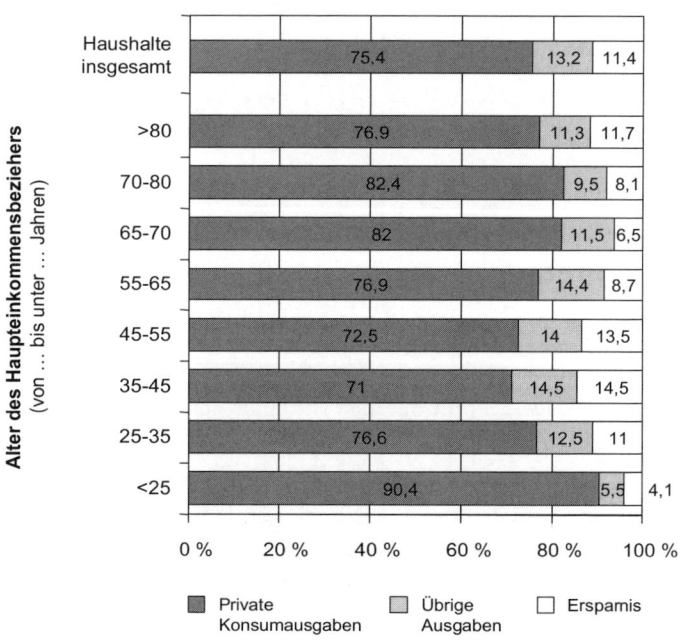

Bild 2.3: Der private Konsum steigt im Alter stark an (Quelle: Statistisches Bundesamt 2003b)

Während der Erwerbsphase wird verstärkt gespart, danach aber wird ein größerer Prozentsatz des verfügbaren Einkommens für den Konsum verwendet. Eine aktuelle Studie der Gesellschaft für Konsumforschung unterstützt diese Erkenntnis und zeigt, dass heute doppelt so viele Senioren wie vor einem Jahrzehnt bereit sind, ihr Geld tatsächlich auszugeben (vgl. GfK 2002). Von 1.800 befragten Senioren zwischen 50 und 79 Jahren stimmte fast die Hälfte der Aussage zu: „Ich mache mir lieber ein schönes Leben, statt immer nur zu sparen." Vor zehn Jahren identifizierte sich nur etwa ein Viertel der Befragten mit dieser Aussage. Allerdings sparen auch ältere Menschen noch einen Teil ihres verfügbaren Einkommens, entweder um ihr Vermögen zu vererben oder um für finanzielle Notfälle vorzusorgen. Offen bleibt jedoch, wie hoch die altersabhängige Konsumquote in Zukunft sein wird. Neben rein ökonomischen Faktoren bestimmen auch soziale und kulturelle Faktoren den Konsum. Hier spielen wieder die Wertvorstellungen der Konsumenten eine Rolle, welche beispielsweise einen Einfluss auf die Bedeutung von Sparsamkeit oder die Auffassung von materiellen Gütern bei älteren Menschen haben.

Da der Konsum eine wichtige Rolle bei der Vermarktung von Produkten für ältere Menschen einnimmt, gab es bereits verschiedene Tests, um einen der bedeutendsten „Points of Sale" im Konsumgüterbereich seniorengerecht zu gestalten. Das Beispiel eines Supermarktes der Detailhandelskette ADEG, einer Tochter des EDEKA-Konzerns, illustriert, mit welchen einfachen Mitteln das alltägliche Einkaufen für ältere Menschen vereinfacht werden kann und somit die Zugänglichkeit und der Komfort am „Point of Sale" erhöht werden können (Strohm 2003).

Beispiel 2.9: EDEKA – Einkaufen ohne Barrieren

Im Jahr 2003 wurde in Salzburg der erste Supermarkt für die Kundschaft ab 50 Jahren als Testmarkt eröffnet, welcher den älteren Menschen den Ausflug in den Supermarkt erleichtern sollte. Auf dem Parkplatz vor dem Laden sind die Stellflächen extrabreit. Die Einkaufswagen haben eine Sitzfläche, die bei Benutzung sofort die Räder entsprechend blockiert. Am Eingang ist das Licht gedämpft, damit sich das Auge an die gleißende Warenpräsentation gewöhnen kann. Wer möchte, darf sich kostenlos eine Lesebrille oder Lupe nehmen, um die Produktdeklarationen zu studieren. Im Regal sind die Preisschilder doppelt so groß und lassen sich leicht den Packungen zuordnen. Die Packungsgrößen sind auf Kleinhaushalte ausgerichtet, Gewürze dem Alphabet nach sortiert. Der Boden ist aus rutschfestem Material. Und die gebräuchlichen Lebensmittel stehen in der Mitte der Gestelle, nicht unerreichbar weit oben oder unten. Hinzu kommt, dass die 14 Angestellten des Supermarktes in etwa gleich alt sind wie die Zielgruppe der über 50-Jährigen selbst. Alle Angestellten sind ausnahmslos älter als 50. Auffallend ist, dass den Kunden im Testmarkt in Salzburg vor allem diese kleinen Details gefallen. Der Umsatz des Testmarkts liegt rund 20 Prozent über dem Stand vor dem Umbau und von vergleichbaren Geschäften. Dies liegt auch daran, dass nicht nur Senioren hier gerne einkaufen, sondern die Neuerungen im Markt auch von jüngeren Konsumenten als angenehm empfunden wurden. Die älteren Menschen werden daher als „die härtesten Tester des Marktes" beschrieben. Wer im Handel das Angebot an dieser Bevölkerungsgruppe ausrichtet, verbessert automatisch seine Gesamtleistung.

Die über 45-Jährigen sind bereits heute für 63 Prozent des Umsatzes bei Konsumgütern des täglichen Bedarfs verantwortlich, obwohl sie einen Anteil von „nur" 43 Prozent aller Konsumenten darstellen. Unternehmen dürfen diese Konsumenten nicht länger außer Acht lassen. Am „Point of Sale" wird über Erfolg oder Misserfolg einer Innovation entschieden.

2.3.1 Verhaltensmerkmale älterer Konsumenten

Beim Konsum von Produkten muss berücksichtigt werden, dass Einkaufen in vielen Fällen nichts weiter als ein einfacher, aber unvermeidbarer Versorgungsakt ist, den jeder Haushalt in irgendeiner Weise regeln muss. Für die meisten älteren Konsumenten ist jedoch der „Point of Sale" weit mehr als ein unvermeidbarer Versorgungsakt. Egal, ob er als erfreuliches Erlebnis oder als ungeliebte Strapaze erlebt wird oder ob er von genauer Planung oder Spontaneität geleitet wird, Emotionen und Informationen spielen in jedem Fall eine wichtige Rolle bei der Wahl der Produkte und Einkaufsquellen. Bei den meisten Kaufhandlungen der Generation 50 plus erhält der so genannte „Point of Sale" darüber hinaus sogar die wichtige soziale Funktion als „point of contact and communication" (vgl. GfK 2002). Die Studie der GfK (2002) belegt die wichtige soziale Zusatzfunktion des Einkaufens speziell bei älteren Menschen. Fast die Hälfte der befragten älteren Menschen (42 Prozent) kann sich der Studie nach mit der Aussage: „Einkaufen bedeutet für mich, unter Leute zu kommen", identifizieren.

Die GfK-Studie untersuchte weitere Faktoren des Kauf- und Konsumverhaltens älterer Menschen und konnte beispielsweise bei der Markentreue feststellen, dass knapp 40 Prozent der über 50-Jährigen der Aussage zustimmen: „Teure Marken sind meist die besseren" (vgl. GfK 2002). Innerhalb der letzten zehn Jahre ist der Wert sogar um fünf Prozentpunkte gestiegen. Luxusmarkenhersteller und hochpreisige Markenartikler werden somit vom demographischen Wandel überdurchschnittlich gut profitieren können, wenn sie es verstehen, diese Zielgruppe geschickt anzusprechen. Die hochpreisige Markenartikelindustrie wird die hohe und konstante Treue dieser Kundengruppe freuen. Hochpreisige Marken streicheln die Seele und kompensieren möglicherweise das „Nicht-mehr-gebraucht-Werden" im Arbeitsprozess oder in der Familie mit dem vorherrschenden Lebensmotto: „Das wollte ich mir schon immer einmal leisten" (vgl. GfK 2002). Erst in einem höheren Alter können sich viele Menschen ihren Jugendtraum erfüllen und tun dies auch.

40 Prozent der über 50-Jährigen stimmen der Aussage zu:
„**Teure** Marken sind meist die **besseren**."

Besondere Beachtung beim Konsumverhalten älterer Menschen verlangt der Ort des Kaufes. Am meisten kaufen ältere Menschen in kleinen Fachgeschäften ein. Fast drei Viertel aller Befragten geben in der Untersuchung der GfK (2002) an, dass sie mindestens einmal wöchentlich kleine Fachgeschäfte, wie etwa einen Bäcker oder Metzger, aufsuchen. Weitere 18 Prozent gehen mindestens einmal pro Monat zu einem kleinen Fachhändler. Nur drei Prozent der älteren Konsumenten sind selten oder nie dort anzutreffen. Errechnet man aus all diesen Angaben eine durchschnittliche jährliche Einkaufsfrequenz, dann geht jeder ältere Mensch ab 50 Jahren etwa 64-mal pro Jahr zum kleinen Facheinzelhändler, welches einer Präsenz von gut 1,2 Besuchen pro Woche entspricht. Am zweithäufigsten werden große Verbraucher- oder Supermärkte aufgesucht. Ihnen stattet jeder Konsument zwischen 50 und 79 Jahren, statistisch gesehen, rund 49 Besuche pro Jahr ab – diejenigen Verbraucher, die niemals dort einkaufen, mit eingerechnet. Discounter belegen mit durchschnittlich 34 Visiten pro Person und Jahr Platz vier auf der Liste der Distributionskanäle. Drogeriemärkte werden im Durchschnitt ebenfalls zweimal pro Monat aufgesucht. Kaum jemand verzichtet auf den Gang zur Apotheke. Allerdings ist ein kleiner Rückgang bei der Besuchsfrequenz festzustellen – der eventuell den Drogerien zugute kommt. Doch die Bedeutung ist nach wie vor groß, denn umgerechnet gut zweimal pro Monat wird hier eingekauft. Auch ein direkter Warenbezug über den Erzeuger ist häufig. Rein rechnerisch kauft jeder Verbraucher ab 50 Jahren etwa alle zwei Wochen einmal auf dem Wochenmarkt, beim Bauern, Imker oder bei anderen Selbsterzeugern ein (vgl. GfK 2002).

Eine Differenzierung der Einkaufsfrequenzen nach den verschiedenen Altersgruppen zeigt die folgenden Schwerpunkte: In den meisten Fällen sinkt die Einkaufsfrequenz tendenziell mit dem Alter. Ausnahmen bilden allerdings kleine Fachgeschäfte, Reform- und Sanitätshäuser und der Einkauf direkt beim Erzeuger. Bei den Apotheken ist die Tendenz sogar genau umgekehrt. Des Weiteren nimmt der Besuch von großen Super- und Getränkemärkten, Discountern und Tankstellenshops mit zunehmendem Alter stark ab. Überdurchschnittlich häufig gehen vor allem Frauen in große Supermärkte und Kaufhäuser. Und wenn sie schon einmal in der Stadt sind, schauen sie offenbar häufig auch gleich auf dem Wochenmarkt vorbei. Des Weiteren wird der Drogerie- und Apothekenbedarf vor allem von ihnen erledigt. Männer dagegen findet man eher in Getränkemärkten und Tankstellenshops (vgl. GfK 2002).

Meistens ist der Konsum nur ein grundlegender Versorgungsakt. Manchmal werden Produkte aber auch aus anderen Gründen von älteren Menschen konsumiert, beispielsweise wenn es um die Erfüllung eines langjährigen Jugendtraums geht. In beiden Fällen müssen die Präferenzen der älteren Kunden eingehend untersucht werden, um die Produkte richtig positionieren zu können.

2.3.2   Gruppen älterer Konsumenten

Die unterschiedlichen Eigenschaften und Verhaltensmerkmale beim Konsumverhalten belegen, dass die Gruppe der älteren Konsumenten eine heterogene
Käufergemeinschaft ist. Ältere Menschen sind durch ein sehr unterschiedliches
Konsumverhalten gekennzeichnet und dürfen daher nicht als einheitliche Gruppe betrachtet werden. Das Marktforschungsunternehmen ACNielsen hat anhand
einer Clusteranalyse das Konsumverhalten der Generation „45 plus" in Deutschland untersucht und verschiedene Kundensegmente im Markt für ältere Menschen identifizieren können. Anhand des Kaufs von Konsumgütern des täglichen
Bedarfs konnten die folgenden fünf verschiedenen Marktsegmente klassifiziert
werden (vgl. ACNielsen 2004):

- ■ die Oldies,
- ■ die Gebildeten,
- ■ die Aktuellen,
- ■ die Unbewussten,
- ■ die Unternehmungslustigen.

Bild 2.4 zeigt eine Übersicht des Marktes für Konsumgüter des täglichen Bedarfs
in Deutschland nach den verschiedenen Altersgruppen. Mit Ausgaben von 72,6
Milliarden €, was 63,3 Prozent aller Ausgaben für alltägliche Konsumgüter darstellt, verfügt die Gruppe der 45 plus über eine enorme Marktmacht in Deutschland.

Die *Oldies* stellen die Gruppe dar, welche am ehesten dem klassischen Bild von
älteren Personen entspricht. Sie sind zwar die größte Einzelgruppe, aber an der
Gesamtheit der 45-plus-Generation machen sie nur rund ein Drittel aus. Die
Oldies lieben Schlager und haben eine bodenständige Heimatfilmkultur. Sie greifen tendenziell eher zu Industriemarken, und ihr Anteil am Kauf von Grundnahrungsmitteln wie Backartikeln sowie Zahnersatzprodukten wie Reinigern und
Haftmitteln ist besonders hoch. Convenience-Produkte stoßen bei dieser Zielgruppe auf wenig Interesse, aber bei Functional Food greifen sie gerne zu, da sie
ein ausgeprägtes Gesundheits- und Körperbewusstsein haben. Die Kaufkraft
dieser Gruppe in Deutschland beträgt 27,4 Milliarden €, was in etwa 23 Prozent
aller Konsumgüter des alltäglichen Bedarfs entspricht.

Die zweitstärkste Gruppe machen die *Gebildeten* aus. Sie hören klassische Musik,
lesen viel und schauen sich im Fernsehen gerne Dokumentationen und Ratgebersendungen an. Sie kaufen gleichermaßen Handels- und Industriemarken und
haben zudem eine hohe Affinität zu Bio- und Naturprodukten. Ihr Gesundheitsbewusstsein und ihre ökologische Orientierung zeigen sich auch in der Präferenz
von unverarbeiteten Lebensmitteln, die sie am liebsten in Frische-Fachgeschäften

einkaufen. Für Konsumgüter des täglichen Bedarfs hat diese Bevölkerungsgruppe im letzten Jahr fast 19 Milliarden € ausgegeben, was einem Anteil von 16,4 Prozent des Gesamtmarkts über alle Altersgruppen hinweg entspricht.

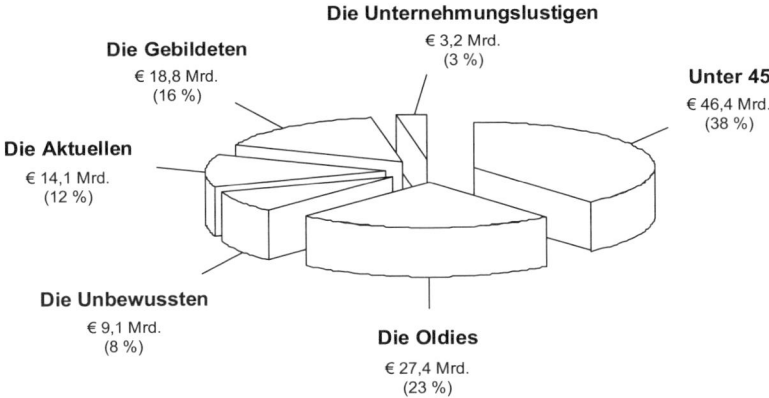

Bild 2.4: Die über 45-Jährigen sind nicht nur für den Großteil der Ausgaben für Konsumgüter in Deutschland verantwortlich, sie sind auch eine sehr heterogene Kundengruppe (Quelle: ACNielsen 2004)

Das drittgrößte Segment bilden die *Aktuellen*, deren gemeinsames Credo die aktive Teilnahme an der modernen Informationskultur ist. Sie interessieren sich für das Weltgeschehen und sehen gerne Magazinsendungen. Die Aktuellen zeichnen sich durch ihre Konsumfreude und ihr Qualitätsbewusstsein aus. Bei der Wahl des bevorzugten Geschäftstyps spielt für sie die Auswahl an guten Eigenmarken eine große Rolle, da sie an preisgünstigen Waren interessiert sind. Im Non-Food-Bereich greifen sie häufig zu Industriemarken. Fertiggerichte sind bei ihnen beliebter als beim Rest der 45-plus-Generation. Insgesamt 14,1 Milliarden € hat diese Gruppe im letzten Jahr für Konsumgüter des täglichen Bedarfs aufgewendet.

Unter dem Schlagwort die *Unbewussten* findet sich das nächstgrößte Segment der Gruppe der 45-plus-Generation. Diese Gruppe liebt Rock- und Popmusik, schaut sich im Fernsehen am liebsten Serien und Spielfilme an und ist ganz auf Populärkultur ausgerichtet. Sonderangebote sind für diese Bevölkerungsgruppe ein Anreiz für die Wahl des Geschäftstyps, und der Einkauf sollte möglichst schnell und unkompliziert erledigt werden können. Dieses Motto gilt auch für die Zubereitung von Speisen, und so greifen sie gerne zu Tiefkühlprodukten und Fertiggerichten. Im Non-Food-Bereich sind sie ausgeprägte Handelsmarkenkäufer. Die Kaufkraft dieser Gruppe beläuft sich auf 9,1 Milliarden €.

Das kleinste Segment stellen die *Unternehmungslustigen* dar. Sie entsprechen am wenigsten dem klassischen Bild der Alten, sind sie doch stark an Sport und außerhäuslichen Aktivitäten interessiert. Geselligkeit und Genuss prägen auch das Konsumverhalten der Unternehmungslustigen. Sie geben ihr Geld gerne in Feinschmeckerrestaurants aus und schätzen einen gut sortierten Weinvorrat. Da sie über ein überdurchschnittliches Einkommen verfügen, können sie sich dies auch leisten. Ihr starkes Körperbewusstsein lässt sie gerne zu Wellnessprodukten greifen. Allerdings ist ihre Markenaffinität nur gering ausgeprägt, was sie zur idealen Zielgruppe für Handelsmarken macht und sie in Discounter als bevorzugte Einkaufsstätte führt. Für Konsumgüter des täglichen Bedarfs hat diese Gruppe im letzten Jahr 3,2 Milliarden € ausgegeben.

> **72.600.000.000,00 €**
>
> entspricht der Summe, welche
> **die Gruppe der über 45-Jährigen**
> allein für Konsumgüter im Jahr 2003 ausgegeben hat.

Hock und Bader (2001) haben ebenfalls Merkmale des Konsumverhaltens älterer Menschen untersucht und sind zu folgenden Ergebnissen gekommen:

■ Die Senioren sind mindestens eine so attraktive Zielgruppe wie die heute umworbenen 14- bis 49-Jährigen. Sie stellen nicht nur zahlenmäßig eine der größten Bevölkerungsgruppen dar, sondern sie sind auch wirtschaftlich äußerst gut positioniert.

■ Da sie über mehr Zeit und mehr Know-how verfügen, sind ältere Menschen überaus kritische Konsumenten, die wissen, was sie wollen. Sie wollen überzeugt und nicht überredet werden.

■ Ältere Menschen besitzen ihre eigenen Werte und Einstellungen, dementsprechend ist ihr Kauf- und Konsumverhalten anders ausgeprägt als bei anderen Generationen. Die Erwartungen der älteren Konsumenten an die Produkte entsprechen in der Regel „älteren" Vorstellungen und Denkmustern.

■ Höchster Wunsch dieser Zielgruppe ist es, die Gesundheit und Selbständigkeit zu erhalten. In die Beibehaltung des gewohnten Lebensstils und Lebensstandards wird investiert.

■ Die Konsumwünsche verlagern sich in Richtung Freizeit, Ferien, persönliche Hobbys und Lebensstil. In dieser Lebensphase ist es Zeit, Versäumtes nachzuholen und Lebensträume zu verwirklichen.

■ Speziell im Konsumgüterbereich lässt sich bei älteren Menschen eine starke Markentreue feststellen. Ein Senior, der in seiner Jugend eine bestimmte Marke bevorzugt hat und damit gute Erfahrungen gemacht hat, wird diese Marke auch im Alter kaufen, wenn es zu dieser Marke altersgerechte Produkte gibt.

■ Die ältere Generation ist äußerst qualitätsbewusst und achtet auf ein gutes Preis-Leistungs-Verhältnis. Die Kaufentscheidung verläuft sehr rational, wobei bei Unzufriedenheit mit einer Marke durchaus auch etwas Neues ausprobiert wird.

■ Vom Handel erwartet der ältere Konsument kompetente Beratung und persönliche Bedienung nach dem Motto: Der Kunde ist König.

■ Die kommende Babyboomer-Generation ist noch selbstbewusster, aktiver und individueller als die heutigen älteren Menschen. Die Konsumwünsche der Babyboomer werden zukünftig den Markt beherrschen.

Das Kauf- und Konsumverhalten älterer Menschen kann jedoch durch einige Barrieren eingeschränkt sein. Obwohl die Senioren bestimmte Produkte kaufen würden und möchten, kann es bei der Kaufentscheidung zu unterschiedlichen Problemen kommen:

■ Die älteren Menschen kennen wenige Produkte, die auf dem Markt sind; insbesondere die neuesten Produkte kennen sie meistens nicht.

■ Sie sprechen nicht die Sprache der Produkte, insbesondere bei technologielastigen Produkten.

■ Sie haben oft keine Lust, viele Vergleiche anzustellen und mehrere Alternativen auszuprobieren; es wird lieber auf den Kauf verzichtet, als dass mehrere Geschäfte aufgesucht werden.

■ Viele Produkte sind nicht an die Lebenssituation der Senioren angepasst.

Ein Unternehmen, welches versucht, diese Barrieren bewusst zu reduzieren, und sein gesamtes Leistungsangebot auf die älteren Menschen ausgerichtet hat, ist die Firma Senio mit Sitz in Heidelberg.

Beispiel 2.10: Senio – Produkte ausschließlich für ältere Menschen

Senio ist das erste Handelsunternehmen in Deutschland, welches sich ausschließlich auf den Verkauf von Produkten speziell für Senioren spezialisiert hat. Senio wurde 1992 gegründet und ist seit 1993 als Franchise-System aufgebaut. Neben dem Hauptsitz in Heidelberg gibt es zwölf weitere Standorte in ganz Deutschland. Die Idee von Senio besteht darin, möglichst viele Lösungen für ältere Menschen „aus einer Hand" anbieten zu können. 1998 hat Senio mit seinem innovativen Geschäftskonzept den Innovationspreis des deutschen Einzelhandels gewonnen.

Die Produkte von Senio umfassen verschiedenste Bereiche, welche in der Regel zur Verbesserung des alltäglichen Lebens der älteren Menschen eingesetzt werden können. Die meisten Produkte von Senio decken gängige Alltagsgegenstände ab, die jedoch speziell auf die Anforderungen der älteren Menschen angepasst wurden. Die Warenbereiche umfassen Sehen, Hören, Sicherheit und Technik, Haushalt, Küche, Bett und Möbel, Bad, Mobilität, Fitness, Gesundheit, Unterhaltung, Literatur, Ratgeber, Geschenke, Bekleidung, Schuhe, frei verkäufliche Arzneimittel oder Notrufsysteme. Zudem bietet Senio verschiedene Dienstleistungen an. Dazu gehören Begleitung und Freizeitbetreuung oder Hilfe bei Problemen im und ums Haus, wie beispielsweise

Raumpflege, Gartenarbeit, Umzug, Kleinreparaturen, Vortragsreihen oder Informationsveranstaltungen.

Es kaufen jedoch nicht nur die älteren Menschen selbst bei Senio ein. Etwa die Hälfte der Kundschaft besteht aus (jüngeren) Angehörigen der Senioren, wie beispielsweise den Kindern oder anderen Bekannten und Verwandten. Sie sind es auch meistens, die den älteren Menschen die Anschaffung eines neuen Produkts nahe legen.

Auch wenn die Angehörigen immer noch einen starken Einfluss auf den Kauf von Produkten für ältere Menschen haben, wird insgesamt davon ausgegangen, dass die älteren Menschen zunehmend selbständige Konsumentscheidungen treffen werden. Gleichzeitig steigt jedoch auch das Anspruchsniveau. Qualität, Service und Preis sind die wichtigsten Eigenschaften beim Kauf.

Ältere Menschen sind keine homogene Gruppe. Sie haben sehr unterschiedliche Wünsche, Vorstellungen und Konsumeigenschaften. Sie dürfen auf keinen Fall als einheitliche Kundengruppe betrachtet werden. Allein aufgrund ihrer immensen Größe ist eine genaue Differenzierung dieser Konsumenten zwingend notwendig.

2.4 Fazit: Hohes Potential und Besonderheiten des Marktes erkennen

Immer mehr Menschen rücken in die Gruppe der älteren Menschen auf. Zudem gehören die über 50-Jährigen in fast allen westlichen Ländern zu der wohlhabendsten Bevölkerungsgruppe. Das Klischee der Altersarmut gehört bereits seit längerem der Vergangenheit an. Die heutigen Senioren verfügen über eine enorme Machtposition im Markt und sie sind inzwischen eine mindestens so attraktive Zielgruppe wie die traditionell umworbenen 14- bis 49-Jährigen. Die besonderen Eigenschaften des Marktes für ältere Menschen sind wie folgt:

■ Die älteren Menschen sind wirtschaftlich extrem gut positioniert. In allen industrialisierten Ländern besitzen die über 50-Jährigen drei Viertel des Vermögens und verfügen über die Hälfte der gesamten Kaufkraft. Zusätzlich gehört die Gruppe der heute 45- bis 60-Jährigen zur so genannten „Erbengeneration". Alleine in Deutschland hat diese Generation Vermögenswerte von rund 200 Milliarden € von ihren Eltern im Jahr 2003 geerbt.

■ Die über 45-Jährigen sind bereits heute für 63 Prozent des Umsatzes bei Konsumgütern des täglichen Bedarfs verantwortlich, obwohl sie „nur" einen Anteil von 43 Prozent aller Konsumenten darstellen. Die über 50-Jährigen haben ihren Konsum in den vergangenen 20 Jahren dreimal stärker ausgeweitet als alle anderen Konsumenten. Alleine aufgrund ihrer enormen Größe ist eine genauere Differenzierung dieser Käuferschicht geboten. Es gibt bereits verschiedene Untersuchungen, welche eine Klassifizierung der älteren Menschen in verschiedene Konsumentengruppen vornehmen.

- Die Marktmacht der Senioren geht mit verschiedenartigen Bedürfnissen einher. Während ältere Menschen prinzipiell die gleichen Bedürfnisse wie jüngere Menschen haben, gibt es einige Bedürfnisse, welche bei ihnen verstärkt ausgeprägt sind. Dazu gehören die Bedürfnisse nach Gesundheit, Sicherheit, Selbständigkeit, Mobilität und Partizipation. Auch wenn nicht alle Bedürfnisse von den älteren Menschen unmittelbar als solche erkannt oder artikuliert werden, haben Produkte und Dienstleistungen hohes Potential, welche diese Bedürfnisse befriedigen können.

- Nur wenn die Bedürfnisse der älteren Menschen tatsächlich in einer Nachfrage von Produkten münden, kann von einem wirtschaftlichen Erfolg gesprochen werden. Daher erhält neben der Identifikation der Bedürfnisse die Analyse ihres Konsumverhaltens eine zentrale Bedeutung. Der „Point of Sale" entscheidet über Erfolg oder Misserfolg einer Innovation.

- Entgegen der traditionellen Auffassung sind ältere Menschen durch ein aktives Konsumverhalten gekennzeichnet. Die zunehmende Aktivität älterer Generationen wird dazu führen, dass immer weniger Senioren in ihrer bislang als typisch geltenden objektiv ungerechtfertigten Zufriedenheit verharren. Wenn sinnvolle neue Produkte oder Dienstleistungen angeboten werden, werden diese auch konsumiert. Produkte in den Bereichen Freizeit und Lebensstil stehen dabei immer höher im Kurs, da die jüngeren Generationen der älteren Menschen sich Schritt für Schritt weg von den traditionellen Werten (wie Ordnung und Pflichtbewusstsein) hin zu eher freizeitorientierten Werten (wie Selbstentfaltung und Selbstverwirklichung) bewegen. Sie schätzen zunehmend ihre Freiheit, Unabhängigkeit und Selbständigkeit. Fast die Hälfte der Senioren sagt heute: „Ich mache mir lieber ein schönes Leben, als immer nur zu sparen." Neben der notwendigen Versorgung mit grundlegenden Produkten kaufen ältere Menschen immer öfter Produkte, um sich einen langjährigen Jugendtraum zu erfüllen oder etwas Versäumtes nachzuholen. Die Qualität der Produkte sowie ihre Positionierung und Platzierung sind in beiden Fällen entscheidende Faktoren bei der Konsumentscheidung. Ältere Menschen wollen überzeugt werden und nicht überredet.

3 | Technologien als Basis neuer Produkte

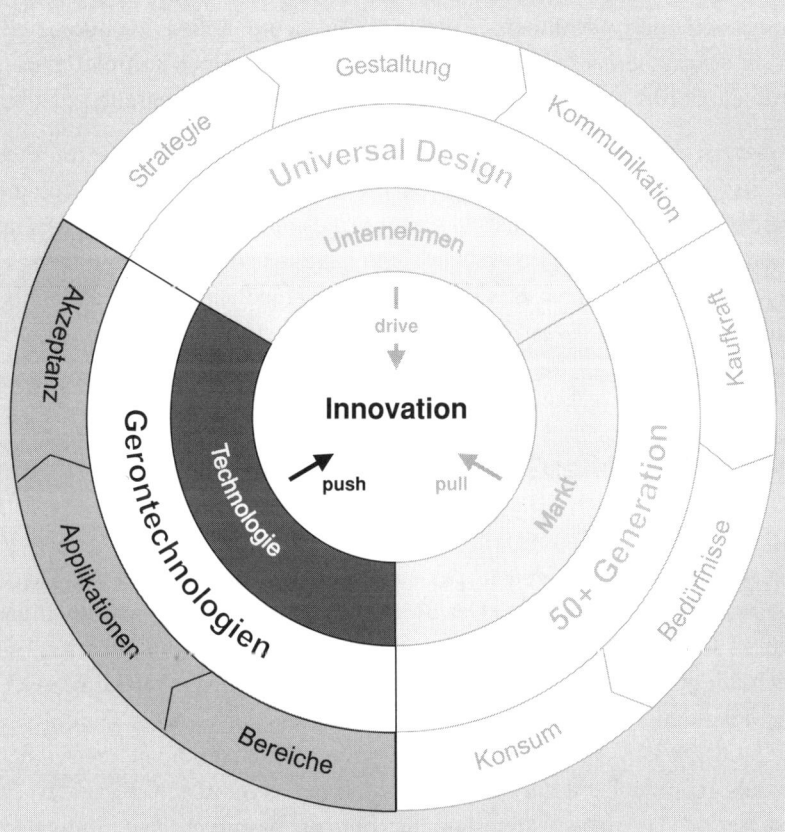

Technologie hat das Potential, das Leben der Menschen zu verändern. Viele technologische Erfindungen im letzten Jahrhundert haben zu grundlegenden Veränderungen und Verbesserungen im Alltag und in verschiedenen Lebensbereichen geführt. Dazu gehören Gesundheit, Kommunikation, Verkehr und Transportwesen, aber auch Freizeit oder Unterhaltung. Beim Einsatz technologischer Produkte durch ältere Menschen gibt es spezielle Besonderheiten: Ein heute 75-Jähriger hat von der Erfindung des Fernsehers, Mikrowellengerätes, Videorecorders, CD-Spielers, Mobiltelefons, Notebooks bis hin zum Personal Digital Assistant (PDA) verschiedene technologische Entwicklungen miterlebt. Neben der Tatsache, dass viele ältere Menschen unter nachlassenden körperlichen und geistigen Fähigkeiten leiden, haben sie viele teilweise extreme Technologiesprünge miterlebt und mussten sich immer wieder an neue Anwendungen und Bedienungsmethoden gewöhnen. Aufgrund der heute hohen Technologiedynamik sehen sich daher viele ältere Menschen mit dem immer komplexer werdenden Problem konfrontiert, neue Technologien verstehen und begreifen zu können.

In diesem Zusammenhang wird seit einiger Zeit der Begriff der Gerontotechnologie diskutiert. Gerontotechnologie ist ein Oberbegriff für alle Technologien, welche bei Produkten zum Einsatz kommen, die ein aktives, unabhängiges und selbständiges Altern ermöglichen. Für den effektiven und effizienten Gebrauch von Gerontotechnologien ist es wichtig, die unterschiedlichen Gerontotechnologie*bereiche*, die möglichen Gerontotechnologie*applikationen* sowie die *Akzeptanz* der Gerontotechnologien bei den älteren Menschen zu verstehen.

3.1   Bereiche: Gerontotechnologie als neuer Technologiebereich

Gerontotechnologien werden speziell für die Verbesserung des täglichen Lebens älterer Menschen eingesetzt. Der Begriff Gerontotechnologie wurde im Laufe der 1980er Jahre geprägt. Das erste offizielle Programm zum Thema „Aging and Technology" entstand 1989 an der Technischen Universität Eindhoven in den Niederlanden. Der erste internationale Kongress zum Thema Gerontotechnologie fand im Jahr 1991 statt. Der Begriff Gerontotechnologie ersetzt heute den damals gebräuchlichen und teilweise noch heute genutzten Begriff „Technology and Aging". Die neue Namensgebung sollte die besondere Bedeutung der betroffenen Technologien hervorheben und gleichzeitig den interdisziplinären Charakter stärker betonen.

Ziel aller Gerontotechnologieanwendungen ist es, die älteren Menschen zu befähigen, sich innerhalb ihrer Umgebung weiterhin autonom und frei zu bewegen und altersbedingte kognitive und physische Einschränkungen so weit wie möglich zu eliminieren. Die Technik soll den älteren Menschen so ausstatten, dass er die im Alter auftretenden Mängel ausgleichen und so die generelle Leistungsfähigkeit steigern kann. Im Idealfall beschränken sich Gerontotechnologien jedoch nicht ausschließlich auf ältere Menschen; sie sollten von allen Altersgruppen – also altersunabhängig – gebraucht und angewendet werden können.

Aufgrund seines interdisziplinären Charakters umfasst der Begriff Gerontotechnologie verschiedene Bereiche wie beispielsweise verschiedene Life-Science-Technologien, Sensortechnik, Mikro- und Nanotechnologie, Werkstofftechnik, Mikrosystemtechnik oder auch die Informations- und Kommunikationstechnologie. Die unterschiedlichen Technologiebereiche dienen dabei als Basis für die Entwicklung von Produkten, welche ein angenehmeres Altern ermöglichen können. Den wahrscheinlich größten Einfluss auf die Lebensbedingungen von älteren Menschen haben dabei die Informations- und Kommunikationstechnologien.

Gerontotechnologien umfassen alle Technologien, welche speziell für die Verbesserung des täglichen Lebens älterer Menschen eingesetzt werden können. Ziel des interdisziplinären Charakters der Gerontotechnologie ist es, älteren Menschen ein aktives Altern zu ermöglichen. Gerontotechnologien bilden die Grundlage für altersgerechte Innovationen. Technologie darf dabei kein Selbstzweck werden.

Die Rolle der Gerontotechnologie am Beispiel Schweiz

Die Schweiz nimmt in vielen Gerontotechnologiebereichen eine führende Stellung weltweit ein. Eine kürzlich durchgeführte Studie der OECD stuft die Schweiz beim Erwerb neuer Fertigkeiten und Technologien in den Wachstumsbranchen der Zukunft im ersten Rang unter den Industriestaaten ein. Zu den untersuchten Branchen gehören Biotechnologie, Pharmazie, Chemie, Medizintechnik, Informations- und Kommunikationstechnologien (IuK), Maschinenbau, Finanz- und Versicherungswesen, Shared Services, Mikrotechnologie und Nanotechnologie sowie Umwelttechnik. Insgesamt investiert die Schweiz etwa 0,8 Prozent ihres Bruttoinlandsprodukts in die Technologie- und Grundlagenforschung, nahezu doppelt so viel wie die USA oder Japan. Etwa 75 Prozent der Grundlagenforschung werden von Universitäten und Hochschulen durchgeführt und ein Viertel von der Privatwirtschaft.

Der Schweizerische Wissenschaftsrat veröffentlicht regelmäßig die Position der Schweiz in der Grundlagenforschung im Vergleich zu anderen Ländern der OECD für verschiedene Technologiebereiche gemäß dem OECD-Citation-Index. Der Index beschreibt, wie oft wissenschaftliche Artikel von anderen Wissenschaftlern zitiert werden (Gesamtzahl der Zitierungen pro Anzahl der Publikationen). Die Basis für die in Tabelle 3.1 gezeigte Auflistung der Grundlagenforschung waren Informationen des Institute for Scientific Information (ISI, Philadelphia) zwischen 1994 und 1998. Diese Datenbank umfasste etwa 5.000 wissenschaftliche Journals über Medizin und Mathematik, 1.500 Journals über Sozialwissenschaften und weitere 1.100 Journals über Geisteswissenschaften und Kunst. Die Schweiz führt den Citation-Index in sieben verschiedenen Disziplinen an und gehört in drei weiteren Disziplinen weltweit zu den Top 3. Somit gehört der Standort Schweiz zu den technisch und wissenschaftlich attraktivsten Gerontotechnologiestandorten weltweit.

Tabelle 3.1: Grundlagenforschung gemäß OECD-Citation-Index für ausgewählte Gerontotechnologien (Quelle: Schweizerischer Wissenschaftsrat 1999)

Gerontotechnologiebereiche	Rang			
	1	2	3	4
Molekularbiologie/Genetik	CH	USA	GB	FIN
Immunologie	CH	USA	BEL	GER
Pharmakologie	CH	AUS	GB	SWE
Chemie	CH	USA	NL	NOR
Physik	CH	USA	NOR	FIN
Botanik/Zoologie	CH	UK	NL	USA
Ökologie/Umweltwissenschaften	CH	SWE	NL	USA
Biologie/Biochemie	USA	CH	GER	GB
Neurowissenschaften	USA	CH	GB	GER
Mikrobiologie	USA	BEL	CH	NL

Es sei jedoch darauf verwiesen, dass der Citation-Index nur auf allererste Indizien hinweist. Der Schritt von der Grundlagenforschung zur Kommerzialisierung von am Markt erfolgreichen Gerontotechnologien ist sehr groß. Die Technologie- und Wissenschaftspotentiale in der Schweiz müssten daher durch Patentanalysen oder bibliometrische Analysen vertieft werden. Bei der Patentanalyse ist Folgendes zu beachten: Sie stellt zwar einen guten Indikator für das Erfindungspotential (Inventionspotential) von Unternehmen, Regionen oder Nationen dar, sagt aber noch nichts über das Ergebnis von Innovationsprozessen aus. Sie erlauben lediglich Schlussfolgerungen über die Absichten, neue Produkte und Verfahren auf den Markt zu bringen.

Sowohl die Bedeutung als auch die Verankerung der Gerontotechnologie in der Schweiz wird mit Hilfe von verschiedenen Praxisbeispielen in den nächsten Ab-

sätzen beispielhaft anhand der Life-Science-Technologien, Mikro- und Nanotechnologien sowie Informations- und Kommunikationstechnologien näher
dargestellt.

Life-Science-Technologien

Die Bedeutung der Life-Sciences in der Schweiz ist hoch. Es gibt zahlreiche Hochschulen, welche Forschungszentren im Bereich Life-Science aufgebaut haben,
und viele Life-Science-Unternehmen haben ihren Sitz in der Schweiz. Die Band-
breite der Life-Science-Unternehmen reicht von führenden multinationalen Firmen bis zu innovativen, als Ableger der Universitäten entstandenen Start-ups.
Seit 1996 ist allein die Zahl der Biotechnologiefirmen um 30 Prozent gewachsen.
Die Schweiz ist mittlerweile Europas fünftgrößter Biotech-Standort (vgl. Standort
Schweiz 2003a).

Das Finanzierungsprogramm „Nationale Forschungsschwerpunkte" stellt etwa 55
Millionen sFr. für die Forschung im Bereich der Life-Sciences zur Verfügung.
Unter anderem werden Forschungsprogramme in den Gebieten molekulare On-
kologie, 3-D-Struktur und Interaktionen von Molekülen, Plastizität und Repara-
tur des Nervensystems sowie computerunterstützte und bildgeführte medizinische Eingriffe unterstützt. Mit dem 1992 lancierten Schwerpunktprogramm Biotechnologie und einem neuen Finanzierungsprogramm für die nationalen Forschungsschwerpunkte hat der Bund sein anhaltendes Engagement speziell für den
Biotechnologiebereich deutlich gemacht. Das Schwerpunktprogramm Biotechnologie der Schweiz hat über 70 Millionen sFr. für die Sektoren pharmazeutische
Wirkstoffe, neue Bioverfahren, Lebensmittel- und Pflanzenbiotechnologie, Bio-
elektronik, Biosicherheit und Neuro-Informatik eingesetzt (vgl. Standort Schweiz
2003a).

Schweizer Biotech-Unternehmen sind hauptsächlich in den folgenden Bereichen
der Life-Sciences tätig: Therapeutik und Diagnostik, Plattformtechnologien, Bio-
elektronik und Bioinformatik, Bio- und Spezialitätenchemie sowie Pflanzen- und
Agrarlebensmittelverarbeitung. Über 300 Forschungsgruppen sind an den öffentlichen Instituten der Schweiz allein im Biotechnologiebereich tätig und viele von
ihnen sind an internationalen Forschungsprogrammen beteiligt. Außerdem sind
umfangreiche Mittel von Bund und Privaten verfügbar, um die Gründung von
Spin-offs zu fördern und die Entwicklung effizienter Patentierungs- und Lizen-
zierungsstrategien zu unterstützen.

Ein erfolgreiches Beispiel für eine Erfindung eines Schweizer Unternehmens im
Life-Science-Bereich, welche sich insbesondere an den Bedürfnissen der älteren
Menschen orientiert, sind die Diabetes-Management-Produkte von Roche
Diagnostics.

Beispiel 3.1: Roche Diagnostics – Vereinfachte Diagnose von Erkrankungen insbesondere für ältere Menschen

Die Produktpalette der Firma Roche Diagnostics – Tochter des Healthcare-Anbieters Roche mit Sitz in Basel – umfasst verschiedene Produkte zur Diagnose von Krankheiten. So bietet Roche Diagnostics beispielsweise Diabetikern oder Herzklappenpatienten die Möglichkeit, ihren Blutzuckerspiegel beziehungsweise den Blutgerinnungswert mit speziell entwickelten Messsystemen selbst zu kontrollieren. Speziell ältere Menschen leiden häufig an Diabetes Typ 2. Diese Diabeteserkrankung ist für etwa 90 Prozent aller Diabeteserkrankungen verantwortlich und tritt im Gegensatz zu Diabetes Typ 1 fast nur bei Menschen über 40 Jahren auf. Bei Typ-2-Diabetikern liegt eine Insulinverwertungsstörung vor. Wird diese nicht kontrolliert und behandelt, kommt es zu Folgeerkrankungen wie Nierenschäden oder Augenerkrankungen. Roche hat für Diabeteserkrankungen die Diabetes-Management-Produktreihe „Accu-Chek" entwickelt. Der „Accu-Chek Sensor" (ein neuartiges und einfach zu bedienendes Blutzuckermessgerät) kam in der Schweiz im Mai 2004 auf den Markt und wurde speziell für die Bedürfnisse der älteren Menschen entwickelt. Das Gerät ist im Vergleich zu anderen Blutzuckermessgeräten sehr handlich, transportabel und kann überall mitgenommen werden. Der Accu-Chek Sensor ist batteriebetrieben und schaltet sofort ein, wenn ein Teststreifen eingelegt wird. Im Gegensatz zum Gerät sind die Teststreifen besonders groß und ergonomisch geformt. Das Display ist relativ groß, übersichtlich und mit gut lesbaren Zahlen ausgestattet. Die überarbeitete Version des Geräts verfügt zusätzlich über eine Erinnerungsfunktion, die bis zu sechsmal am Tag durch ein akustisches Signal an das Messen erinnert. Ein optisches Signal warnt die Patienten zusätzlich im Falle einer Unterzuckerung. Auch der Datenspeicher wurde beim überarbeiteten Gerät im Vergleich zum Vorgängermodell vergrößert und die Form handlicher gestaltet. Ein weiteres innovatives Produkt aus derselben Produktreihe von Roche Diagnostics ist der „Accu-Chek Compact". Er verfügt über eine Infrarotschnittstelle, über die man die Blutzuckerwerte über eine entsprechende Datenmanagement-Software („Accu-Chek Compass" oder „Accu-Chek Pocket Compass") auf den PC übertragen kann. Obwohl das Datenmanagement sehr einfach gestaltet ist, ist es trotzdem fraglich, inwieweit ältere Menschen diese Möglichkeiten nutzen. Für Patienten, die ihren Blutgerinnungswert messen müssen, gibt es von Roche ein Gerinnungsmesssystem, welches unter dem Namen „CoaguChek" vertrieben wird. Die Funktionsweise ist ähnlich wie bei der Blutzuckermessung. Es kommt vor allem bei älteren Patienten zur Anwendung, die eine neue Herzklappe haben, zu Thrombosen neigen oder an Herzflimmern leiden. Aufgrund ihrer leichten Bedienbarkeit und praktischen Einsatzmöglichkeit bieten die Diagnoseprodukte von Roche den älteren Patienten Freiheit und Unabhängigkeit und verbessern somit ihre Lebensqualität.

Mikro- und Nanotechnologie

Mikro- und Nanotechnologien beschäftigen sich mit physikalischen und chemischen Prozessen und mit der Erzeugung und Handhabung von Strukturen mit Dimensionen in der Größenordnung von einigen Mikrometern (1 Mikrometer =

1/1000 Millimeter) oder sogar Nanometern (1 Nanometer = 1/1000 Mikrometer). Einige spezielle Anwendungen können bis zur Größe einzelner Atome reichen (1/10 Nanometer). Die Schweiz stellt jedes Jahr mehr als 20 Millionen sFr. für Forschung in der Nanotechnologie und in verwandten Bereichen zur Verfügung. Pro Kopf der Bevölkerung gerechnet ist dieses Engagement der Schweiz weltweit das höchste (vgl. Standort Schweiz 2003b).

Die Forschungstätigkeiten in der Mikro- und Nanotechnologie in der Schweiz decken das ganze Spektrum ab, von den Materialwissenschaften über Produktions- und Verarbeitungstechnologien bis zur Erforschung und Entwicklung von Komponenten und Systemen. Technologische und wissenschaftliche Kompetenzzentren finden sich in der ganzen Schweiz und bilden aufgrund der Topologie des Landes eine Achse Lausanne-Neuenburg-Zürich. Zu den wichtigsten universitären Zentren der Mikro- und Nanotechnologie zählen die ETH Zürich, die EPF Lausanne, die Universität Neuenburg (besonders das Institut für Mikrotechnologie IMT), die Universität Basel (besonders das Institut für Physik) sowie die interstaatliche Hochschule für Technik Buchs (NTB). Insgesamt sind über 120 Unternehmen in Zusammenarbeit mit den Schweizer Universitäten in der Entwicklung der Mikro- und Nanotechnologien tätig. Klein- und Mittelbetriebe prägen dabei die Unternehmenslandschaft. Über die Hälfte der Unternehmen in diesem Sektor beschäftigen weniger als 50 Angestellte.

Die Schweiz fördert die Zusammenarbeit zwischen den Universitäten und der Wirtschaft mit einer Reihe von nationalen Forschungsprogrammen. Wirtschaftszweige mit starkem Anwendungspotential für Mikro- und Nanotechnologien umfassen die chemische und pharmazeutische Industrie sowie biomedizinische Technologien (vgl. Standort Schweiz 2003b). Auch miniaturisierte Computersowie Sensorsysteme werden durch Erfindungen in der Mikro- und Nanotechnologie erst ermöglicht. Die Schweizer Firma CSEM arbeitet zusammen mit Medtronic an einem auf Mikrotechnik basierenden Gerät zur Flüssigkeitsmessung im menschlichen Körper, welches besonders bei älteren Menschen zum Einsatz kommen könnte.

Beispiel 3.2: CSEM und Medtronic – Mikrosystemtechnik für den menschlichen Körper

Mikrosystemtechniker des CSEM in Neuchâtel realisieren zusammen mit Entwicklungsingenieuren des US-Konzerns Medtronic ein hoch präzises Flüssigkeitsmessgerät mit geringem Energiekonsum, das – implantiert im menschlichen Körper – Medikamente über einen längeren Zeitraum abgeben soll. Das hoch präzise Gerät soll in der Lage sein, mit geringstem Energiebedarf in einem Implantat im Körperinnern über einen Zeitraum von mindestens sieben Jahren einwandfrei Flüssigkeiten zu messen. Die zu entwickelnden Flusssensoren mussten äußerst klein sein, genau arbeiten und geschickt verkapselt sein, damit ihre Sensibilität erhalten, der Schutz aber trotzdem gewährleistet war. Zudem musste die Genauigkeit des Sensors bei 1 µl liegen, der Energiekonsum durfte 15 µW nicht übersteigen. Bestehende piezoresistive Drucksensoren haben in etwa eine Leistung von 70 µW. Die Forscher entwarfen in einem ersten Schritt einen hybriden Flusssensor, der eine typische Flussmenge von 1 µl/Tag mit einer Genauigkeit von einem Prozent gewährleisten konnte. Der Sensor misst 10 mal 6 mal 1,2 mm und besteht aus zwei absoluten Drucksensoren in und gegen die Strömungsrichtung. Das Flüssigkeitsmessgerät kann später dafür verwendet werden, Medikamente im menschlichen Körper über einen längeren Zeitraum konstant abgeben zu können. Dies ist insbesondere für ältere Menschen vorteilhaft, da es die Behandlung von Krankheiten erleichtert, welche eine konstante und regelmäßige Medikamentenabgabe erfordern, wie zum Beispiel Diabetes.

Informations- und Kommunikationstechnologie

Die Schweiz ist in ihrer technologischen Entwicklung besonders im Informations- und Kommunikationstechnologiebereich (IuK) weit fortgeschritten. Mit über 2.000 sFr. pro Kopf der Bevölkerung waren die Aufwendungen der Schweiz für Informationstechnologie im Jahr 2000 europaweit am höchsten. Bei den Kommunikationstechnologien nimmt die Schweiz zusammen mit den skandinavischen Ländern einen Spitzenplatz in Europa ein. Sie verfügt pro 100 Einwohner über 69 Telekommunikationsanschlüsse. Das Volumen des Schweizer IuK-Marktes betrug 31,2 Milliarden sFr. oder acht Prozent des Bruttoinlandsprodukts im Jahr 2000 (vgl. Standort Schweiz 2003c). Mitte 2001 verfügte mehr als die Hälfte der Bevölkerung über Zugang zum Internet. Etwa die Hälfte der privaten Internetnutzer kaufen Bücher, Kleider, Tickets und Reisen über das Internet. Der Anteil der älteren Menschen ist dabei stark steigend. So hatte die Swisscom beispielsweise im Jahr 1999 bereits eine Werbekampagne ins Leben gerufen, bei der bewusst ältere Menschen bei der Nutzung des Internets in Szene gesetzt wurden.

Quelle: Wirz Werbung AG

„So einfach geht's gratis ins Internet" – Internet by Swisscom

In den Schweizer Unternehmen ist die Internetnutzung noch weiter verbreitet als in der Bevölkerung. Mitte 2001 nutzten 84 Prozent der Schweizer Unternehmen mit mehr als fünf Angestellten im Produktions- und im Dienstleistungssektor das Internet für bestimmte Geschäftstätigkeiten. In gewissen Anwendungsbereichen ist der Sättigungspunkt praktisch erreicht. 60 Prozent dieser Unternehmen erledigen weite Teile ihres Einkaufs bereits online (vgl. Standort Schweiz 2003c).

Die Schweiz nimmt außerdem eine führende Rolle in der Ausbildung und Forschung im IuK-Bereich ein. Der Erwerb von Postgrad-Diplomen in IuK ist an den beiden Eidgenössischen Technischen Hochschulen in Lausanne und in Zürich sowie an mehreren kantonalen Universitäten möglich. Drei Viertel der Schweizer IuK-Grundlagenforschung finden an diesen Instituten statt. Viele Forschungseinrichtungen in der Informationstechnologie setzen sich mit der Herstellung innovativer Softwaresysteme auseinander. Zum Beispiel sind die Hyper-Database Research Group und die Information and Communication Systems Research Group an der ETH Zürich auf Middleware-Systeme und heterogene Datenbanksysteme spezialisiert. Die Software Composition Group an der Universität Bern setzt sich mit dem Design von flexiblen Open-Software-Systemen auseinander. Die Verbesserung der Benutzerschnittstellen durch die Ersetzung von Maus und Tastatur durch natürliche Eingabearten wie Wort, Bild, Berührung und Körperbewegungen mit Multimedia-Output ist das Ziel des IDIAP (Institut Dalle Molle d'intelligence artificielle perceptive), eines halb privaten Forschungsinstitutes in Martigny, welches eng mit der EPF Lausanne und der Universität Genf zusammenarbeitet. Insbesondere bei älteren Menschen, die Probleme mit den traditionellen Benutzerschnittstellen haben, können diese Entwicklungen auf eine hohe positive Resonanz stoßen. Computergraphik ist ein anderer Schlüsselbereich der IuK-Forschung in der Schweiz, der eine ganze Reihe von neuen Anwendungen in der Wissenschaft, im Ingenieurwesen und in der Unterhaltung ermöglicht. MIRALab, ein interdisziplinäres, kreatives Forschungslabor an der Universität Genf, ist für seine fortgeschrittenen Simulationen von menschlichen Strukturen und Bewegungen bekannt. In Zürich erforscht das Computer-Graphik-Labor der ETH neue grundlegende Methoden in den Bereichen interaktive Wahrnehmung und Erzeugung von Bildern, wissenschaftliche Visualisierung, virtuelle Realität und medizinische Simulation (vgl. Standort Schweiz 2003c).

Im Bereich der Kommunikationstechnologien sind Forschung und Ausbildung an den Schweizer Universitäten breit abgestützt, von der physikalischen Ebene (Umwandlung von elektrischen Impulsen beziehungsweise von Licht oder Funksignalen in einen Bit-Strom) über die Netzwerkebene (Vermittlung und Leitung von Information) bis zur Anwendungsebene (Nutzung von High-Speed-, Wireless- oder Mobilnetzwerken durch die Endverbraucher). Mit Hilfe von Mikroprozessoren und fortgeschrittenen Sensoren arbeiten Forscher an der ETH Zürich an einer Vielzahl von Informatikprojekten, wobei sie die kabellose Verknüpfung von Objekten wie zum Beispiel Kleidungsstücken zu erreichen suchen. Dieses Netzwerk soll ein weltweites verteiltes System in einer Größenordnung von einigen Malen derjenigen des heutigen Internets bilden. Das Electrical Engineering-Department der ETH Zürich arbeitet an der benötigten Hardware, während die Distributed Systems Group sich mit dem Design und der Realisierung der Infrastruktur, die für die Ermöglichung der Kommunikation und Kooperation zwischen verschiedenen intelligenten Objekten benötigt wird, auseinander setzt.

Zwei Aspekte der mobilen Kommunikation werden an der EPF Lausanne untersucht. Das Institute for Computer Communication and Applications wird allmählich für sein Terminode-Projekt bekannt, welches das Konzept eines mobilen Netzwerks ohne feste Infrastruktur erforscht. In diesem Projekt sind die Endgeräte die Knotenpunkte. Das Forschungskonzept umfasst die physikalische, die Netzwerk- und die Applikationsebene. Im Mobile Communication Lab werden Informations- und Codierungstheorie auf die kabellose Kommunikation angewandt, mit einer Vision der Kommunikation mit zeit- und ortsunabhängigem Informationszugang. Das Mobile Computing Lab (M-Lab) an der ETH Zürich und der Universität St. Gallen forscht im Bereich des Ubiquitous Computing, wie „smarte Applikationen" behilflich sein können, das tägliche Leben zu erleichtern.

Beispiel 3.3: M-Lab – Ein „smarter" Medizinschrank erleichtert die Einnahme von Medikamenten

Das Mobile Computing Lab (M-Lab) ist eine interdisziplinäre Forschungseinrichtung der Universität St. Gallen sowie der ETH Zürich. Das M-Lab ist ebenfalls Mitglied im Auto-ID-Labs Network des Massachusetts Institute of Technology (MIT) in Cambridge, USA. Das M-Lab beschäftigt sich mit technologischen und betriebswirtschaftlichen Aspekten rund um das Thema Ubiquitous Computing.

Eine erfolgreiche Entwicklung des M-Lab ist der „smarte" Medizinschrank. Er ist eine prototypische Pervasive-Computing-Anwendung, welche mit Hilfe der RFID-Technik den Inhalt eines Medizinschrankes überwacht und dem Benutzer verschiedene Informationen zu den entsprechenden Medikamenten anzeigt (wie Verfallsdaten, Unverträglichkeiten, Rückrufe oder Verschreibungen des Arztes oder Apothekers). Für ältere Personen ist auch eine Sprachausgabe möglich. Die Medikamente sind mit RFID-Transpondern des Philips-I-CODE-Systems gekennzeichnet, welche eine 64-Bit-Identifikationsnummer beinhalten. Der RFID-Reader mit Antenne ist – für den Benutzer nicht sichtbar – in der Rückwand des Medizinschranks angebracht. In der Applikation findet eine Abbildung der Identifikationsnummer, der Transponder, zur Pharmazentralnummer (PZN) statt, welche alle Medikamente in Deutschland eindeutig spezifiziert. Somit können Fehler nahezu ausgeschlossen und die Aktualität der Informationen gewährleistet werden (vgl. Floerkemeier, Lampe und Schoch 2003).

Prinzipiell können alle Technologien als Gerontotechnologien zum Einsatz kommen. Hohes Potential wird der Sensor- und Werkstofftechnik eingeräumt. Neue Erfindungen in diesen beiden Bereichen haben großen Einfluss auf die Oberflächengestaltung und Bedienbarkeit unzähliger Produkte und könnten viele bisherige Anwendungen revolutionieren. Da das Zusammentreffen von Market-pull und Technology-push die Erfolgswahrscheinlichkeit von Innovationen erhöht, entstehen an der Schnittstelle zwischen Gerontotechnologien und den Bedürfnissen älterer Menschen neue Felder mit hohem Innovationspotential (Bild 3.1).

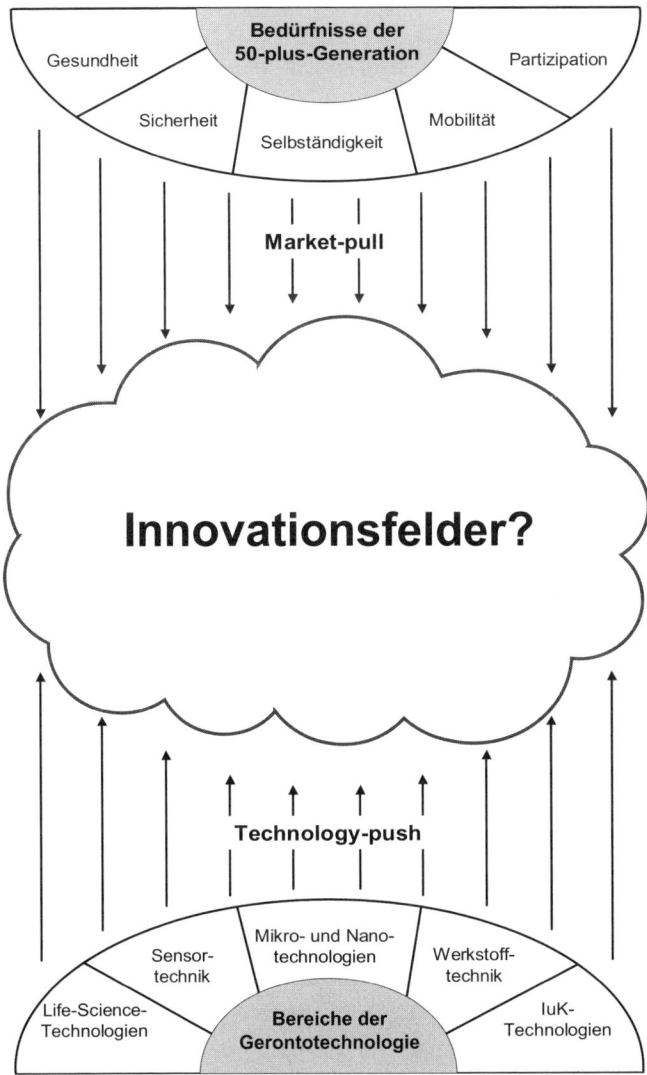

Bild 3.1: Das Zusammentreffen von Gerontotechnologien mit den Bedürfnissen der 50-plus-Generation eröffnet neue Felder mit hohem Innovationspotential

3.2   Applikationen: Anwendungen für altersgerechte Innovationen

> *„Ältere Menschen haben körperliche und geistige Ein-*
> *bußen. Die Technik muss den älteren Menschen so*
> *ausstatten, dass er diese Mängel kompensieren kann."*
>
> *Prof. Dr. Andreas Kruse,*
> *Vorsitzender der Altenberichtskommission*
> *der deutschen Bundesregierung, 2002*

Innovative Anwendungen von Gerontotechnologien verfolgen das Ziel, den älteren Menschen die Verfügbarkeit und den Zugang zum Gebrauch von Gegenständen zu ebnen, welche ihre spezifischen Bedürfnisse befriedigen sollen. Dazu gehören alle Anwendungen, welche sich den spezifischen Bedürfnissen älterer Menschen widmen. Bei den Produktinnovationen sollte jedoch nicht das primäre Ziel verfolgt werden, neue Technologien auf ältere Menschen anwenden zu wollen. Alle Applikationen sollten stets vor dem Hintergrund einer einfachen Strukturiertheit, Anwendbarkeit und Bedienbarkeit betrachtet werden. Gerontotechnologien sollten keinen Selbstzweck verfolgen, sondern sie sollten mit Applikationen verschmelzen, welche die konkreten Bedürfnisse der älteren Menschen befriedigen können. Ein Beispiel, bei dem es im ersten Anlauf nicht gelungen ist, dieses Prinzip zu berücksichtigen, ist das Bedienelement „iDrive" von BMW.

Beispiel 3.4: BMW – iDrive: Design für eine falsche Zielgruppe?

BMW zählt zu den führenden Premiumanbietern im Automobilsektor. Im Jahr 2003 erzielte BMW einen Umsatz von 41,5 Milliarden € und beschäftigte über 104.000 Mitarbeiter. Im Münchener Forschungs- und Innovationszentrum (FIZ) arbeiten etwa 6.000 Ingenieure, um die Fahrzeuge von morgen zu entwickeln. Bereits Ende der 1990er Jahre erkannte die Ergonomieabteilung bei BMW bei einer Analyse der Bedienkonzepte und des Armaturenbretts, dass die Komplexität und Anzahl der Funktionalitäten im Auto stark zugenommen haben und voraussichtlich immer weiter zunehmen werden würden. Daraufhin wurde ein Projekt ins Leben gerufen, welches sich mit zukünftigen alternativen Bedienkonzepten befassen sollte. Ziel war es, ein gänzlich neues Konzept zu entwerfen, welches möglicherweise nur eine zentrale Kontrolleinheit umfasst, die der Schnittstelle zwischen einer Computermaus und dem Bildschirm ähneln könnte. Das Ergebnis war der iDrive – ein zentraler Steuerknopf in der Mittelkonsole, welcher ursprünglich in der neuen 7er-Reihe eingesetzt werden sollte und über den mehr als 700 verschiedene Einstellungen im Auto gesteuert werden können. Mit dem iDrive kann der Anwender durch verschiedene Menüs navigieren. Der Navigationsprozess wird auf einem zentral angebrachten Control Display visualisiert. Die Haupteigenschaft und radikale Innovation des iDrive ist das haptische Feedback. Dadurch ist es nicht mehr nötig, den Blick auf den Controller zu senken. Die Technologie und das notwendige Know-how wurden jedoch nicht von BMW selbst entwickelt, sondern von der Firma Immersion mit Sitz im Silicon Valley. Immersion hatte die zugrunde liegende TouchSense™-Technologie entwickelt, welche haptisches Feedback ermöglicht, aber bisher nur bei Joysticks und medizinischen Geräten zum Einsatz kam.

Nach der Markteinführung wurde der iDrive von den Experten und Journalisten jedoch scharf kritisiert. Da die typischen Kunden des 7er-BMW eher der älteren Bevölkerungsschicht zuzuordnen sind, wurde diese radikale Neuerung aufgrund ihrer zu hohen Komplexität schlecht akzeptiert. Eine intuitive Nutzung, wie sie von BMW propagiert wurde, war den meisten Anwendern nicht möglich. Zudem schockierte diese technische Neuerung auch damit, dass sie insbesondere die älteren Fahrer frustrierte. Trotz ihrer langjährigen Erfahrung beim Autofahren waren sie auf einmal nicht mehr in der Lage, ihr Auto zu beherrschen, ohne eine Bedienungsanleitung lesen zu müssen. BMW reagierte auf die Kritik und vereinfachte die Bedienung des iDrive bei den neuen 5er- und 6er-BMWs, indem die Menüoptionen um die Hälfte reduziert wurden. Eine weitere Optimierungsmaßnahme war ein Menüknopf, welcher den Anwender durch einen einzigen Druck direkt zum Hauptmenü zurückkehren lässt. Obwohl Audi und Mercedes-Benz in Zukunft ähnliche Bedienelemente in ihre Autos integrieren wollen, steht der Markterfolg dieser Innovation noch aus.

Insbesondere bei technologielastigen Produkten sollte beachtet werden, dass technische Geräte nie soziale Funktionen ersetzen können. Da menschliche Aspekte und persönlicher Kontakt für ältere Menschen an Bedeutung zunehmen, können Gerontotechnologien nur erfolgreich sein, wenn die zugrunde liegende Technik unterstützend und sozialintegrationsfördernd eingesetzt wird. Die genaue Untersuchung der konkreten Bedürfnisse, Probleme und Einschränkungen älterer Menschen bei der Benutzung neuer Technologien bietet die Möglichkeit, entsprechend neue und verbesserte Applikationen zu entwickeln.

Die zugrunde liegende Technik einer Gerontotechnologieapplikation sollte so gestaltet sein, dass die Bedienung durch einen Menschen mit körperlichen oder geistigen Einbußen möglich ist. Die Anwendung sollte sozialintegrationsfördernd sein und auf die konkrete Bedürfnisbefriedigung ausgerichtet sein.

Es können grundsätzlich drei verschiedene Typen von Gerontotechnologieapplikationen für altersgerechte Innovationen unterschieden werden:

- kompensatorische Applikationen,
- präventive Applikationen,
- kompetenzfördernde Applikationen.

3.2.1   Kompensatorische Applikationen

Kompensatorische Applikationen, welche auf verschiedenen Gerontotechnologien basieren können, dienen dazu, körperliche oder geistige Einbußen bei älteren Menschen ausgleichen zu können. Diese unterstützend eingesetzten Gerontotechnologien werden daher im englischsprachigen Raum auch vielfach „Assistive Technologies" genannt. Etwa zehn Prozent der 60- bis 69-Jährigen und fast 50 Prozent der über 80-Jährigen müssen mit starken körperlichen oder geistigen Beeinträchtigungen leben und benötigen in irgendeiner Form Unterstützung bei grundlegenden Tätigkeiten des alltäglichen Lebens (vgl. Mann 2003). Daher wird erwartet, dass kompensatorisch eingesetzte Gerontotechnologieapplikationen zu vielfältigen Möglichkeiten führen können, die Unabhängigkeit, Mobilität und soziale Partizipation älterer Menschen zu erhöhen. Dabei beschränken sich die unterstützenden Applikationen bewusst nicht nur auf pflegebedürftige ältere Menschen, sondern können die Lebensqualität aller älteren Menschen erhöhen. Eine Organisation, welche kompensatorische Hilfsmittel für ältere Menschen mit körperlichen und geistigen Einbußen anbietet, ist die bereits erwähnte Stiftung für elektronische Hilfsmittel FST.

Beispiel 3.5: FST – Elektronische Hilfsmittel für ältere Menschen

Ein Produkt der FST, welches zur Kompensation von Störungen der Gedächtnisleistung eingesetzt werden kann, ist das System „B.A.Bar". B.A.Bar ist ein tragbares Gerät, welches Strichcodes lesen und gleichzeitig Informationen speichern kann. Somit können bestimmte Gegenstände mit einem Strichcode versehen werden und entsprechend zu dem Strichcode können digitale Tonaufnahmen im Gerät B.A.Bar gespeichert werden. Der Strichcode befindet sich auf einem Klebeetikett und kann auf jeden beliebigen Gegenstand geklebt werden, und das Gerät B.A.Bar kann zu jeder Zeit eine einmal gespeicherte Aufnahme wiedergeben. Indem eine Verbindung zwischen einem Strichcode und einer digitalen Tonaufnahme hergestellt wird, können einmal definierte Gegenstände leicht wieder gefunden werden und das Zurechtfinden, beispielsweise in der eigenen Wohnung, wird deutlich erleichtert. Gründe für die Benutzung von B.A.Bar wären bessere Kommunikationsmöglichkeiten, die Strukturierung einer Handlung mit dem Ziel der eigenständigen Ausführung, die Entwicklung neuer Freizeitaktivitäten sowie das Erleichtern von Lernvorgängen.

Generell spielt bei kompensatorischen Applikationen die Automatisierung von Tätigkeitsabläufen eine wichtige Rolle. Somit kann die Bewältigung von bestimmten Tätigkeiten unterstützt werden, ohne dass die älteren Menschen einen direkten Einfluss auf diese Tätigkeiten nehmen müssen, was ihnen ohnehin wegen ihrer körperlichen oder geistigen Einbußen oftmals unmöglich ist. Die „Consumer Assessment Study (CAS)" hat herausgefunden, dass der erhöhte Gebrauch von unterstützenden Geräten mit einer erhöhten funktionalen Unabhängigkeit der älteren Menschen einhergeht (vgl. Mollenkopf 2003). Mollenkopf (2003) konnte weiterhin herausfinden, dass die Versorgung mit unterstützenden Applikationen und gleichzeitige Modifikationen in der Umwelt der älteren Menschen die folgenden Auswirkungen haben:

- Die funktionale Leistungsfähigkeit älterer Menschen mit physischen und sensorischen Einbußen konnte gesteigert werden.
- Die Geschwindigkeit der Abnahme der Fähigkeiten konnte verringert werden.
- Die Kosten für institutionelle Gesundheitseinrichtungen konnten gesenkt werden.

Eine Haupteigenschaft kompensatorisch eingesetzter Applikationen ist, dass sie in vielen Fällen nicht besonders technologielastig sein müssen. Meistens sind einfache Abänderungen oder Anpassungen bereits existierender Produkte in der Lage, kompensatorische Aufgaben zu übernehmen. Das Entwicklungsrisiko kann daher als eher gering eingeschätzt werden. Generell können kompensatorische Gerontotechnologieapplikationen in allen möglichen Bereichen des täglichen Lebens angewendet werden. Dazu gehören neben alltäglichen Tätigkeiten, wie beispielsweise Freizeit, Sport oder Unterhaltung, auch der Haus- und Haushaltsbereich. Der Einsatz der Produkte und Applikationen zur Kompensation körperlicher oder geistiger Einbußen bei älteren Menschen ist in den meisten Fällen eher durch finanzielle als durch technologische Barrieren gekennzeichnet.

3.2.2 Präventive Applikationen

Anders als die kompensatorischen Applikationen haben präventive Gerontotechnologieapplikationen das Ziel, die Entstehung von körperlichen und geistigen Einbußen von Anfang an zu verhindern oder hinauszuzögern. Es soll vermieden werden, dass kompensatorische Applikationen bereits in relativ frühen Stadien von älteren Menschen in Anspruch genommen werden müssen. Die Prävention von altersbedingten Einbußen wird als eine vielversprechende Methode angesehen, um ein angenehmes und beschwerdefreies Altern zu ermöglichen (vgl. Kruse 2002). Die Prävention wird seit einigen Jahren bereits im Rahmen der so genannten präventiven Hausbesuche bei älteren Menschen diskutiert. Der präventive Hausbesuch macht deutlich, dass die Pflege – ebenso wie die Medizin – auch präventive Funktionen wahrnehmen soll, die auf die Erhaltung oder Wiedergewinnung individueller Ressourcen für ein Leben in Gesundheit und Selbständigkeit zielen.

Ein großes Gebiet für Produkte zur Prävention betrifft daher die Gesundheit. Das Risiko, an altersbedingten Krankheiten zu leiden, kann durch verschiedene Maßnahmen in jüngeren Jahren verringert werden. Verschiedene Studien haben belegt, dass bis zu 70 Prozent der Krankheiten im Alter durch ein tabakloses und ernährungsbewusstes Leben vermeidbar wären (vgl. Höpflinger und Stuckelberger 1999). Dabei sollte jedoch beachtet werden, dass Prävention im Alter zwar vieles mit der Prävention in früheren Lebensjahren gemeinsam hat, dass aber gewisse Maßnahmen der Prävention im höheren Alter nicht mehr sinnvoll sind (vgl. Höpflinger und Stuckelberger 1999).

> Bis zu **70 Prozent** der Krankheiten im Alter wären durch ein **tabakloses** und **ernährungsbewusstes** Leben vermeidbar.

Da die Prävention im Alter, insbesondere bei Hochbetagten, aufgrund der begrenzten Auswirkungen keine sinnvolle Maßnahme mehr darstellt, sollte die Prävention bereits im mittleren Alter ansetzen und daher neben den Senioren vor allem jüngere Menschen ansprechen. Die Prävention umfasst in erster Linie die Verringerung von medizinischen Risikofaktoren, welche Krankheiten im Alter beeinflussen oder auslösen können. Eine bewusste Verringerung oder Eliminierung dieser Risikofaktoren erhöht die Chancen, mobil und autonom ein hohes Alter zu erreichen. Typische Risikofaktoren sind Fitness, Ernährung, (Über-) Gewicht sowie Suchtverhalten (Rauchen oder Alkohol). Weitere Risikofaktoren sind Bluthochdruck und ein erhöhter Cholesterinspiegel. Verschiedene Applikationen können bei der Prävention von altersbedingt eintretenden Krankheiten behilflich sein, wie beispielsweise Fitness-Geräte, medizinaltechnische Geräte oder gesundheitsfördernde Nahrungsmittel. Insbesondere bei den Nahrungsmitteln werden in jüngster Zeit die so genannten „Functional Foods" verstärkt diskutiert. Sie bieten die Möglichkeit, dass sich ältere Menschen bewusst gesund ernähren, um damit ihr Wohlbefinden im Alter zu erhöhen. Das folgende Beispiel verdeutlicht, wie das Schweizer Unternehmen Emmi mit innovativen Functional Foods erfolgreich ältere Menschen als neue Kundengruppe gewinnen konnte.

Beispiel 3.6: Emmi – Functional Foods für ältere Menschen

Nach den coolen Milchdrinks für jüngere Konsumenten hat der Milchproduzent Emmi seit einiger Zeit auch den Markt der älteren Menschen für sich entdeckt. Der Joghurtdrink „Benecol", welcher bei der Prävention eines erhöhten Cholesterinspiegels behilflich sein soll, hat nach einem halben Jahr auf dem Markt die Verkaufserwartungen weit übertroffen. Dieser so genannte Functional-Food-Drink sorgte für große Umsatzzuwächse bei Emmi. Während 1996 erst 17 Millionen Functional-Food-Flaschen verkauft wurden, stieg diese Zahl auf über 115 Millionen im Jahr 2003 dank des Drinks Benecol. Im laufenden Jahr rechnet Emmi wegen des Erfolges von Benecol im Ausland mit einer Verdoppelung des Absatzes. Obwohl die Mehrheit der Kunden über 50 Jahre alt ist, betreibt Emmi kein spezielles Seniorenmarketing für Benecol. Die Senioren fühlen sich direkt durch die Werbung angesprochen, welche über den Wirkstoff Stanol aufklärt. Benecol ist der erste Functional-Food-Drink, bei dem sich die positive Wirkung für den Cholesterinspiegel nachweisen lässt. Für die Zulassung der Bezeichnung „Zur günstigen Beeinflussung des Cholesterinspiegels" in fünf Ländern waren 40 Studien notwendig.

In der Realität scheinen Anwendungen zur Prävention altersbedingter Einbußen jedoch noch relativ schwach ausgeprägt zu sein. In den Fällen, in denen eine präventive Betreuung angeboten wird, ist sie unsystematisch und meistens ungenügend durchgeführt, zudem mit Maßnahmen, deren Wirksamkeit nicht erwiesen ist (vgl. Höpflinger und Stuckelberger 1999). Darüber hinaus sind Verhaltensänderungen bei älteren Menschen schwierig zu erreichen. Finanzielle Motivationen zur Gesundheitsprävention fehlen ebenfalls. In vielen Fällen wissen die Betroffenen noch nicht einmal, welche Maßnahmen zur Prävention angewendet werden können. Oft kennt der Betroffene nicht einmal die Krankheit selbst. Daher hat die Pharmafirma Novartis die Novartis Foundation for Gerontology ins Leben gerufen, um potentielle Patienten über die Möglichkeiten der Prävention zu informieren und somit zu einem aktiven Altern der Gesellschaft beizutragen.

Beispiel 3.7: Novartis Foundation for Gerontology – Prävention von altersbedingten Erkrankungen

Die Novartis Foundation for Gerontology ist eine Stiftung, welche sich selbst als Schnittstelle zwischen „Ageing und Pharmazie" versteht. Die Stiftung versucht, die Gesundheitsförderung im Alter durch Prävention zu unterstützen. Dabei verfolgt die Novartis Foundation for Gerontology das Ziel, den stetig wachsenden Wissensfundus zum Thema „Gesundheit in jedem Alter" über das Internet möglichst vielen interessierten Menschen zugänglich zu machen. Das Motto dieser Initiative von Novartis lautet daher „Health Promotion" beziehungsweise „Health Education". Der Leitgedanke der Novartis Foundation for Gerontology ist, dass nur ein „informierter Patient" für seine eigene Gesundheit verantwortlich sein kann.

Anfang 2003 hatte die Website der Stiftung (http://www.healthandage.com) ca. 1,5 Millionen Hits pro Monat. Die Besucher blieben durchschnittlich 15 Minuten auf der Seite und lasen zwischen drei und vier Seiten. Die Stiftung geht davon aus, zehn bis 20 Prozent der beabsichtigten Zielgruppe der älteren Menschen zu erreichen. Damit gehört die Site zu den Top 10 im Bereich der eHealth Sites. Die Vermittlung der Health Promotion und Health Education bei Novartis wird durch die folgenden drei Prinzipien unterstützt:

▪ „promotion of self-care" beziehungsweise „family-care", das heißt, entsprechende Maßnahmen sollten vornehmlich selbst oder durch Familienangehörige durchgeführt werden können;

▪ „reduction of institutional care";

▪ „optimization of medical care (evidence-based)", da die klassische Forschung dafür ungeeignet ist.

Neben der Gesundheit gibt es auch andere Bereiche für präventive Gerontotechnologieapplikationen. Diese umfassen in der Regel Systeme, welche die Sicherheit der älteren Menschen erhöhen können. Dazu gehören sowohl die objektive Sicherheit als auch die subjektiv empfundene Sicherheit. Beispiele wären Alarmsysteme, welche automatisch einen Alarm senden können, wenn der ältere Mensch sich in einer Notsituation befindet – zum Beispiel nach einem Sturz. Weitere präventive Gerontotechnologieapplikationen sind Geräte, welche verschiedene Körperparameter der älteren Menschen konstant überwachen können und diese mit Werten im Normalzustand vergleichen. Es wird erwartet, dass diese Anwendungen auf besonders starke Resonanz bei den älteren Menschen und ihren Angehörigen stoßen werden, da sie die Unabhängigkeit, Selbständigkeit und Mobilität der älteren Menschen stark erhöhen können.

3.2.3   Kompetenzfördernde Applikationen

Während kompensatorische und präventive Gerontotechnologieapplikationen eher defizitorientierte Produktinnovationen darstellen, geht die Kompetenzförderung einen Schritt weiter. Sie stellt die aktive Förderung von Fähigkeiten älterer Menschen in den Vordergrund. Die älteren Menschen können auf die Anwendung dieser neuen Produkte gezielt vorbereitet werden und ihre momentane Lebenssituation aktiv verbessern.

Kompetenzfördernde Applikationen können ebenfalls auf unterschiedlichen Gerontotechnologien basieren. Ein Beispiel wäre die Kommunikationstechnologie. Mit Hilfe von Mobiltelefonen, Bildtelefonen oder E-Mail können diese Gerontotechnologieapplikationen aktiv die Kompetenzen älterer Menschen fördern, indem sie ihnen den Kontakt zu ihren Mitmenschen ermöglichen oder vereinfachen. Trotz des Bedarfs älterer Menschen an Kommunikation und Mobilität gab es jedoch jahrelang kein Mobiltelefon, welches problemlos von Senioren bedient werden konnte. Da ältere Menschen oftmals Probleme beim Drücken der immer kleiner werdenden Tasten haben oder auch die Schrift auf den meist unleserlich gestalteten Displays nicht entziffern können, ist die Marktdurchdringung von Mobiltelefonen bei älteren Menschen immer noch relativ niedrig. In Deutschland hat die Firma *fitage* vor kurzem reagiert und das erste geriatrisch konzipierte Mobiltelefon für ältere Menschen entwickelt.

Beispiel 3.8: *fitage* – Mobile Kommunikation für ältere Menschen

fitage hat erkannt, dass der Bedarf älterer Menschen nach Mobiltelefonen hoch ist. Die älteren Menschen haben jedoch vielfach Probleme, die am Markt erhältlichen Mobiltelefone zu bedienen. Daher hat *fitage* ein ergonomisch gestaltetes, großes Mobiltelefon mit extra großen Tasten entwickelt. Die Anzahl der Funktionen wurde auf das Nötige reduziert und die Bedienung der einzelnen Funktionen stark vereinfacht. Neben starken Kontrasten und großer Beschriftung ist das Mobiltelefon durch eine einfache Menüführung sowie klare Menünavigation gekennzeichnet. Englischsprachige Begriffe werden so weit wie möglich vermieden, und die Menüführung wird mit klaren Worten und Ausdrücken angezeigt. Die einstellbaren Klingelzeichen sollen alle Organe ansprechen, so dass der Anwender auf jeden Fall den Klingelton wahrnimmt. Das Gerät ist zudem so weit entstört, dass eine Nutzung mit Hörgeräten ohne zusätzliche Hilfsmittel möglich ist. Zusätzlich verfügt das Gerät über die Möglichkeit, mittels GPRS-GSM-Technik geortet zu werden, wenn der Vertrag des Serviceproviders dies zulässt. Somit ist ein Notruf oder eine Notortung sogar bei Nutzung ohne SIM-Karte möglich.

Das Mobiltelefon soll Ende des Jahres 2005 auf dem Markt erscheinen und etwa 50 bis 100 € mit Vertrag oder etwa 275 € ohne Vertrag kosten. Der Betrieb soll sowohl mit einer Guthabenkarte als auch mit einem Vertragsabschluss bei allen großen europäischen Providern und Netzanbietern möglich sein. *fitage* konnte durch intensive Kundenkontakte und eine stets geförderte Kommunikation mit Senioren und Organisationen, welche ältere Menschen vertreten, die besonderen Spezifikationen dieses Mobiltelefons identifizieren. Bei der Entwicklung des Mobiltelefons standen vor allem die geäußerten Kundenwünsche und nicht die Interessen der Techniker oder Designer im Vordergrund. Mit Hilfe dieses Telefons sind ältere Menschen in der Lage, ihre Partizipation am täglichen Leben trotz eventuell eingeschränkter Fähigkeiten zu erhöhen und somit ihre Lebensqualität eindeutig zu verbessern.

Auch wenn moderne Kommunikationstechnologien niemals die persönliche Interaktion ersetzen werden, können sie dazu beitragen, dass ältere Menschen nicht in eine soziale Isolation geraten und ihre Kontakte zu Freunden und Familienmitgliedern aufrechterhalten können. Weitere Beispiele für kompetenzfördernde Gerontotechnologieapplikationen umfassen Bildungsprogramme, Computerkurse oder Applikationen zur Erhöhung der Gedächtnisleistung.

Kompetenzfördernde Applikationen zur Gedächtnisunterstützung können sich positiv auf den Alterungsprozess auswirken. Die Beibehaltung der Gedächtnisleistung ist eine wichtige Voraussetzung für die Erhaltung verschiedener Hauptbedürfnisse im Alter, wie beispielsweise der Selbständigkeit und Unabhängigkeit. Da Gedächtnisverlust oft fälschlicherweise als zwangsläufige Folgeerscheinung hohen Alters angesehen wird, ist die Angst vor geistigem Abbau bei vielen älter werdenden Menschen weit verbreitet. Zwar werden Gedächtniseinbußen mit steigendem Alter häufiger, aber solche Veränderungen sind enormen individuellen Unterschieden unterworfen. Außerdem betreffen sie nicht alle Gedächtnisfunktionen gleichermaßen (vgl. Höpflinger und Stuckelberger 1999). Die automatische Speicherung und Nutzung von Erfahrung funktioniert bei gesunden alten Menschen ebenso gut wie bei jungen Erwachsenen. Auch im hohen Alter ist

Lernen möglich, wenn genügend Zeit verwendet wird und bisherige Erfahrungen berücksichtigt werden.

Bezüglich der kognitiven Fähigkeiten älterer Menschen konnte, unter Berücksichtigung des Einflusses von Bildungsstand und Einkommen, eine starke Beziehung zwischen dem Ausmaß an geistiger Aktivität und der geistigen Leistungsfähigkeit festgestellt werden (vgl. Kruse 2002). Es wurde nachgewiesen, dass ein Nachlassen an kognitiver Aktivität auch das Nachlassen von kognitiven Fähigkeiten bewirkt. Ältere Menschen hingegen, die geistig herausfordernden Tätigkeiten nachgehen, weisen nur in geringerem Maße mentale Einbußen auf. Geistige Aktivität kann somit in gewisser Weise vor kognitiven Einbußen schützen (vgl. Hultsch et al. 1999). Rowe und Kahn (1998) fassen diese Erkenntnisse wie folgt zusammen:

> "Just as we must keep our **physical** selves active, so we must keep our **minds** busy in our later years if we want it to continue to function well. **'Use it or lose it'** is a mental, not just a physical phenomenon."

Der Schwerpunkt der kognitiven Interventionsforschung liegt daher auf der Veränderbarkeit von Leistungen durch kognitives Training im Bereich der fluiden Intelligenz, welche die Problemlösefähigkeit in neuartigen Situationen beschreibt, sowie im Bereich des Gedächtnisses (vgl. Kruse 2002). Körperliche Kraft und damit auch Körpertraining verbessern die Gedächtnisleistungen im Alter. Auch antioxidative Vitamine (Ascorbinsäure, Beta-Karotin und Alpha-Tocopherol) werden tendenziell positiv mit dem Langzeitgedächtnis älterer Menschen assoziiert (vgl. Höpflinger und Stuckelberger 1999).

In der Tat wartet eine zunehmende Zahl älterer und betagter Menschen Gedächtniseinbußen nicht mehr schicksalsergeben ab, sondern sie versuchen, solchen Einbußen aktiv entgegenzuwirken. In den letzten Jahren entstanden viele verschiedene Formen von Gedächtnisprogrammen für ältere Menschen. Dabei kann generell unterschieden werden zwischen Trainingsprogrammen, welche sich auf das Training isolierter Gedächtnisfunktionen konzentrieren (Schwerpunkt Mnemotechniken), und Programmen, welche vermehrt die persönlichen Voraussetzungen des Lernens (Offenheit oder Leistungsvorstellungen) einbeziehen (vgl. Höpflinger und Stuckelberger 1999). Die bewusste Auseinandersetzung mit kompetenzfördernden Aktivitäten hat stark an Bedeutung gewonnen. So ist nicht nur die Nachfrage nach Gedächtnistrainingskursen für ältere Menschen in den letzten Jahren stark gestiegen, sondern es werden auch vermehrt entsprechende Produkte entwickelt und nachgefragt. Das Gedächtnishilfesystem MEMOS, welches an der Universität Leipzig entwickelt worden ist, stellt ein gutes Beispiel für eine kompetenzfördernde Gerontotechnologieapplikation dar.

Beispiel 3.9: MEMOS – Personal Assistant für ältere Menschen

Die Universität Leipzig hat zusammen mit der Tagesklinik für kognitive Neurologie Leipzig ein mobiles Gedächtnishilfesystem namens MEMOS entwickelt. Es basiert auf Mobilfunk, Enterprise-Technologien und Mobile Computing und soll Menschen unterstützen, die an Gedächtniseinbußen leiden. Durch konventionelle Gedächtnishilfen, wie beispielsweise Kalender, können viele Defizite bei älteren Menschen zwar kompensiert werden, doch geschieht dies oft nur unzureichend. Zudem ist die Bedienung kommerzieller elektronischer Systeme für Menschen mit Gedächtniseinbußen oft schlecht erlernbar. MEMOS hingegen berücksichtigt ausdrücklich die eingeschränkten kognitiven Ressourcen der potentiellen Nutzer. Das System besteht aus einem Handheld-Computer, dem Personal Memory Assistant (PMA) sowie einer Festnetzbasisstation. Die Interaktion mit dem Basissystem erfolgt über einen Webbrowser, wie er auf jedem internetfähigen Computer zu finden ist.

MEMOS kann dazu verwendet werden, an wichtige Erledigungen wie die Medikamenteneinnahme oder einen Arztbesuch zu erinnern. Außerdem kann es älteren Menschen Zugang zum Internet ermöglichen, ohne dass sie durch dessen Vielfalt verwirrt werden. Ältere Menschen können beispielsweise relativ einfach aktuelle Fahrplaninformationen oder Veranstaltungshinweise abrufen. Der PMA arbeitet interaktiv und steht bei Bedarf mit einem Betreuungscenter in Verbindung. Das Betreuungscenter kann die Ausführung von Terminen und Erledigungen begleiten oder im Notfall einen Therapeuten oder Angehörigen benachrichtigen. Der PMA ist sehr benutzerfreundlich und durch eine einfache Benutzeroberfläche gekennzeichnet; so können zum Beispiel Termine aufgesprochen und Schriftgröße, Tastengröße oder Lautstärke des Signals nach Bedarf eingestellt werden.

Das Betreuungssystem MEMOS erhöht nicht nur die Selbständigkeit, sondern auch die Lebensqualität der Nutzer erheblich. Weiterhin werden Familienmitglieder und andere Betreuungspersonen entlastet sowie Betreuungsaufwand und -kosten gesenkt. Die technische Umsetzung von MEMOS erfolgt auf ausfallsicheren Computern. Die Kernkomponenten und die Anbindung an das Internet werden durch Enterprise Java Beans beziehungsweise Java Server Pages realisiert. Die Mobilfunkübertragung basiert auf der GPRS-Technologie. Als PMA dienen kommerziell verfügbare Organizer, die für MEMOS modifiziert werden. Mit dem System erreichen die Hersteller drei Ziele: Das System ist robust und zuverlässig, es ist hoch flexibel und anpassbar an neue Aufgaben und Benutzergruppen und die Bedienung ist extrem einfach gestaltet.

Generell sind jedoch die Bedürfnisse älterer Menschen nach kompetenzfördernden Applikationen eher schwach ausgebildet. Sie entspringen nicht einer akuten Not und werden daher seltener wahrgenommen als beispielsweise Bedürfnisse nach kompensatorischen Produkten. Die Erhöhung des Bewusstseins für diese

Bedürfnisse sowie die Sensibilisierung der älteren Menschen für entsprechende Produkte erweisen sich als wesentlich schwerer. Das Entwicklungs- und Marktrisiko dieser Applikationen wird daher als relativ hoch eingestuft.

Zusammenfassend kann gesagt werden, dass Anwendungen, welche körperliche oder geistige Einbußen kompensieren, in der Regel dringendere Bedürfnisse abdecken als Produkte, welche zur Prävention oder Kompetenzförderung eingesetzt werden. Bei der Kompensation werden akute Mängel beseitigt, welche ein angenehmes Älterwerden unmittelbar unmöglich machen. Die Prävention und Kompetenzförderung hingegen beseitigen keine unmittelbaren Mängel und wirken eher mittelbar und längerfristig. Bei der Prävention sind körperliche oder geistige Einbußen meistens latent vorhanden, bei der Kompetenzförderung gar nicht. Daher ist der Bedarf nach Produkten zur Prävention oder Kompetenzförderung in der Regel schwächer ausgeprägt und weniger akut als der Bedarf nach Produkten zur Kompensation, obwohl der Sinn der Prävention und Kompetenzförderung unter Umständen erkannt wird (vgl. Bild 3.2). Es ist jedoch davon auszugehen, dass geeignete Marketingmethoden dazu führen könnten, dass die Bedürfnisse nach Produkten zur Prävention und Kompetenzförderung in ähnlicher Art und Weise artikuliert werden können wie die Bedürfnisse nach Produkten zur Kompensation.

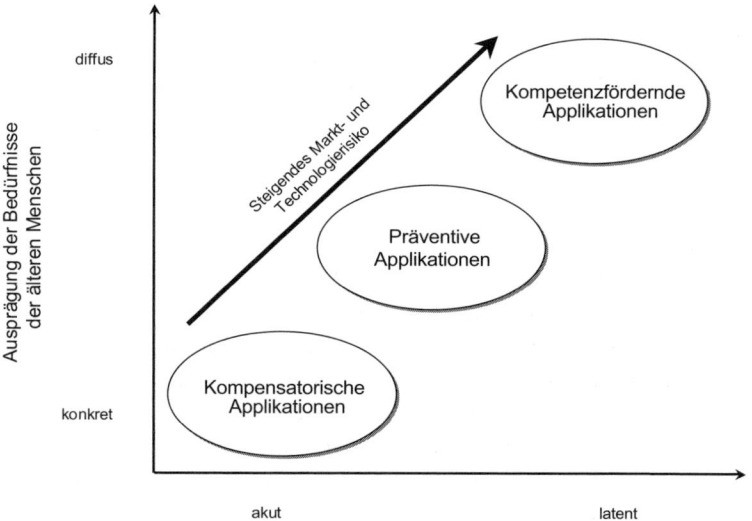

Bild 3.2: Gerontotechnologieapplikationen können unterschiedliche Zwecke erfüllen – von der Wiederherstellung von Einbußen bis zur aktiven Förderung von Kompetenzen.

3.3   Akzeptanz: Annahme von neuen Technologien

Neben der Identifikation von unterschiedlichen Gerontotechnologieapplikationen stellt die Akzeptanz von technologischen Produkten durch ältere Menschen eine große Herausforderung im Innovationsmanagement dar. Generell sind ältere Menschen neuen Technologien, Produkten und Dienstleistungen gegenüber aufgeschlossen, wenn sinnvolle Problemlösungen angeboten werden. Dann steht selbst dem Kauf eines High-Tech-Produkts nichts im Wege.

„ ...stimmt, das Handy ist recht klein.
Aber dafür gibt's die Lupe gratis dazu."

Es sollte jedoch stets vermittelt werden, dass die zugrunde liegende Technik die Befriedigung der Bedürfnisse älterer Menschen tatsächlich unterstützen kann (vgl. Hock und Bader 2001). Doch da liegt oftmals das Problem. Seit jeher werden technologische Produkte und ihre Benutzer als zwei verschiedene Einheiten aufgefasst, wobei der Benutzer ein zweitrangiges Element darstellt. In der Regel wird eine Technologie entwickelt, um eine bestimmte Funktion zu erfüllen. Wenn sie diese Funktion erfüllen kann, wird in einem nächsten Schritt überlegt, wie der Benutzer diese Technologie anwenden kann. Die Fähigkeiten und Möglichkeiten der Benutzer sind somit der Funktionalität der Technologie untergeordnet. Während viele Menschen flexibel auf bestimmte Anforderungen der Technologien reagieren können, fällt älteren Menschen eine Adjustierung auf die Bedienbarkeit neuer Technologien häufig schwerer als jüngeren Menschen. Daher ist ihre Bereitschaft, neue Technologien zu akzeptieren (Adoption neuer Technologien), in der Regel geringer ausgeprägt, auch wenn sie das neue Produkt gut gebrauchen könnten. Ein Unternehmen, welches die Vereinfachung von komplexen Geräten in den Vordergrund seiner Entwicklungsaktivitäten gestellt hat, ist die Firma V-Zug. V-Zug ist Anbieter im Bereich Haushaltsgeräte und hat mit neuen Produkten erfolgreich auf die Anforderungen der älteren Kundschaft reagiert.

Beispiel 3.10: V-Zug – Einfache Bedienung komplexer Haushaltsgeräte

Das Unternehmen V-Zug – Tochtergesellschaft der Schweizerischen Metall-Zug-Gruppe – beschäftigt 1.100 Personen und erzielte im Geschäftsjahr 2003 einen Umsatz von fast 320 Millionen sFr. V-Zug ist Vollanbieter im Bereich Haushaltsgeräte sowohl für die Küche (Herde, Backöfen, Steamer, Geschirrspüler, Kühlschränke und Dampfabzüge) als auch für die Waschküche (Waschmaschine und Wäschetrockner). V-Zug hat sein Produktprogramm bewusst auf alle Kunden ausgerichtet – von Jung bis Alt. Dabei kommen verschiedene Innovationen, welche in den letzten Jahren in neue Produkte eingeflossen sind, speziell den Bedürfnissen der älteren Menschen zugute.

Im Küchenbereich wurde vor kurzem eine neue Produktreihe für Steamer eingeführt. Steamer sind Öfen, welche mit Dampf arbeiten. Sie wurden bisher nur im professionellen Küchenbereich eingesetzt, da ihre Bedienung sehr kompliziert war. Ein Profikoch weiß erfahrungsgemäß, wie er den Dampf einsetzen muss; ein Koch zu Hause weiß dies meistens nicht. Die Anwendung im häuslichen Bereich stellt daher in dieser Form eine Weltneuheit dar. Die wichtigste Eigenschaft dieser Innovation war die Komplexitätsreduktion. Entsprechend wurde die Bedienung auf ein paar wenige Standardprogramme reduziert, welche situativ angepasst werden können: Das Profibacken, das Regenerieren, das Heißluftprogramm und das Zartgaren. Die einfache Bedienung der Steamer vereinfacht auch für viele ältere Menschen das Kochen und Backen, denn mit dem Steamer lassen sich fast alle Gerichte auf einfache Art und Weise erwärmen, selbst wenn es sich nur um kleine Mengen handelt. Insbesondere für die Zubereitung von Convenience Food ist der Steamer gut geeignet. Die schonende Zubereitung erlaubt zudem, dass wertvolle Vitamine, Mineral- und Geschmacksstoffe nicht aus dem Essen ausgewaschen werden. Somit leistet der Steamer einen Beitrag für die Gesundheit und das Wohlbefinden der Konsumenten, was besonders von älteren Menschen geschätzt wird. Die Bedienung des Steamers ist einfach. Neben den vier Knöpfen für die vier Standardprogramme gibt es noch vier Tasten für die Steuerung der Uhr und des Timers. Zudem werden alle wichtigen Informationen in Klartext und Lokalsprache auf einer Anzeige ausgegeben. Insgesamt stand für V-Zug die Komplexitätsreduktion der Bedienung bei größtmöglichem Funktionsumfang im Zentrum der Entwicklung.

Ein weiterer Schritt zur vereinfachten und vereinheitlichten Bedienung aller Haushaltsgeräte folgte im Jahr 2005, als V-Zug den so genannten „pc tablet" auf den Markt brachte. Über einen Touchscreen (Bildschirm zum Berühren) werden alle verschiedenen Gerätebedienmöglichkeiten abgebildet, und der Benutzer kann bequem in jeder Lage die Haushaltsgeräte bedienen. Der Vorteil liegt darin, dass der pc tablet auf jeden Kunden spezifisch angepasst werden kann. So kann er beispielsweise bei älteren Menschen größere Tasten auf dem Bildschirm anzeigen, damit die Bedienung auch im Alter problemlos möglich ist. Diese Innovation führt zu einer noch stärkeren Komplexitätsreduktion der Haushaltsgeräte. Jeder Kunde kann individuell entscheiden, welche Komplexität seine Produkte haben sollen und wie einfach oder kompliziert die Bedienung seiner Geräte sein soll.

3.3.1 Bereitschaft älterer Menschen zur Adoption neuer Technologien

"Concerning ageing, we are talking too much about technology and not about innovation. But what counts is not what is technically possible. What counts is what people want."

Professor Joseph F. Coughlin,
Director, AgeLab, MIT

Verschiedene Untersuchungen haben ergeben, dass ältere Menschen weder technologiefeindlich noch unkritische Nutzer von technologischen Innovationen sind. Wahl und Mollenkopf (2003) haben in einer Studie verschiedene Aspekte zur Akzeptanz neuer Technologien durch ältere Menschen untersucht. Sie haben dabei zwei grundsätzliche Einstellungen älterer Menschen gegenüber dem Einsatz von Technologie ausfindig machen können:

■ kognitiv-rationale Aspekte der Technologie („Technologischer Fortschritt ist notwendig und daher muss man einige unvermeidbare Nachteile akzeptieren"),

■ emotional-affektive Aspekte der Technologie („Technologie ist eher eine Bedrohung als ein Nutzen für die Menschheit").

Die Kombination dieser beiden Dimensionen resultierte in vier verschiedenen Typen zur Beschreibung der Beziehung von älteren Menschen zur Technologie:

- positiv befürwortend;
- rational sich anpassend;
- skeptisch und ambivalent;
- kritisch und reserviert.

Die Ergebnisse der Befragung von 1.417 älteren Menschen zeigen, dass die vier verschiedenen Typen ungefähr gleichmäßig verteilt sind (siehe Bild 3.3). Innerhalb der Gruppen gab es keine geschlechterspezifischen Unterschiede. Während es kaum Unterschiede zwischen den unterschiedlichen Altersgruppen innerhalb der Gruppe der älteren Menschen gab, gab es jedoch Unterschiede innerhalb der Gruppe der positiv befürwortenden Technologienutzer. In dieser Gruppe sind die 55- bis 64-Jährigen neuen Technologien gegenüber stärker positiv eingestellt (42,5 Prozent) als beispielsweise die 65- bis 74-Jährigen (40,9 Prozent) und sogar viel deutlicher als die über 75-Jährigen (16,6 Prozent).

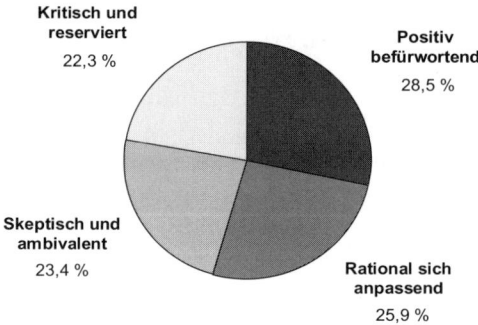

Bild 3.3: Bei der Akzeptanz von neuen Technologien können ältere Menschen nach unterschiedlichen Typen klassifiziert werden (Quelle: Wahl und Mollenkopf 2003)

Hock und Bader (2001) konnten in einer Untersuchung zum Kauf- und Konsumverhalten der über 55-Jährigen ebenfalls herausfinden, dass ältere Menschen neuen Technologien relativ offen gegenüberstehen und sie gut akzeptieren. Bezüglich der Akzeptanz neuer Technologien konnten sie drei verschiedene Gruppen identifizieren, welche in der Bevölkerung ebenfalls ungefähr gleich verteilt sind:

- **Technikfreaks:** Begeisterung für Informationstechnologie und andere neue Technologien; eigenständige Informationssuche über neue Möglichkeiten.
- **Technikinteressierte:** Interesse, aber Unsicherheit im Umgang mit Technologien; Bedarf nach individueller Betreuung.
- **Technikverweigerer:** Bewusste Entscheidung gegen Technologie; Zeit wird für andere Interessen benutzt.

Das alte Klischee, die 50-plus-Generation hätte kein Interesse an Neuem, scheint daher ein Irrtum zu sein. Eine Studie der GfK (2002) fand heraus, dass nahezu jeder Dritte über 50-Jährige gerne neue Produkte ausprobiert. Unter den Befragten sind primär die 50- bis 59-Jährigen überdurchschnittlich an Neuem interessiert. Mit zunehmendem Alter geht diese „Probierfreudigkeit" zwar zurück, aber immer noch 17 Prozent der 70- bis 79-Jährigen geben an, gerne neue Produkte zu testen. Des Weiteren sind die über 50-Jährigen zu einem großen Teil offen für Innovationen und moderne Technik. Auch mangelnde Erfahrung im Umgang mit technischen Produkten scheint die älteren Kunden nicht davon abzuhalten, neue Produkte zu kaufen. Dabei ist die Technikaffinität bei Männern nach wie vor deutlicher ausgeprägt als bei Frauen. Frauen kaufen sich beispielsweise einen neuen Computer nur, wenn das alte Gerät defekt oder völlig überholt ist; Männer hingegen, wenn ein neues Modell mit zusätzlichen technischen Raffinessen auf den Markt kommt (vgl. Haimann 2005).

> Fast **jeder Dritte** über 50-Jährige
> probiert gerne **neue Produkte** aus.

Ein Unternehmen, welches seit vielen Jahren High-Tech-Produkte speziell für ältere Menschen anbietet, ist die Firma Phonak. Phonak wird regelmäßig mit Innovationspreisen ausgezeichnet, während das Durchschnittsalter der Kunden bei 65 Jahren liegt.

Beispiel 3.11: Phonak – High-Tech für ältere Menschen

Die Firma Phonak mit Sitz in Stäfa stellt innovative High-Tech-Produkte für hörgeschädigte Menschen her. Das Leistungsspektrum von Phonak reicht von der Schallerzeugung bis zur Analyse des Schallerlebnisses. Phonak hat im Geschäftsjahr 2004/2005 einen Umsatz von 679 Millionen sFr. und einen Nettogewinn von 128 Millionen sFr. erzielt. Im Frühjahr 2005 beschäftigte Phonak weltweit fast 3.000 Mitarbeiter.

Phonaks Kundengruppe ist durchschnittlich 65 Jahre alt und kann in die folgenden drei Kategorien eingeteilt werden:

- Jugendliche bis 19 Jahren: meistens von Geburt an schwerhörige Kinder;
- 20- bis 54-Jährige: meistens Studenten und Berufstätige;
- Senioren ab 55 Jahren.

Die Gruppe der Senioren ab 55 Jahren repräsentiert die weitaus größte Kundengruppe. Das Verhalten und die Bedürfnisse älterer Menschen sind sehr vielfältig und ändern sich im Laufe der Zeit. Daher schlägt Phonak eine weitere Untergliederung der Gruppe der Senioren in Vorkriegs-, Kriegs- und Nachkriegsgeneration vor.

Bei der Vermarktung ihrer High-Tech-Produkte an ältere Menschen geht die Firma Phonak davon aus, dass Hörgeräte, welche einen realen Wert für den Träger vermitteln, der über die reine Aufhebung der Hörbeeinträchtigung hinausgeht, großes Marktpotential haben und von den Kunden auch akzeptiert werden. Eine reine Wiederherstellung des Status quo wird nicht ausreichend sein. Zusätzlich zu dem Verkauf des Hörgerätes müssen Vorteile angeboten werden, welche einen Mehrnutzen in ausschließlicher Verbindung mit dem Hörgerät vermitteln. Daher liegt viel Potential darin, zukünftig Hörgeräte als Add-on zu anderen Geräten anzubieten oder sie in andere Produkte und Dienstleistungen zu integrieren. Da Informations- und Kommunikationstechnologien zukünftig eine immer wichtigere Rolle beim Hörerlebnis spielen, wird die Schnittstelle zwischen der Hörhilfe und IT/Software in Zukunft verstärkt in den Vordergrund treten.

Phonak sieht im Markt der Hörgeräte die beiden folgenden großen Trends:

- implantierbare Hörgeräte,
- neue Materialien.

Implantierbare Hörgeräte stellen die Schnittstelle zwischen Hörhilfen und der Medizinaltechnik dar. Sie bieten viel Potential für Innovation, sind aber auch schwierig einsetzbar. Es sind teilweise schwerwiegende Eingriffe nötig, um eine Hörhilfe in den menschlichen Körper zu implantieren. Insbesondere bei älteren Menschen sind invasive Behandlungen kritisch. Daher könnte der Trend bei implantierbaren Hörgeräten für Senioren dahin gehen, dass die Geräte ohne Operation eingesetzt werden können. Das Material hat einen starken Einfluss auf die Qualität und Funktionalität des Hörgerätes. Neue Materialien eröffnen ebenfalls ein weites Feld für Produktinnovationen. Es könnten Materialien entwickelt werden, welche aufgrund ihrer Oberflächenbeschaffenheit die Adaptivität und Anpassung des Hörgerätes an den menschlichen Körper ermöglichen oder vereinfachen. Der Gehörgang des Menschen ist nicht statisch. Daher muss sich das Hörgerät kontinuierlich an den Menschen und die Dynamik des Menschen anpassen. Weiterhin sollten die Hörgeräte aus Materialien bestehen, die gut gegen den Einfluss von Wärme und Feuchtigkeit schützen.

Damit ältere Menschen den Nutzen von innovativen Technologien besser abschätzen können und von ihren Vorteilen profitieren können, sollten technologische Entwicklungen so ausgestattet sein, dass sie die Fähigkeiten und Einschränkungen älterer Menschen bewusst berücksichtigen. Charness (2003) fasst fünf Bedingungen zusammen, welche nötig sind, damit ältere Menschen eine neue Technologie benutzen:

- Zugang zur Technologie;
- Motivation zur Verwendung der Technologie;
- Fähigkeit zur Verwendung der Technologie;
- Erklärungen zur Verwendung der Technologie;
- Design der Technologie.

Eine Hauptfrage in diesem Zusammenhang lautet: Werden zukünftige Generationen älterer Menschen anders beziehungsweise einfacher mit neuen Technologien umgehen als die heutige Generation älterer Menschen? Die Antwort auf diese Frage ist zweigeteilt (vgl. Rogers und Fisk 2003): Erstens sind neue Technologien immer neu. Ein heute 30-Jähriger wird auch im Alter von 70 Jahren mit Technologien konfrontiert werden, welche heute noch überhaupt nicht vorstellbar sind. Gestaltung und Anwendbarkeit von neuen Systemen bleiben daher auch in Zukunft ein besonders kritischer Punkt. Zweitens stellen altersbedingte Einbußen bei kognitiven und physischen Fähigkeiten älterer Menschen auch in Zukunft Probleme bei der Bedienung neuer Technologien dar. Die Beziehung zwischen den Fähigkeiten des älteren Menschen zur Bedienung des neuen Produkts – und damit dem Markterfolg der Innovation – wird auch in Zukunft ein kritischer Erfolgsfaktor bleiben.

In den letzten Jahren ist jedoch auch ein Wandel bei der Auffassung neuer Technologien durch ältere Menschen zu beobachten. Auch wenn viele ältere Menschen nicht mit hoch entwickelten technischen Geräten aufgewachsen sind und das technische Verständnis oft nur gering ausgebildet ist, so stehen sie neuen Technologien nicht grundsätzlich abgeneigt gegenüber. Zusätzlich haben die neuen älteren Menschen vielfach Erfahrungen mit verschiedenen technischen Produkten gemacht. Daher wird erwartet, dass gerade bei der Akzeptanz neuer Technologien die heutigen älteren Menschen nicht mehr als Indikator für die älteren Menschen von morgen herangezogen werden dürfen. Die zukünftigen älteren Menschen sind trotz bestimmter altersbedingter Einschränkungen vermutlich die technikfreundlichste und technikinteressierteste „alte Generation" aller Zeiten.

> Die Anwender einer neuen Technologie dürfen nicht länger der Funktion dieser technologischen Entwicklung untergeordnet werden. Insbesondere älteren Menschen fällt eine Adjustierung an die Bedienung neuer Technologien schwer. Daher sollten ihre Fähigkeiten und Möglichkeiten stets an erster Stelle stehen – vor den Funktionen des Gerätes. Wenn diese Reihenfolge beachtet wird, steht der Adoption innovativer Technologien durch ältere Menschen nicht mehr viel im Wege.

3.3.2   Unterschiedliche Adopterkategorien

Die Adoption neuer Technologien durch ihre Nutzer (Adopter) wurde bereits vielfach in der Literatur untersucht (vgl. Bass 1969, Mahajan, Muller und Srivastava 1990, Rogers 2003). Es konnte dabei festgestellt werden, dass unterschiedliche Konsumentengruppen zu verschiedenen Zeitpunkten eine Innovation adoptieren. Es gibt somit frühe und späte Adopter. Rogers (2003) analysierte die Bedeutung des Alters der Konsumenten für die Adoption einer Technologie, konnte aber in verschiedenen Untersuchungen feststellen, dass frühe Adopter nicht älter oder jünger sind als späte Adopter. Die Nutzer lassen sich daher gemäß ihrer Innovationsfreude und dem daraus resultierenden Zeitpunkt der Adoption einer Technologie in die folgenden fünf Adopterkategorien einteilen:

- **Innovatoren:** risikofreudige Konsumenten mit ausreichend finanziellen Ressourcen und technischem Verständnis. Sie werden innerhalb der Gesellschaft gelegentlich als etwas sonderbar angesehen.

- **Frühe Adopter:** meist Meinungsführer und in der Gesellschaft respektiert. Sie dienen als Referenz für weitere Adopter und sind oft Zielgruppe von Change Agents.

- **Frühe Mehrheit:** besonnene Konsumenten, die durch einen eher längeren Adoptionsentscheidungsprozess gekennzeichnet sind. Sie führen keine Adoption an, sind aber gerne Teil davon.

- **Späte Mehrheit:** skeptische Konsumenten, die eine Adoption oft als Ergebnis von ökonomischen Zwängen oder Gruppenzwang sehen. Sie sind eher risikoscheu.

- **Nachzügler:** vergangenheitsorientierte Konsumenten. Sie sind meistens sozial nicht gut integriert, misstrauisch und verfügen über wenig finanzielle Ressourcen.

Wie im Bild 3.4 dargestellt, werden die Grenzen der Adopterkategorien generell mit Hilfe des Mittelwerts μ und der Standardabweichung σ eingeteilt. Die Charakterisierungen der fünf Kategorien stellen Idealtypen dar. Zudem sind die Klassifizierungen der unterschiedlichen Kategorien nicht starr, sondern fließen ineinander über. Des Weiteren kann es als zweifelhaft erachtet werden, ob die Diffusion einer Innovation einer Normalverteilung folgt, und es bleibt unklar, warum Innovatoren genau 2,5 Prozent der Adopter ausmachen. Mögliche Unterschiede bei den zu adoptierenden Technologien sind ebenfalls nicht berücksichtigt. Trotzdem findet dieses Modell von Rogers (2003) zur Beschreibung der unterschiedlichen Adoptergruppen einer Technologie große Beachtung in der Wissenschaft und Praxis.

Die Aussage, dass das Alter keine Relevanz für die Unterteilung in verschiedene Adopterkategorien hat, ist stark umstritten. Rogers (2003) selbst erwähnt hierzu: "There is inconsistent evidence about the relationship of age and innovativeness." Martinez, Polo und Flavián (1998) hingegen kommen zu dem Schluss, dass bei der Adoption von Haushaltsgeräten mit steigendem Alter die Chance sinkt, in eine der ersten Adopterkategorien zu gehören. Eine wichtige Bedeutung scheint daher dem Adoptionsprozess und den dabei relevanten Parametern zuzukommen.

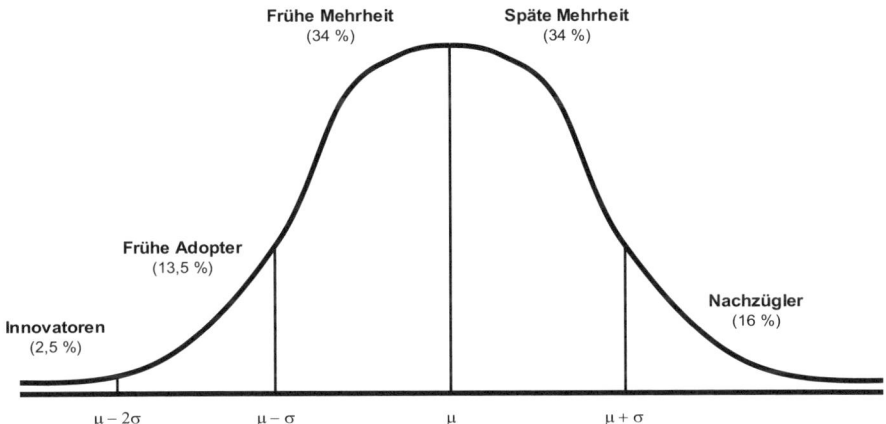

Bild 3.4: Ältere Menschen können in unterschiedliche Kategorien bei der Adoption neuer Technologien eingeteilt werden (Quelle: Rogers 2003)

King (1999) hat sich ebenfalls mit der Adoption neuer Produkte durch ältere Menschen beschäftigt, insbesondere mit dem Zusammenspiel der Produktanforderungen und den Fähigkeiten der älteren Nutzer. Er kommt zu dem Schluss, dass das Ziel einer erfolgreichen Produktgestaltung sein sollte, den folgenden Kreislauf zur Motivation der Benutzung neuer Technologien zu schließen:

Um diesen Kreislauf schließen zu können, muss zwangsläufig die erstmalige Anwendung eines neuen Produkts zu einem sofortigen Erfolg bei der Anwendung führen. Ein Fehlverhalten beim ersten Versuch führt sofort zu einer unwiderruflichen Ablehnung des gesamten Produkts.

3.3.3 Prozess und Parameter der Adoptionsentscheidung

Unabhängig von der Adopterkategorie durchlaufen alle Nutzer einer Technologie einen Entscheidungsprozess, welcher zu einer positiven oder negativen Adoptionsentscheidung führt. Dieser Prozess umfasst die folgenden Schritte (vgl. Rogers 2003):

■ **Empfang von Informationen:** Der potentielle Konsument erhält Informationen über die zu adoptierende Innovation. Dabei wird grundsätzlich zwischen drei Formen von Informationen beziehungsweise Wissen über die Innovation unterschieden:
   – *Awareness Knowledge*, das Bewusstsein, dass die Innovation existiert.
   – *How-to Knowledge*, das Wissen, wie und für was eine Innovation einzusetzen ist.

– *Principles Knowledge*, das Wissen darüber, was die der Technologie zugrunde liegenden Wirkungsprinzipien sind.

Insbesondere bei kompensatorischen und unterstützend eingesetzten Produkten spielt die Informationsbeschaffung eine große Rolle. Mollenkopf (2003) bestätigt, dass Informationen über die Anschaffung eines Hilfsgerätes im Alltag die wichtigste Voraussetzung für die Anwendung dieses Produkts sind.

■ **Meinungsbildung:** Während im Stadium des Informationsempfangs die mentale Aktivität „Wissen" benutzt wurde, wird im Meinungsbildungsprozess die Aktivität „Fühlen" benötigt. Zur Unterstützung der Meinungsbildung werden meist gezielt weitere Informationen aus glaubwürdigen Quellen gesammelt, es werden Vor- und Nachteile abgewogen, der heutige und zukünftige Nutzen abgeschätzt und eine persönliche Einstellung gebildet. Um die jeder Innovation inhärente Unsicherheit zu reduzieren, wird außerdem meist die eigene gebildete Meinung mit der anderer verglichen. Speziell bei älteren Menschen sollte berücksichtigt werden, dass nahe Verwandte und die Familie einen starken Einfluss auf die Meinungsbildung haben. Nicht immer ist jedoch im Folgeschritt eine Entscheidung gemäß der gebildeten Meinung zu erwarten. Vor allem bei Innovationen, deren Ergebnis entweder in der ferneren Zukunft oder deren Gewinn „nur" in einem Nicht-Verlust liegt, ist dies nicht immer zu erwarten.

■ **Entscheidungsfällung:** In dieser Phase findet die eigentliche Entscheidung für oder gegen die Adoption der Innovation statt. Da immer noch eine gewisse Unsicherheit bezüglich der Innovation vorhanden ist, wird hierbei oft – wenn möglich – eine partielle Adoption angestrebt. Diese kann auch durch erfolgreiche Adoptionen anderer Individuen ersetzt werden. Maßnahmen zur Reduzierung dieser Unsicherheit von Anbieterseite sind beispielsweise Garantien, detaillierte Erklärungen, Seminare, Lehrgänge oder Vorführungen. Die bisher erläuterten drei Schritte laufen nicht zwangsläufig in der beschriebenen Reihenfolge ab. Zum Beispiel ist es unter Gruppenzwang vorstellbar, dass die Entscheidungsfällung der Meinungsbildung vorausgeht.

■ **Implementierung:** Mit der Implementierung wird die getroffene Entscheidung in die Tat umgesetzt. Auch in diesem Zustand werden noch weiter gehende Informationen benötigt und gesucht, da die genaue Funktionsweise und vor allem die Anwendung interessieren. Um eine erfolgreiche Implementierung einer technologischen Innovation bei älteren Menschen zu gewährleisten, sind Hilfen zur Einführung und Bedienung besonders wichtig. Schriftliche Anleitungen beispielsweise, welche in einer unverständlichen oder nicht bekannten Sprache geschrieben sind, führen in der Regel zu einer Ablehnung des Produkts.

■ **Bestätigung:** Die Implementierung einer Innovation ist meist nicht der letzte Schritt im Adoptionsentscheidungsprozess. Nach der Implementierung wird nach Bestätigung gesucht, dass die Adoptionsentscheidung richtig war. Sollte diese ausbleiben oder es sich im Nachhinein herausstellen, dass die Adoption nicht den erhofften Nutzen gebracht hat, kann dies zum Abbruch der Nutzung der Innovation führen. In dieser Phase spielen für ältere Menschen wieder die Verwandten, Freunde und die Familie eine große Rolle.

Eine Produktreihe, welche sich aufgrund einer durchdachten Vermarktungsstrategie als Erfolg im Markt für ältere Menschen platzieren konnte ist „Becel pro.activ" der Firma Unilever. Die Becel pro.activ-Produkte werden von vielen älteren Menschen wahrgenommen, für attraktiv gehalten, konsumiert und rundum für gut befunden.

Beispiel 3.12: Becel pro.activ – Functional Food für ältere Menschen

Die Firma Unilever hat unter dem Markennamen Becel eine erfolgreiche Produktreihe für cholesterinarme Nahrungsmittel auf den Markt gebracht. Die Marke Becel wurde zwar bereits 1965 eingeführt, aber in den Anfangsjahren nur in Apotheken verkauft. Heute hat sich Becel als Marke für cholesterinbewusste Ernährung etabliert. Die Produkte von Becel – wie beispielsweise fettreduzierte Diät-Margarine, „Becel Omega-3 Pflanzenöl", „Becel Diät" für die warme Küche, diverse Wurstsorten oder Käsealternativen – sind für alle Personen geeignet, die einen leicht erhöhten Cholesterinspiegel haben und diesen aktiv senken wollen oder sich einfach cholesterinbewusst ernähren möchten. Die Diät-Margarinen von Becel sind reich an mehrfach ungesättigten Omega-3- und Omega-6-Fettsäuren. Mit ihrem Beitrag zu einer cholesterinbewussten Ernährung und zu gesunden Adern leisten sie einen wichtigen Beitrag, um das Herz-Kreislauf-System zu schützen.

„Becel pro.activ Diät-Halbfettmargarine" war das erste Lebensmittel im deutschen Markt mit dem funktionalen Vorteil aktiver Cholesterinsenkung. Sie ist die einzige Margarine, die gemäß der europäischen Novel-Food-Verordnung im deutschen Markt zugelassen ist. Neben der Diät-Halbfettmargarine gibt es von Becel pro.activ eine Diät-Milch mit 1,8 Prozent Fett und neuerdings auch „Becel pro.activ Joghurt"-Drinks in den Geschmacksrichtungen Original und Erdbeere. Die Besonderheit von Becel pro.activ liegt darin, dass alle Produkte hochwirksame natürliche Pflanzenstoffe enthalten, welche in geringen Mengen in vielen Lebensmitteln wie Sonnenblumenkernen, Nüssen oder Pflanzenölen enthalten sind. Diese hochwirksamen Pflanzenstoffe entfernen Cholesterin aus dem Körper und senken so nachweislich das Gesamt- und LDL-Cholesterin im Blut, ohne das HDL-Cholesterin zu beeinflussen. Der regelmäßige Verzehr von Becel pro.activ-Produkten hilft daher nachweislich, das gefäßschädigende LDL-Cholesterin aktiv zu senken. Seit 1997 müssen alle Anbieter von neuartigen Lebensmitteln das Novel-Food-Prüfungsverfahren der Europäischen Union durchlaufen. Am 15. Mai 1997 trat die so genannte „Verordnung (EG) Nr. 258/97 des

Europäischen Parlamentes und des Rates über neuartige Lebensmittel und neuartige Lebensmittelzutaten" in Kraft. Alle Becel pro.activ-Produkte passierten erfolgreich dieses strenge Zulassungsverfahren. Im Rahmen der Verordnung werden auch bestimmte Claims und Verpackungsaussagen genau geregelt. Um die cholesterinsenkende Wirkung der Pflanzenstoffe in Becel pro.activ zu bestätigen, hat Unilever mehr als 40 klinische Studien durchgeführt. Außerdem wurden zahlreiche Studien von anderen Organisationen veröffentlicht, welche ebenfalls die cholesterinsenkende Wirkung bestätigten.

Seit 2000 spricht Unilever mit der Marke Becel pro.activ speziell die Zielgruppe der Kunden ab 40 Jahren an. Da alle Becel pro.activ-Produkte die strengen Kriterien der Novel-Food-Verordnung erfüllen, kann in der Produktwerbung optimal das Bedürfnis der älteren Menschen nach Gesundheit und Wellness angesprochen werden, da diese häufiger an erhöhten Cholesterinwerten leiden als jüngere Konsumenten. Das Marketingkonzept ging auf, und das erste Produkt der Produktreihe (die Becel pro.activ Diät-Halbfettmargarine) startete so erfolgreich in den Markt, dass weitere Produkte unter derselben Marke auf den Markt gebracht wurden (Becel pro.activ Diät-Milch sowie Becel pro.activ Joghurt-Drinks). Zweistellige Wachstumsraten von Becel pro.activ in den letzten Jahren beweisen die hohe Akzeptanz beim Verbraucher. Becel pro.activ verfügt heute über ein außergewöhnlich gutes Markenimage sowie eine hohe Wiederkaufsrate. Auch in der Produktkommunikation setzt Unilever auf eine gezielte Ansprache der älteren Menschen. So werden beispielsweise in der Fernsehwerbung Menschen der Altersgruppe 40 plus in typischen Lebenssituationen gezeigt. Dabei wird jedoch immer die Freude am aktiven Leben in den Vordergrund gestellt und nicht der Mangel an Gesundheit.

Die Meinungsbildung ist eine der wichtigsten Phasen für die Adoption eines neuen Produkts. Da Freunde und Verwandte oftmals einen großen Einfluss auf die Kaufentscheidung von älteren Menschen haben und diese in der Phase der Meinungsbildung besonders beteiligt sind, ist diese Phase ein wichtiger Bestandteil des gesamten Adoptionsprozesses. Relevante Entscheidungsparameter, welche maßgeblich zur Bildung einer positiven oder negativen Meinung und Einstellung über eine zu adoptierende Innovation beitragen, umfassen die folgenden Punkte:

- **Relativer Nutzen:** Der relative Nutzen ist der absolute Nutzen der Innovation, verglichen mit dem Nutzen der abzulösenden Innovation oder des Zustands ohne Innovation. Hier sind nicht nur rein ökonomische Faktoren anzusiedeln, sondern auch soziales Prestige oder Ersparnisse durch mögliche Einführungspreise.

- **Kompatibilität:** Wichtig für die erfolgreiche Adoption einer Innovation ist die Kompatibilität mit bereits vorhandenen Überzeugungen und Werten. Bereits die Namensgebung einer Innovation kann hier eine gewichtige Rolle spielen. Besonders bei Zielgruppen, deren Konsumenten sich selber nicht zu dieser Zielgruppe zählen, aber dennoch die betreffenden Innovationen adoptieren sollen, ist Vorsicht geboten. Da sich ältere Menschen in der Regel zehn bis 15 Jahre jünger schätzen, als sie sind, kann es hier zu einer verzerrten Wahrnehmung der Kompatibilität einer Innovation kommen.

■ **Komplexität:** Komplexität beschreibt das Ausmaß, in dem eine Innovation als einfach oder schwer zu benutzen empfunden wird. Es ist nahe liegend, dass einfach zu bedienende Innovationen eine relativ schnellere Durchdringung und Akzeptanz bei älteren Menschen erfahren.

■ **Testbarkeit:** Die Testbarkeit, das heißt die Möglichkeit, eine Innovation ohne größere finanzielle oder sonstige Konsequenzen vor dem tatsächlichen Konsum auszuprobieren, ist besonders für frühe Adopter von großer Wichtigkeit, um Unsicherheiten über das genaue Leistungsspektrum der Innovation zu verringern. Für spätere Adopter können erfolgreiche Adoptionen von Individuen aus dem persönlichen Netzwerk diese Funktion übernehmen. Da insbesondere ältere Menschen das Risiko einer Fehlinvestition bei neuen Produkten vermeiden wollen, spielt die Testbarkeit eine wichtige Rolle in ihrem Kaufentscheidungsprozess.

■ **Beobachtbarkeit des Nutzens:** Je sichtbarer und wahrnehmbarer der Nutzen einer Innovation für andere Mitglieder der Gesellschaft ist und je leichter dieser Nutzen zu kommunizieren ist, desto schneller erfolgt die Adoption.

Bei allen fünf Entscheidungsparametern ist zu beachten, dass die Wahrnehmung der potentiellen Adopter ausschlaggebend ist und nicht die Intention des Anbieters (vgl. Rogers 2003, Kortmann 1995). Dies umfasst sowohl ökonomische als auch nicht-ökonomische Faktoren. Wenn beispielsweise ein potentieller Adopter ein Produkt als zu komplex empfindet, dann ist es für ihn zu komplex – auch wenn der Verkäufer es als sehr einfach empfindet und darstellt. Das folgende Fallbeispiel illustriert diese Tatsache äußerst trefflich.

Beispiel 3.13: Blutzuckergehaltsmessung – Komplexität als Hinderungsgrund bei der Produktakzeptanz

Vor ein paar Jahren ist in den USA ein Gerät auf den Markt gekommen, welches auf sehr einfache Art und Weise den Blutzuckergehalt messen sollte. Der Hersteller hat damals mit dem Slogan geworben „easy to use as 1, 2, 3". Die Gerontotechnologieexperten Rogers, Mykityshyn, Campbell und Fisk (2001) haben daraufhin untersucht, welche Informationen tatsächlich erforderlich waren, damit der Benutzer jeden einzelnen Schritt bei der Anwendung des Produkts erfolgreich beenden konnte. Darüber hinaus wurde das Feedback des Produkts an den Benutzer untersucht sowie die Möglichkeit von Fehlern bei der unsachgemäßen Anwendung des Produkts. Die Experten kamen zu dem Ergebnis, dass das „Easy-to-use"-Produkt insgesamt 52 verschiedene Unterpunkte umfasste. Darüber hinaus konnten Fehler bei der Anwendung dazu führen, dass die Benutzung des Produkts eingeschränkt wurde, da das Gerät kaum Feedback an den Benutzer vermittelt. Die eingebauten Fehler und Einschränkungen des

Produkts könnten sogar zu ernsten Konsequenzen führen, wenn der Bediener sich auf das Produkt verlässt, und seine medizinischen und gesundheitlichen Entscheidungen basierend auf den Ergebnissen dieses Gerätes fällt.

Ein Hauptgrund, warum ältere Menschen eine neue Technologie oder ein innovatives Produkt nicht annehmen, liegt meistens an den nicht wahrgenommenen Vorteilen des neuen Produkts. Da sich ältere Menschen oftmals in einem Zustand der objektiv ungerechtfertigten Zufriedenheit befinden, sehen sie keinen Bedarf darin, ihre momentane Situation zu verändern und durch ein innovatives Produkt möglicherweise ihre Lebensqualität zu erhöhen. In vielen Fällen empfinden die älteren Menschen, dass die Vorteile einer neuen Technologie nicht durch den Aufwand gerechtfertigt sind, der nötig ist, um die entsprechende Technologie zu verstehen. Zudem sind Risikoüberlegungen oftmals ein weiterer Grund, warum ältere Menschen ein technologisches Produkt ablehnen. Da ältere Menschen nur selten den genauen Nutzen von technologischen Innovationen abschätzen können, führt ein Kauf zu hohen finanziellen Risiken. Durch die Verweigerung eines neuen technologischen Produkts kann dieses Risiko vermieden werden. Brünner (1997) konnte nachweisen, dass die Chance der Benutzung einer Technologie steigt, wenn es gelingt, den älteren Menschen den Nutzen einer Innovation nachvollziehbar darzustellen. Darüber hinaus führt eine bereits existierende Erfahrung mit einer Technologie oder einer ähnlichen Applikation zu einer erhöhten Benutzung durch ältere Menschen. Charness et al. (2001) haben in einer Studie über die Anwendung von Textverarbeitungssoftware durch ältere Menschen nachgewiesen, dass die vorherige Erfahrung mit Softwaretechnologien einen der besten Parameter für die Benutzung von Software durch ältere Menschen darstellt. Ein bestehender Mangel an Erfahrung kann am einfachsten kompensiert werden, indem die Anforderungen an das Produkt gesenkt werden. So bietet beispielsweise die Deutsche Telekom ein Produkt („Doorline") an, mit dem ältere Menschen problemlos die Haustür überwachen können und Leuten, die an der Tür klingeln, Einlass gewähren können oder nicht – alles mit Hilfe ihres herkömmlichen Telefons.

Beispiel 3.14: Deutsche Telekom – Komfort und Mobilität für ältere Menschen

Die Deutsche Telekom erzielte mit ihren vier Konzern-Divisionen T-Com, T-Mobile, T-Online und T-Systems einen Gesamtumsatz von 55,8 Milliarden € im Jahr 2003 und beschäftigt etwa 250.000 Mitarbeiter. Das Produkt Doorline wird von der Konzern-Division T-Com angeboten, welche für das Festnetzgeschäft zuständig ist und einen Umsatz von 29,2 Milliarden € erzielte. Neben Festnetzanschlüssen bietet die T-Com in Deutschland ihren Privat- und Geschäftskunden ein breites Angebot an Produkten und Dienstleistungen an. Diese umfassen den schmal- und breitbandigen Zugang zum Festnetz sowie Telekommunikationseinrichtungen. Das Produkt Doorline fällt in die Sparte Zubehör. Es kann entweder im T-Punkt, über eine Servicenummer oder über das Internet bestellt werden.

Doorline ermöglicht, dass ein herkömmlicher Telefonanschluss im Haus dazu benutzt werden kann, mit der Person zu sprechen, die vor der Tür steht. Wenn an der Tür geklingelt wird, klingelt in der Wohnung das Telefon. Das Gerät kann so eingestellt werden, dass die externe Klingel, welche in der Regel im Hausflur angebracht ist, ebenfalls läutet. Doorline erlaubt nicht nur, über das Telefon mit der Person vor der Tür zu kommunizieren, es kann auch durch das Drücken einer Tastenkombination am Telefon die Haustür geöffnet werden. Das Produkt besteht somit aus mehreren Komponenten. Draußen an der Haustür wird eine Türfreisprecheinrichtung benötigt. Eine Kontrolleinheit stellt die Verbindung zwischen der Telefonanlage im Haus und der Türfreisprecheinrichtung her. Doorline wurde bereits vor zehn Jahren in Zusammenarbeit mit der Firma Telegärtner Elektronik entwickelt. Seit der ursprünglichen Entwicklung wurde das Produkt nur inkrementell optimiert. Die größten Änderungen betrafen das Design der Schale. Doorline ist eine Applikation, welche besonders Menschen mit eingeschränkter Mobilität zugute kommt. Ein typischer Fall für den Einsatz von Doorline ist folgendes Beispiel: Der Postbote klingelt an der Tür, um ein Paket abzugeben. Der ältere Hausbewohner befindet sich gerade im Wohnzimmer und müsste einige Treppen überwinden, um an die Haustür zu gelangen. Da dies einige Zeit in Anspruch nehmen kann, könnte es sein, dass der Postbote davon ausgeht, dass niemand zu Hause ist. Mit Hilfe von Doorline bräuchte der ältere Hausbewohner nur ans Telefon zu gehen und den Postboten zu bitten, einen Moment zu warten. Insbesondere in Verbindung mit einem schnurlosen Telefon, welches man auch mit in den Garten nehmen kann, kann Doorline zu einer echten Hilfe für ältere Menschen werden. So kann die Haustür aus allen Winkeln der Wohnung – und sogar dem Garten – kontrolliert und bequem geöffnet werden. Ein weiterer Vorteil von Doorline ist, dass sich der ältere Mensch nicht an ein neues technisches Gerät gewöhnen muss, da er weiterhin das ihm vertraute Telefon benutzen kann. Er muss sich lediglich die zweistellige Tastenkombination merken, welche die Tür öffnen lässt. Doorline kann die Selbständigkeit in den eigenen vier Wänden verlängern, indem es körperlichen Aufwand reduziert. Die Barrieren, die es zu überwinden gilt, um an die Tür zu gelangen, können einfach und bequem bewältigt werden. Durch die Türfreisprecheinrichtung wird die Sicherheit der älteren Menschen ebenfalls erhöht, denn sie können stets herausfinden, wer sich vor ihrer Wohnungstür befindet – alles, ohne die Bedienung neuer Geräte erlernen zu müssen.

Auch wenn erwartet wird, dass ältere Menschen zunehmend weniger Probleme mit der Akzeptanz neuer Technologien haben werden, wird es wahrscheinlich immer viele ältere Menschen geben, welche technologielastigen Produkten misstrauisch gegenüberstehen werden. Die Skepsis ist jedoch in der Regel nicht gegen die technologische Innovation gerichtet und kann daher selten mit einer fehlenden Akzeptanz der Technologie gleichgesetzt werden (vgl. Mollenkopf 2003). Wenn der ältere Mensch jedoch überzeugt ist, dass die Technologie zu einer Verbesserung seiner Situation beitragen kann, kann diese anfängliche Skepsis überwunden werden. Zudem tragen eine einfache Bedienbarkeit sowie Einführungs-

und Trainingsprogramme zur Nutzung einer neuen Technologie bei. Die Verfügbarkeit einer technologischen Lösung alleine reicht bei älteren Menschen meistens nicht aus; sie benötigen eine entsprechende Ermunterung und die nötige Zeit, um sich an ein innovatives Produkt zu gewöhnen. Daher sollten neue Technologien stets zusammen mit entsprechenden Motivations- und Trainingsprogrammen eingeführt werden. Gemäß der Studie der GfK (2002) ist sogar fast die Hälfte der befragten über 50-Jährigen (45 Prozent) bereit, für die Beratung und Einführung in ein technologielastiges Produkt mehr zu zahlen als den eigentlichen Kaufpreis. Nur 23 Prozent der über 50-Jährigen lehnen es ab, einen Mehrpreis für Beratung und Einführung zu zahlen.

> Fast die **Hälfte** der **über 50**-Jährigen ist bereit,
> für **Beratung** und **Einführung** in ein
> technisches Produkt **mehr** zu zahlen.

Eine zusätzliche Erklärung und Einführung in ein technologielastiges Produkt ist selbst für jüngere Menschen oft notwendig und selbst gut konzipierte und gestaltete Produkte oder Systeme erfordern eine Erläuterung bei der Erstbenutzung durch neue Anwender; als Beispiele seien hier Videorecorder, Digitalkameras oder Computerprogramme genannt. Bei vielen neuen Produkten werden jedoch nicht genügend Einweisungen oder Einführungen angeboten. Handbücher für neue Produkte sind oftmals sprachlich und graphisch schlecht aufbereitet und zu umfangreich. Insbesondere für ältere Menschen sind eventuell spezielle Oberflächengestaltungen nötig, welche dabei helfen, die Interaktion mit dem neuen Produkt oder System zu vereinfachen.

Bei der Einführung neuer Produkte bei älteren Menschen sollte daher als Erstes darauf geachtet werden, dass der Benutzer bereits bei der Konzipierung der einzelnen Abläufe der Bedienung des Produkts mit einbezogen wird. Zu oft wird auf diesen Schritt verzichtet und ein anschließendes Einführungsprogramm kann diese Mängel nur selten auffangen. Verschiedene Studien haben gezeigt, dass angemessene Einführungs- und Trainingskurse im Zusammenhang mit einem vernünftigen Produktdesign zu einem starken Anstieg bei der richtigen Nutzung selbst komplexer Systeme durch ältere Menschen führen (vgl. Mead und Fisk 1998, Rogers et al. 1996). Zudem führt die Kombination von Training und Produktdesign zu einer erhöhten Fähigkeit, die einmal erlernten Methoden zur Benutzung auch zukünftig beizubehalten.

3.3.4 Die Technologie-Assessment-Methode

An der California State University wurde im Jahr 1997 ein Projekt durchgeführt, um eine Methode zu entwickeln, welche die Akzeptanz und Adoption von Technologien durch ältere Menschen erhöhen kann. In mehreren Programmen wurde untersucht, welche Faktoren eine erfolgreiche Adoption begünstigen. Das Ergebnis war eine zehnstufige Methode, welche auch „Fundamental Assessment Process" genannt wird. Die einzelnen Schritte sind wie folgt (vgl. Behnke 2003):

1. Kennenlernen des Kunden;
2. Identifikation der Kundenwünsche;
3. Artikulierung der gewünschten Ergebnisse;
4. Entwicklung und Förderung von betroffenen Personen;
5. Einschätzung der Fähigkeiten;
6. Einführung und Übung mit den Geräten;
7. erneute Artikulierung der gewünschten Ergebnisse;
8. Anschaffung der Geräte;
9. Technologieimplementation;
10. Nachbereitung.

Im ersten Schritt müssen Informationen über den Konsumenten gesammelt werden, wie beispielsweise Erkrankungen, Bildungsstand oder weitere Fähigkeiten, welche einen Einfluss auf die Art und Weise haben könnten, wie – und ob – eine bestimmte Technologie angewendet wird. Im zweiten Schritt können die konkreten Wünsche der Kunden identifiziert werden. Danach muss untersucht werden, ob die möglichen Ergebnisse der Anwendung einer Technologie überhaupt in der Lage sind, diese Bedürfnisse zu befriedigen. Die Einbindung anderer Personen ist sehr wichtig bei der Adoption einer neuen Technologie. Darum sollten im Schritt vier alle Betroffenen – wie beispielsweise Familienmitglieder, Ärzte oder Pfleger – über die Technologie und ihre Anwendung informiert werden. Die konkreten Fähigkeiten des Konsumenten werden im Schritt fünf erfasst. Im Anschluss daran können erste Einführungen in die neuen Geräte unternommen werden und einige Testversuche gemeinsam mit dem Anbieter durchgeführt werden. Erst danach kann eingeschätzt werden, in welchem Ausmaß die Technologie in der Lage sein wird, die Bedürfnisse des Kunden zu befriedigen. Ein erneuter Abgleich mit den gewünschten Ergebnissen des Einsatzes der Technologie sollte ebenfalls stattfinden. Im Schritt acht wird die Technologie gekauft und danach im alltäglichen Gebrauch eingesetzt. Die Wahrscheinlichkeit eines erfolgreichen Einsatzes wurde durch die vorherigen Schritte stark erhöht. Nichtsdestotrotz ist eine weitere Überwachung des Gebrauchs im Rahmen einer ausgiebigen Nachbereitung der Implementation geboten.

Abschließend lässt sich festhalten, dass die Akzeptanz neuer Technologien durch
ältere Menschen generell erhöht werden kann, wenn die folgenden drei grundlegenden Bedingungen erfüllt sind:

- Die ältere Person ist gewillt und überzeugt, die neue Technologie zu benutzen.
- Die Oberflächengestaltung und das Produktdesign ermöglichen die Benut-
  zung durch ältere Menschen.
- Es sind ausreichend Einführungs- und Erklärungsmöglichkeiten vorhanden.

3.3.5 Innovationspolitische Förderung von Gerontotechnologien

„Es wäre kurzsichtig, das Innovationspotential
einer alternden Gesellschaft politisch
nicht zu berücksichtigen."

Prof. Dr. Paul Baltes,
Max-Planck-Institut für
Bildungsforschung, Berlin

Weltweit gibt es verschiedene Programme und Initiativen, welche sich mit der
Förderung von Technologien und Innovationen für ein aktives Altern auseinander setzen. International führend in der Gerontotechnologie sind die USA, in
denen an einer Vielzahl von Universitäten Forschungszentren etabliert wurden,
welche sich im Verbund mit privaten und öffentlichen Partnern der Forschung
zur Gerontotechnologie widmen. Vorreiter ist hier das 2002 gegründete AgeLab
am Massachusetts Institute of Technology (MIT). In der Schweiz kümmert sich
seit Anfang 2004 die Kommission für Technologie und Innovation (KTI/CTI) –
die Förderagentur für Technologie des eidgenössischen Bundesamtes für Berufsbildung und Technologie (BBT) – um die Förderung von Gerontotechnologien.
Eigens dafür wurde die Förderinitiative „ISA – Innovation for Successful Ageing"
ins Leben gerufen.

Die Förderinitiative KTI-ISA: Innovation for Successful Ageing

„Innovation braucht kurze Brücken zwischen
den Laboratorien und dem Markt."

Dr. Johannes Kaufmann,
CEO, KTI/CTI

Die KTI/CTI ist die Förderagentur für Innovation in der Schweiz. Organisatorisch eingebettet in die Tätigkeiten des eidgenössischen Bundesamtes für Berufsbildung und Technologie (BBT) übernimmt die KTI/CTI sämtliche Aktivitäten, welche sich mit der Förderung von Technologie und Innovation be-

schäftigen. „Science to market" heißt ihr Credo. Unternehmen und Hochschulen sollen gemeinsam an der Entwicklung innovativer Projekte arbeiten,
um neues Wissen möglichst rasch aus den Labors in marktfähige Produkte
umzusetzen. Mit diesem Ziel fördert und unterstützt die KTI/CTI innovative
Forschungs- und Entwicklungsprojekte mit hohem Anwendungspotential,
welche sich zeitlich nach der Grundlagenforschung, aber noch vor dem
Markteintritt der entsprechenden Anwendungen befinden.

Anfang 2004 wurde die bisher jüngste Förderinitiative KTI-ISA „Innovation
for Successful Ageing" ins Leben gerufen. KTI-ISA verfolgt zwei Hauptziele:

–   Awarenessbildung und Sensibilisierung der Wirtschaft, Forschung und
    Öffentlichkeit für Innovationen, welche die spezifischen Bedürfnisse älte-
    rer Menschen berücksichtigen.

–   Förderung von Innovation und wirtschaftlichem Wachstum durch die
    Stimulation von innovativen Projekten für aktives Altern.

Die geförderten Projekte können sowohl neue Technologien und Produkte als
auch Dienstleistungen umfassen, welche sich an den Bedürfnissen älterer
Menschen orientieren. Der Einsatz dieser gerontotechnologiebasierten Lösungen ermöglicht es, nicht nur große Wachstumspotentiale zu erschließen.
Da gerontotechnologiebasierte Produkte meritorische Güter darstellen, führen sie langfristig zu positiven Auswirkungen auf unterschiedliche Bereiche in
Wirtschaft und Gesellschaft (siehe Abbildung).

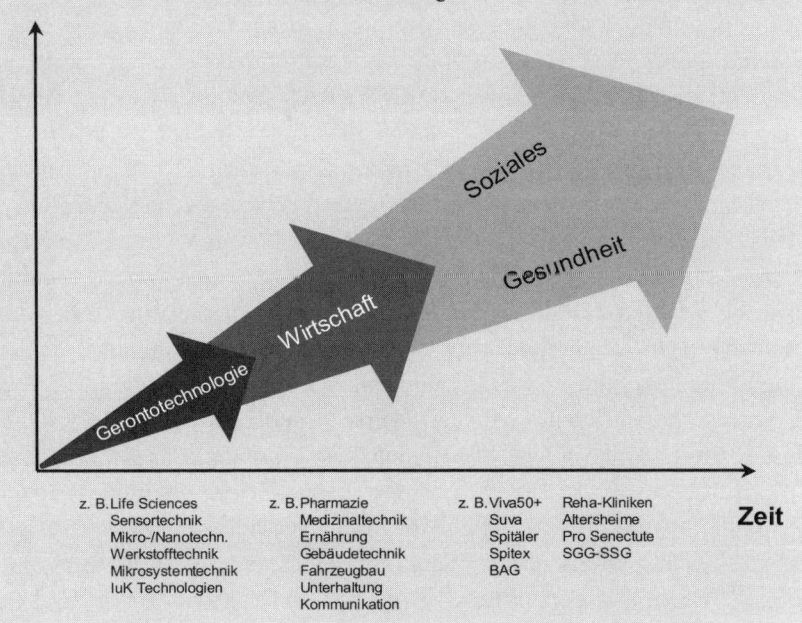

Die Fördermaßnahmen der KTI/CTI haben große Auswirkungen auf die Schweizer Wissenschaft und Wirtschaft. Durch die gemeinsame Finanzierung mit Unternehmen löst 1 sFr. der KTI/CTI in etwa 1,50 sFr. zusätzliche Investitionen der Wirtschaft aus. Seit der Gründung der KTI/CTI im Jahr 1986 wurden über 6.400 Fördergesuche geprüft und etwa 4.000 Projekte unterstützt. Diese Projektunterstützung hat somit insgesamt ein Forschungs- und Entwicklungsvolumen von 2,5 Milliarden sFr. ausgelöst. Über 60 Prozent der Projektkosten wurden von der Wirtschaft finanziert, und die restlichen 40 Prozent kamen von Mitteln des Bundes. An den 4.000 Projekten waren insgesamt mehr als 5.000 Firmen beteiligt – 80 Prozent von ihnen waren kleine und mittelständische Unternehmen. Für die Periode 2004 bis 2007 beträgt das KTI/CTI-Budget 444 Millionen sFr.

Weitere Informationen zur Projektförderung der KTI/CTI finden sich auf folgender Website: http://www.kti-cti.ch.

Neben der neuen Initiative „ISA – Innovation for Successful Ageing" der KTI/CTI gibt es in Europa weitere Programme zur Förderung von Gerontotechnologien. Im Zuge des fünften EU-Rahmenprogramms wurde beispielsweise die Studie „SeniorWatch" in Auftrag gegeben, um empirische Daten zur Nutzung von Informationstechnologien durch ältere Menschen sowie durch Anbieter ambulanter Pflegeleistungen in allen EU-Mitgliedsstaaten zu erheben. Das Projekt wird von einem internationalen Konsortium begleitet. Beteiligt sind neben dem Forschungs- und Beratungsinstitut empirica mit Sitz in Bonn das Work Research Centre in Dublin, das Nationale Finnische Forschungs- und Entwicklungszentrum STAKES in Helsinki, die EURAG (Bund der älteren Generation Europas – Vertretung in Brüssel) sowie die Niederländische Plattform „Ältere Menschen und Europa NPOE" in Utrecht. Das sechste EU-Rahmenprogramm beschäftigt sich mit so genannten Information Society Technologies (IST), welche das Ziel verfolgen sollen, dass alle Bürger in Europa von den Möglichkeiten der neuen Informationstechnologien profitieren können. Eine Unterabteilung der IST beschäftigt sich mit der Thematik „Applications relating to Persons with Special Needs including the Disabled and the Elderly". Der Initiative stehen jährlich 50 Millionen € für Forschung und Entwicklung zur Verfügung. 40 Experten aus Europa treffen sich monatlich in Brüssel, um die Projekte auszuwählen, welche finanziert werden sollen. Die Resonanz ist groß, und nur etwa jedes zehnte Projektgesuch kann tatsächlich gefördert werden. Neben der Förderung durch die EU-Rahmenprogramme gibt es in Europa zusätzlich die EURAG, die älteste und größte europäische Altersorganisation. Sie ist eine parteipolitisch und konfessionell neutrale europäische Organisation ohne Gewinnzweck, welche sich damit beschäftigt, die Interessen der älteren Menschen in Europa zu fördern.

Durch die ihr angeschlossenen Mitgliedsverbände in 33 Ländern vertritt die EU-RAG mehrere Millionen ältere Menschen in ganz Europa.

Auf internationaler Ebene befassen sich viele UNO-Spezialorganisationen mit dem Thema Alter, unter anderem die regionalen Wirtschaftskommissionen ECE, ESCAP, ECLAC, das Entwicklungsprogramm UNDP, der Bevölkerungsfonds UNFPA, die Internationale Arbeitsorganisation ILO, die Internationale Fürsorgevereinigung ISSA, das Büro für Menschliche Siedlungen HABITAT, das Hochkommissariat für Flüchtlinge UNHCR, das Forschungs- und Trainingsinstitut für die Förderung der Frau INSTRAW, der Internationale Währungsfonds IMF, die Ernährungs- und Landwirtschaftsorganisation FAO und die Weltgesundheitsorganisation WHO. Insbesondere die WHO hat auf dem Gebiet der Altersforschung viel Arbeit geleistet und im Jahr 1995 eine Kampagne über das Alter und die Gesundheit lanciert sowie am 7. April 1999 einen Tag unter dem Motto „aktives Altern" durchgeführt. In Zusammenarbeit mit anderen, nationalen Organisationen hat die WHO auch das Geneva International Network on Aging GINA mit Sitz in Genf gegründet, das als weltweite Koordinationsstelle für Altersprogramme agiert. Da die altersbezogene Arbeit der UNO auf viele Unterorganisationen verteilt ist, wurde innerhalb der Abteilung für Sozialpolitik und Entwicklung des UNO-Sekretariats in New York ein spezielles Büro zur Koordinierung der vielen Projekte eingerichtet – das UN Program on Aging. Dieses Büro arbeitet als Kontaktstelle sowohl für die Öffentlichkeit als auch für die verschiedenen Programme für ältere Menschen innerhalb des UNO-Systems. Das Büro untersteht der UNO-Generalversammlung und daher den UNO-Mitgliedsstaaten.

3.4 Fazit: Existierende und neue Technologiepotentiale nutzen

Technologische Erfindungen ermöglichen die Entwicklung neuer Produkte. Aufgrund möglicher körperlicher oder geistiger Einschränkungen haben ältere Menschen jedoch oftmals Schwierigkeiten, sich an neue Technologien zu gewöhnen – auch wenn ihre Bereitschaft dazu vorhanden ist. Zudem haben sie bereits viele Technologiesprünge miterlebt und waren jedes Mal gezwungen, bei einer neuen Innovation etwas Altes zu verlernen, um etwas Neues zu erlernen – ein Prozess, der besonderes in gehobenem Alter schwer fällt. Technologien, welche bei Produkten zum Einsatz kommen, die ein aktives Altern ermöglichen, werden als Gerontotechnologien bezeichnet. Beim Einsatz von Gerontotechnologien sollten die folgenden Aspekte berücksichtigt werden:

- ■ Es können generell alle existierenden Technologien als Gerontotechnologien Verwendung finden. Der Begriff der Gerontotechnologie ist interdisziplinär zu verstehen. Gerontotechnologien mit dem höchsten Anwendungspotential sind Life-Science-Technologien, Mikro- und Nanotechnologien, Informations- und Kommunikationstechnologien sowie die Sensortechnik und Werkstofftechnik. Eine Besonderheit von Gerontotechnologien ist es, dass sie stets die Grundlage für ein innovatives Produkt darstellen und niemals den Zweck.

■ Auf Gerontotechnologien basierende Anwendungen sollen das Ziel verfolgen, den älteren Menschen den Gebrauch von Produkten und Geräten zu ermöglichen, welche ihre spezifischen Bedürfnisse befriedigen können. Dabei können drei verschiedene Gruppen von Applikationen unterschieden werden (kompensatorische, präventive und kompetenzfördernde). Während bei kompensatorischen Applikationen die Wiederherstellung von körperlichen oder geistigen Einbußen im Vordergrund steht, versuchen präventive Applikationen, bereits die Entstehung dieser Einbußen zu unterbinden. Kompetenzfördernde Applikationen gehen noch einen Schritt weiter. Sie distanzieren sich von den defizitorientierten Ansätzen der beiden anderen Anwendungskategorien und stellen bewusst die aktive Förderung der Kompetenzen der älteren Menschen in den Vordergrund.

■ Jede Gerontotechnologieapplikation sollte so gestaltet sein, dass die zugrunde liegende Technik weitestgehend unsichtbar bleibt. Die Anwendungen sollten sozialintegrationsfördernd sein und auf die konkrete Bedürfnisbefriedigung ausgerichtet sein. Ein wesentlicher Grund, warum ältere Menschen ein innovatives Produkt nicht annehmen, liegt darin, dass die Vorteile des Produkts nicht oder nicht richtig wahrgenommen werden.

■ Ältere Menschen sind nicht generell technologiefeindlich. Wenn sinnvolle Lösungen angeboten werden, steht sogar dem Kauf eines High-Tech-Produkts nichts im Wege. Die Akzeptanz von technologischen Produkten kann jedoch stark erhöht werden, wenn der subjektiv wahrgenommene technische Sprung von bekannten Produkten zu den neuen Anwendungen nicht besonders stark ist. Die Fähigkeiten der Benutzer dürfen nicht länger der Funktionalität des Produkts untergeordnet sein.

■ Der Entscheidungsprozess für die Adoption eines technischen Produkts durch ältere Menschen ist komplex. Die Informationsbeschaffung und Meinungsbildung vor dem Kauf sind dabei fast genauso wichtig wie die Bestätigung des neuen Produkts bei seiner Verwendung nach dem Kauf. Die Parameter, welche einen maßgeblichen Einfluss auf die Adoptionsentscheidung haben, sind relativer Nutzen, Kompatibilität, Komplexität, Testbarkeit sowie Beobachtbarkeit des Nutzens. Erklärungen, Einführungen und eine ausführliche Beratung haben ebenfalls einen starken Einfluss auf die Annahme oder Ablehnung eines neuen Produkts.

4 | Unternehmen als Treiber von Innovationen

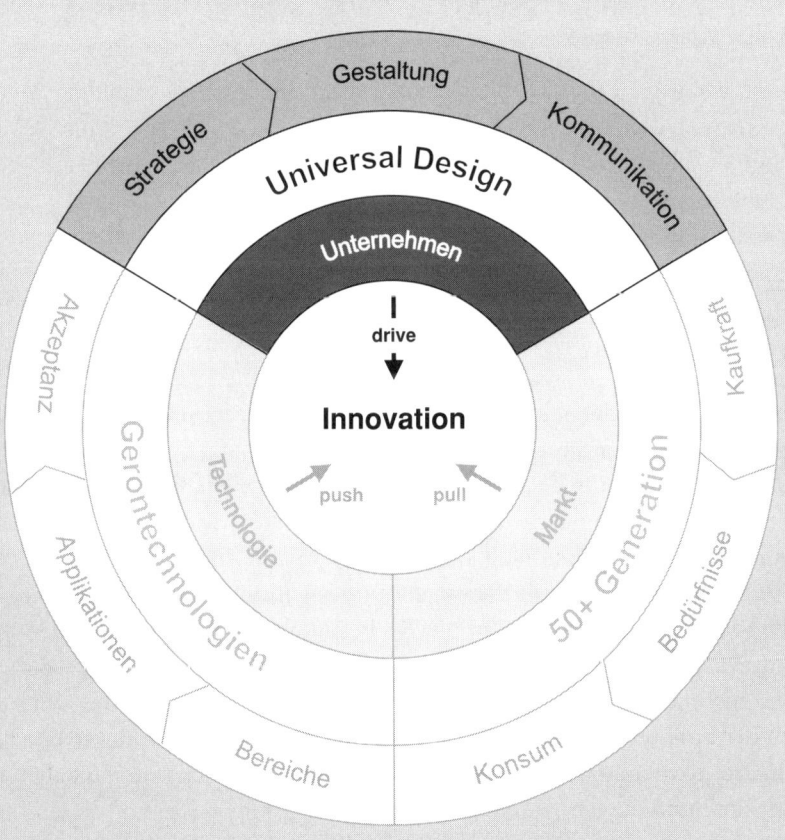

Die Fusion von Markt und Technologie erhöht die Erfolgswahrscheinlichkeit innovativer Produkte. Der geeignetste Ort für die Verschmelzung von Märkten und Technologien sind die Unternehmen. Durch ihren Kontakt mit den Märkten und dem wettbewerblich bedingten Drang zum Einsatz neuester Technologien sind sie die effizientesten und effektivsten Treiber für die Entwicklung erfolgreicher Innovationen. Erfolgreiche neue Produkte, welche sich an den Bedürfnissen älterer Menschen orientieren, beschränken sich jedoch nicht ausschließlich auf den Gebrauch durch ältere Menschen. Der höchste Wirkungsgrad wird erzielt, wenn die neuen Produkte altersunabhängig – das heißt universell – sowohl von älteren als auch von jüngeren Kunden gekauft und verwendet werden. Geschickt konzipierte Produkte sind daher keine Nischenprodukte im Markt für ältere Menschen, sondern adressieren eine weitaus größere Käufergruppe – Menschen in allen Altersgruppen.

Diese neuartige Produktstrategie, welche die universelle Gestaltung innovativer Produkte in den Vordergrund stellt, wird im angelsächsischen Raum seit kurzem unter dem Namen Universal Design verstärkt diskutiert. Universell gestaltete Produkte sind so konzipiert, dass sie von älteren Menschen benutzt werden können, sie sind jedoch gleichzeitig auch attraktiv für jüngere Menschen und halten diese nicht davon ab, die universell gestalteten Produkte ebenfalls zu kaufen und zu verwenden. Zum Beispiel war die Innovation, relativ robuste Koffer mit Rollen anzubieten, ein großer Markterfolg im Sinne des Universal Design. Durch den stark reduzierten physischen Aufwand beim Fortbewegen des Koffers konnten ältere Menschen die neuen Produkte einfach benutzen. Jüngere Menschen haben diese Produktinnovation ebenfalls gerne angenommen, da diese innovativ gestalteten Koffer auch für sie attraktive Produkte darstellten. Eine erfolgreiche Implementierung des Universal Design in die Produktentwicklung umfasst drei verschiedene Ebenen innerhalb des Unternehmens. Zunächst muss die *Strategie* festgelegt werden, wie mit dem Konzept des Universal Design umgegangen werden soll. Soll Universal Design nur bei bestimmten Produktlinien oder -gruppen eingesetzt werden, ganze Geschäftsbereiche umfassen oder sogar die gesamte Unternehmensstrategie prägen? Im Anschluss daran muss sich das Unternehmen mit der konkreten *Gestaltung* der universell konzipierten Produkte beschäftigen. Die Produkte sollten so beschaffen sein, dass sie von Menschen mit altersbedingten Einschränkungen genutzt werden können, ohne dabei auf diese Einschränkungen hinzuweisen. Dabei spielt die Benutzerschnittstelle der zum Einsatz kommenden Gerontotechnologien eine entscheidende Rolle. Sobald diese Produkte ausgereift sind, kann das Unternehmen mit der Vermarktung der Produkte beginnen. Wichtig ist hierbei die *Kommunikation* mit den älteren Menschen. Spezielle Ansätze aus dem Seniorenmarketing müssen berücksichtigt werden.

4.1 Strategie: Universal Design als neues Paradigma

Je mehr technologielastige Produkte angeboten werden, desto öfter stellen sich die Konsumenten – nicht nur ältere – die Frage, welche Funktionen das Produkt ausführen kann beziehungsweise wie diese Produkte überhaupt bedient werden sollen. In den 1980er Jahren brachte Sony zum Beispiel eine für die damalige Zeit sehr kleine 8-mm-Videokamera auf den Markt. Wie bei technischen Geräten üblich, bekam der Käufer gemeinsam mit der Kamera eine Bedienungsanleitung. Alleine der englische Teil der Bedienungsanleitung hatte einen Umfang von 80 Seiten und wog genau ein Drittel des Gewichtes der Kamera inklusive Batterie. Darüber hinaus konnte der Besitzer der Kamera in der Gebrauchsanweisung lesen, dass die Kamera im Sucher 16 verschiedene Anzeigen hatte. Zum Vergleich: Die Anzeige im Visier eines F-16-Kampfjets hat nur 13 (vgl. Belliveau, Griffin und Somermeyer 2002). Obwohl das Gerät für den breiten Unterhaltungselektronikmarkt gedacht war, waren für etliche Kunden diese vielen Anzeigen nicht nur nutzlos, sondern bewirkten genau das Gegenteil. Sie verwirrten den Benutzer und lenkten ihn von der Hauptfunktion des Gerätes ab, dem Filmen.

> **Altersgerecht?**
>
> Eine Kamera hatte **16** verschiedene Anzeigen im Sucher.
> Im Visier eines F-16-Kampfjets gibt es nur **13**.

Das Beispiel von Sony ist kein Einzelfall. Bisher hat es im F&E-Management vieler Unternehmen kaum Initiativen gegeben, das neue und stark wachsende Marktsegment der älteren Menschen bewusst in die Produktplanung und -entwicklung einzubeziehen. Eine Untersuchung der Arizona State University hat herausgefunden, dass von 125 Fortune-500-Unternehmen nur zwölf Firmen auf ihrer Website aktiv die Beachtung der spezifischen Bedürfnisse älterer Menschen in ihrer Produktstrategie erwähnten. Nur zwei dieser Unternehmen waren in der Lage, eine gedruckte Broschüre hierzu zu versenden (vgl. Moore 2003). Darüber hinaus gibt es nur sehr wenige Firmen weltweit, welche mit ihrer Produktpalette ausschließlich die Zielgruppe der Senioren ansprechen, so, wie es beispielsweise für die Bedürfnisse von Kindern mittels Kinderfachgeschäften der Fall ist.

> Von …
>
> **125** Fortune-500-Unternehmen erwähnen nur
>
> **12,** dass sie die spezifischen Bedürfnisse älterer Menschen aktiv berücksichtigen.

Das Konzept, ausschließlich Produkte für Senioren anzubieten, wird jedoch kontrovers diskutiert. Da die meisten älteren Menschen größtenteils noch körperlich fit und vital sind, gibt es viele Senioren, die in erster Linie dort einkaufen wollen, wo auch junge Menschen einkaufen. Sie wollen sich nicht von den „jungen und gesunden" Menschen abgrenzen, indem sie für sie speziell deklarierte Produkte kaufen. Der positive Effekt der Verankerung des Universal Design in der Produktgestaltung – und somit die aktive Einbindung älterer Menschen in das Produktprogramm – ist daher unverkennbar. Insbesondere der Aspekt der Altersunabhängigkeit garantiert, dass die so gestalteten Produkte keine „Seniorenprodukte" sind, aber trotzdem von älteren Menschen akzeptiert werden. Universell gestaltete Produkte sind daher keine Produkte nur für alte Menschen. Sie richten sich an alle Menschen – unabhängig von ihrem Alter. Diese Produkte sind gleichermaßen attraktiv für jüngere und ältere Menschen. Indem Firmen derartige Produkte anbieten, können sie ihren potentiellen Kundenkreis maximieren.

Keine Altersbeschränkung!

In der Literatur finden sich verschiedene Begriffe, welche das Thema der altersunabhängigen Produktgestaltung adressieren. Neben dem Begriff Universal Design werden andere Begriffe verwendet, wie beispielsweise Inclusive Design, Transgenerational Design, Accessible Design, Design for All, Barrier-free Design, Rehabilitation Engineering, Universal Access oder Access For All. Trotz einiger Abweichungen in den Details haben diese Begriffe viele Gemeinsamkeiten. Ihre Botschaft ist stets dieselbe: Produkte, welche von behinderten oder älteren Menschen gut benutzt werden können, sind auch für alle anderen Menschen besser anwendbar. Daher können die oben genannten Begriffe im weiteren Sinne als synonym mit dem Begriff Universal Design betrachtet werden. In diesem Sinne lautet die umfassendste und geeignetste Definition des Begriffs Universal Design wie folgt (vgl. Belliveau, Griffin und Sommermeyer 2002):

> **Universal Design:**
>
> "Universal Design is the design of all products and environments to be usable by people of all ages and abilities, to the greatest extent possible."

Die Ursprünge des Universal Design gehen zurück bis in die Anfänge der 1950er Jahre. Ausgelöst durch die große Anzahl an Verletzten und Veteranen nach Ende des Zweiten Weltkriegs begann die öffentliche Meinung in dieser Zeit, sich langsam für die Belange von Behinderten zu interessieren. Viele Menschen waren entweder direkt von einer Behinderung betroffen oder indirekt über jemanden aus dem persönlichen Umfeld. Zu dieser Zeit wurden die ersten Anstrengungen unternommen, Produkte für Behinderte zu entwickeln. Diese waren jedoch speziell an Behinderte adressiert und auch dementsprechend gekennzeichnet. Ästhetik wie auch Ergonomie waren nebensächlich und die Preise relativ hoch (vgl. Mace 1998). Die öffentliche Unterstützung für körperlich benachteiligte Menschen erfuhr nach Ende des Vietnam-Krieges in den 1970er Jahren einen weiteren Aufschwung in den USA, so dass einige Jahre später verschiedene Gesetze zugunsten von Menschen mit körperlichen Einbußen erlassen wurden.

Das Ziel der Gesetzgebung lag dabei hauptsächlich auf dem Verbot der Diskriminierung von Menschen mit körperlichen Einbußen. 1990 wurde in den USA der „American Disabilities Act" vom Kongress verabschiedet und in Großbritannien trat 1995 der „Disability Discrimination Act" in Kraft. Ein konkreterer Nutzen für körperlich benachteiligte Menschen wurde erst 1998 erkennbar, als in den USA die „Section 508" des „Workforce Investment Act" eingeführt wurde. Diese besagt, dass öffentliche Aufträge nur an Unternehmen vergeben werden dürfen, welche ihre Produkte so gestalten, dass sie auch für Behinderte anwendbar sind. Der Vorteil dieser Gesetzgebungsmethode ist, dass den Unternehmen viele Freiheiten gelassen werden und sie selbst bestimmen können, ob und wie sie dieses Ziel erreichen wollen. Ein Resultat dieser Gesetzgebung ist, dass es heute rund um den Globus verschiedene internationale und regionale Initiativen zum Universal Design gibt. Zudem werden in vielen Ländern regelmäßig Kongresse zu diesem Thema durchgeführt. In unterschiedlichen Ländern Europas ist Universal Design ebenfalls von der Politik aufgegriffen worden. Die Europäische Union hat beispielsweise das Jahr 2003 zum Jahr der Menschen mit Behinderung ausgerufen und in diesem Zusammenhang die Förderung neuer Projekte zum Universal Design lanciert.

Trotz des klaren und eindeutigen Auftrags und Zwecks des Universal Design hat die Industrie jedoch noch kaum Erfahrungen mit den Aufgaben und Kosten, welche mit Universal Design verbunden sind. Insbesondere über die Zahlungsbereitschaft der Kunden für universell gestaltete Produkte sind kaum Informationen vorhanden (vgl. IDCnet 2004). Die Umsetzung des Universal Design in konkrete Produkte erfordert jedoch nicht immer die Entwicklung komplett neuer und speziell auf ältere Menschen zugeschnittener Lösungen. In vielen Fällen reichen kleine Änderungen und Anpassungen, um den Anforderungen älterer Konsumenten gerecht zu werden. Ein gutes Beispiel dafür bietet die Firma Whirlpool Corp. in den USA, welche einen Teil ihrer Haushaltsgeräte mit nur leichten Modifikationen attraktiv für den Markt der älteren Menschen gemacht hat, ohne dabei jüngere Kunden auszuschließen.

Beispiel 4.1: Whirlpool Corp. – Erweiterung des Kundenkreises durch altersunabhängige Produkte

Whirlpool Corp. gehört zu den weltweit führenden Anbietern von Haushaltsgeräten, speziell von Waschmaschinen. Bereits vor einigen Jahren hat das Unternehmen explizit auf die Bedürfnisse älterer Menschen reagiert, da viele Beschwerdebriefe und -anrufe eingingen, dass die von Whirlpool angebotenen Waschmaschinen schwer verständlich und schlecht zu bedienen seien. Whirlpool hat einige Modifikationen an seinen Produkten vorgenommen, wie beispielsweise die Platzierung einer leicht verständlichen Bedienungsanleitung, welche in großen Buchstaben auf die Innenseite der Abdeckung der Waschmaschine geschrieben war. Dieses Beispiel verdeutlicht den Nutzen des Universal Design: Während die älteren Menschen keine Beschwerdebriefe mehr schrieben, kamen ebenfalls keine Beschwerden von jüngeren Benutzern der Waschmaschinen. Die jüngeren Kunden haben zwar vorher ebenfalls keine Beschwerden gehabt, sind aber in ihrer Auffassung des Produktdesigns indifferent gegenüber den Modifikationen. Somit gelang es Whirlpool mit relativ einfachen Mitteln, die Gruppe der insgesamt zufriedenen Kunden stark zu vergrößern.

Da universell gestaltete Produkte die Bedürfnisse aller Benutzer und Konsumenten abdecken – und nicht nur diejenigen der jüngeren oder nur diejenigen der älteren Menschen – versteht sich Universal Design als Standard und nicht als Ausnahme. Universal Design integriert und segmentiert nicht in verschiedene Benutzergruppen wie Behinderte, Normale, Alte und Junge (vgl. Leibrock und Terry 1999). Universal Design vermeidet bewusst, die unterschiedlichen Fähigkeiten der Benutzer und Konsumenten zu betonen. Die Deutsche Gesellschaft für Gerontotechnik (GGT), die Industrieunternehmen bei der Entwicklung von Waren für ältere Menschen berät, vertritt eine ähnliche Meinung zum universellen Produktdesign. Das Motto der GGT lautet: „Wer für die Jugend konstruiert, schließt das Alter aus. Wer für das Alter konstruiert, schließt die Jugend ein."

Das Center for Universal Design an der North Carolina State University in den USA gilt als ein Hauptförderer für die Verbreitung des Universal Design als Produktstandard. Das Center hat im Rahmen seiner Forschungsarbeiten sieben Prinzipien zum Universal Design entwickelt, welche als allgemein gültige Prinzipien in der Produktgestaltung Anerkennung gefunden haben (siehe nächste Seite). Die Prinzipien können als Richtlinien aufgefasst werden, um die Implementierung des Gedankens des Universal Design in der Produktgestaltung gewährleisten zu können. Die Anwendung dieser Prinzipien gewährleistet ein altersunabhängiges und universelles Produktdesign. Eine konsequente Berücksichtigung der Empfehlungen vermeidet die Hauptursachen, warum bestimmte Produkte nicht von älteren Menschen benutzt werden. Produkte, welche allen Anforderungen gerecht werden, erfüllen die Kriterien der universellen Produktgestaltung.

Seit einiger Zeit wird in der Öffentlichkeit über die Vergabe von Zertifikaten für „altersfreundliche" Produkte diskutiert. In Deutschland gibt es verschiedene Organisationen, welche Produkte auf ihre Seniorentauglichkeit prüfen. Dazu gehört die Deutsche Gesellschaft für Gerontotechnik (GGT) oder auch der TÜV Rheinland. Im Jahr 2003 hat beispielsweise der TÜV Rheinland zusammen mit der Deutschen Seniorenliga ein derartiges Zertifikat eingeführt.

Beispiel 4.2: „argus" – Zertifizierung von seniorenfreundlichen Produkten in Deutschland

In Deutschland wird seit Anfang 2003 das argus-Zertifikat für seniorenfreundliche Produkte vergeben. Der TÜV Rheinland und die Deutsche Seniorenliga prüfen die Informationsbeschaffung und Beratung vor dem Kauf eines Produkts auf Klarheit und Wahrheit, testen die Betriebstauglichkeit und bewerten die Handhabung von Reklamationen, Garantieleistungen und Empfehlungen zur Pflege und Wartung. Falls ein Produkt allen Anforderungen genügt, wird es mit dem Prüfsiegel ausgezeichnet. Joachim Dung von der Deutschen Seniorenliga erwartet, dass durch die Einführung des Zertifikats die Lebens- und Konsumqualität der 50-plus-Generation deutlich verbessert wird. Die mit dem Zertifikat prämierten Produkte zeichnen sich vor allem durch eine hohe Bedienerfreundlichkeit aus.

Die sieben Prinzipien des Universal Design

Prinzip 1:   **Breite Nutzbarkeit**
               Das Design ist für Menschen mit unterschiedlichen Fähigkeiten nutzbar und marktfähig.

Prinzip 2:   **Flexibilität in der Benutzung**
               Das Design unterstützt eine breite Palette individueller Vorlieben und Möglichkeiten.

Prinzip 3:   **Einfache und intuitive Benutzung**
               Die Benutzung des Designs ist leicht verständlich, unabhängig von der Erfahrung, dem Wissen, den Sprachfähigkeiten oder der momentanen Konzentration des Nutzers.

Prinzip 4:   **Sensorisch wahrnehmbare Informationen**
               Das Design stellt dem Benutzer notwendige Informationen zur Verfügung, unabhängig von der Umgebungssituation und den sensorischen Fähigkeiten des Benutzers.

Prinzip 5:   **Fehlertoleranz**
               Das Design minimiert Risiken und die negativen Konsequenzen von zufälligen oder unbeabsichtigten Aktionen.

Prinzip 6:   **Geringer physischer Aufwand**
               Das Design kann effizient und komfortabel mit einem Minimum von Ermüdung benutzt werden.

Prinzip 7:   **Größe und Platz für Zugang und Benutzung**
               Angemessene Größe und Platz für den Zugang, die Erreichbarkeit und die Benutzung unabhängig von Größe und Statur des Benutzers, seiner Haltung oder Beweglichkeit sollte vorhanden sein.

4.1.1   Unterschiedliche Universal-Design-Strategien

Heutzutage hat fast jedes Unternehmen die Möglichkeit, sein Produktangebot unter dem Gedanken des Universal Design auszurichten. Es sollte sich vor dem Hintergrund der demographischen Entwicklung auch bewusst mit diesem neuen Paradigma in der Produkt- und Dienstleistungsentwicklung auseinander setzen. Der erste Schritt zur erfolgreichen Implementierung ist dabei die Verankerung des Universal Design bereits in der Produktstrategie. Das Topmanagement muss klarstellen, wie entsprechende strategische Initiativen gestaltet werden sollen und wie das Universal Design im Unternehmen verankert werden soll:

- Bezieht sich die Implementierung des Universal Design auf den gesamten Konzern, auf einzelne Geschäftsbereiche oder auf bestimmte Produktlinien oder -gruppen?
- Welche Ressourcen und Kompetenzen werden benötigt, und wie können die eigenen Kernkompetenzen am besten eingesetzt werden?
- Welche Applikationsfelder mit welchen Marktpotentialen gibt es?

Generell muss eine Universal-Design-Strategie definieren, wie sich das Unternehmen seinen Anspruchsgruppen gegenüber positionieren möchte und welche Leistungen dabei angeboten werden sollen. Dabei können drei Normstrategien für den Umgang mit Universal Design zum Einsatz kommen:

1. **Seniorengerechte Vermarktung existierender Produkte:** Diese Strategie beschäftigt sich lediglich mit der Umgestaltung des bisherigen Marketingkonzepts. Es wird versucht, die bisher ausgeschlossene Gruppe der älteren Menschen gezielt in das Marketing für die bereits existierenden Produkte und Dienstleistungen zu integrieren. Eine Änderung der Produkte oder Dienstleistungen findet dabei nicht statt, es wird nur die Ansprache der potentiell neuen Kunden neu definiert, um somit die älteren Menschen zu dem bisherigen Kundenkreis hinzugewinnen zu können.
2. **Altersgerechte Umgestaltung existierender Produkte:** Diese Strategie umfasst, dass alle bereits existierenden Produkte und Dienstleistungen systematisch analysiert werden, ob sie die Anforderungen des Universal Design erfüllen. Falls einige Produkte diese Kriterien nicht erfüllen, wird versucht, diese entsprechend umzugestalten, so dass sie von den älteren Menschen leichter und angenehmer in Anspruch genommen werden können.
3. **Entwicklung neuer Produkte:** Diese Strategie befasst sich mit der Entwicklung komplett neuer Produkte und Dienstleistungen, welche sich von Anfang an an den Universal-Design-Prinzipien orientieren und diese konsequent befolgen. Ältere Menschen werden bereits in der Entwicklungsphase dieser neuen Produkte eingebunden, um sicherzustellen, dass die Produkte von Beginn an den Kriterien des Universal Design genügen.

Die erste Strategie stellt ein eher geringes Marktrisiko dar. Mit kleinen Änderungen im Marketingprogramm ist ein Markterfolg relativ schnell zu erreichen. Die Auswirkungen auf den Umsatz und Gewinn des Unternehmens werden jedoch als eher gering eingeschätzt. Hingegen benötigt die zweite Strategie einen erhöhten Einsatz an Ressourcen. Es wird jedoch erwartet, dass der höhere Aufwand auch zu einem größeren Umsatz- und Gewinnpotential führt, da neben der altersgerechten Vermarktung auch tatsächlich attraktivere Produkte und Dienstleistungen für die älteren Menschen am Markt angeboten werden (vgl. Bild 4.1).

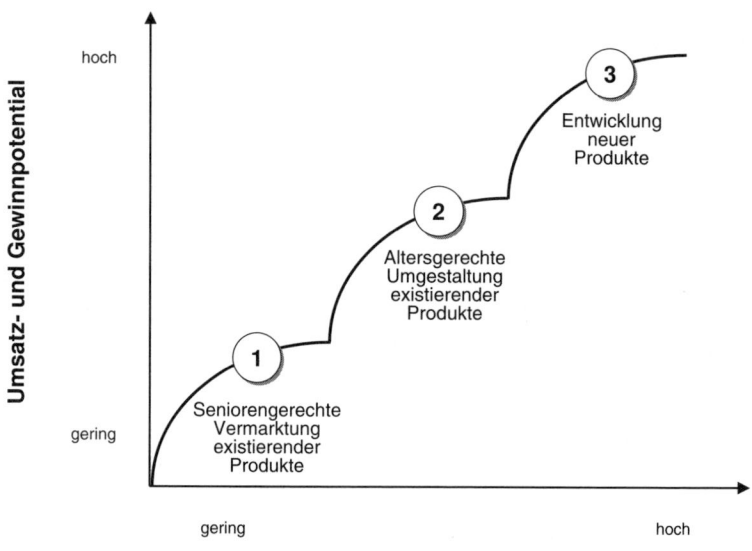

Ressourceneinsatz

Bild 4.1: Universal Design kann auf verschiedene Arten und mit unterschiedlichem Ausmaß in der Unternehmensstrategie verankert werden

Die erhöhte Attraktivität basiert dabei in der Regel auf einer Verbesserung der Oberflächengestaltung der Produkte, dass heißt der Schnittstelle zwischen der Technologie und dem Nutzer. Beispiele wären Telefone mit großen Tasten oder gut auflösenden und kontrastreichen Digitalanzeigen. Neben den beiden ersten Strategien zur Implementierung des Universal Design beschreibt die dritte Strategie die Entwicklung komplett neuer Produkte, welche sich bereits von Anfang an an den Universal-Design-Prinzipien orientieren. Diese Strategie trägt das höchste Entwicklungs- und Marktrisiko von allen Strategien und erfordert gleichzeitig den höchsten Ressourceneinsatz. Aufgrund der relativ längeren Entwicklungszeit hat diese Strategie erst mit einiger Verzögerung einen Einfluss auf Umsatz und Gewinn des Unternehmens. Im Gegenzug sind diese Produkte und Dienstleistungen jedoch aufgrund der Einbindung älterer Menschen in den Entwicklungsprozess am besten geeignet, die Bedürfnisse dieser Kunden zu befriedigen. Es ist bei allen Strategien zu berücksichtigen, dass sie sich gegenseitig nicht ausschließen müssen. Sie können vielmehr parallel angewendet werden und ermöglichen somit die Implementierung eines ausgewogenen Einsatzes des Universal Design.

Die unterschiedlichen Strategien lassen sich in fast allen Branchen anwenden – von High-Tech-Produkten bis hin zu Artikeln aus dem Konsumgüterbereich. So hat beispielsweise das Bekleidungsunternehmen Betty Barclay sein Produktangebot auf ältere Kundinnen ausgeweitet und verbucht seitdem große Erfolge. Während sämtliche Textil- und Bekleidungsunternehmen in Deutschland seit mehreren Jahren Umsatz- und Gewinnrückgänge zu verbuchen haben, konnte Betty Barclay diesem Trend trotzen und ein Umsatzwachstum von 1,6 Prozent im Jahr 2003 vorweisen. Die typische Betty-Barclay-Kundin ist nach Unternehmensangaben 39 Jahre und älter (vgl. FAZ 2004a).

> Es gibt verschiedene Strategien, um Universal Design im Unternehmen zu verankern. Welche Strategie am besten geeignet ist, kommt auf das bestehende Produktangebot und die Positionierung des Unternehmens an. Der Ressourceneinsatz für Universal-Design-Initiativen muss situativ abgeschätzt werden. Mit einfachen Mitteln lassen sich bereits große Erfolge verbuchen.

Ein weiteres Beispiel eines Unternehmens, welches bereits vor einigen Jahren seine Unternehmensstrategie radikal geändert hat und heute Produkte anbietet, welche hauptsächlich – aber nicht ausschließlich – von älteren Menschen nachgefragt werden, ist die Firma Synthes-Stratec.

Beispiel 4.3: Synthes-Stratec – Neuer Fokus eröffnet neue Marktchancen

Synthes-Stratec ist seit vielen Jahren erfolgreich im Markt für Prothesen positioniert. Das Unternehmen war jedoch nicht immer in diesem Bereich tätig. Ursprünglich war das Unternehmen Produzent von qualitativ hochwertigen Uhren. Eines Tages experimentierten einige Ingenieure von Synthes-Stratec mit neuen Materialien, um nicht-magnetische, schlag- und korrosionssichere Legierungen zu erhalten, welche noch heute in den bekannten Marken wie Rolex und IWC eingesetzt werden. Das Management von Synthes-Stratec erkannte damals, dass die neu entwickelten Legierungen auch in anderen Marktsegmenten mit hohen Wachstumsraten Anwendung finden könnten. Aus diesem Grund hatte das Unternehmen sich entschlossen, eine Kooperation mit der Arbeitsgruppe für Osteosynthesefragen (AO/ASIF) einzugehen. Diese Kooperation stellte den Einstieg des Unternehmens in die Prothetik dar, einem Bereich, der besonders – aber nicht nur – von der älter werdenden Bevölkerung betroffen ist. In den folgenden Jahren hat Synthes-Stratec einen radikalen Wechsel in seiner Unternehmensstrategie vollzogen und sein Leistungsangebot konsequent auf den Bereich Prothetik fokussiert. Heute hat sich das einstige Unternehmen aus der Uhrenindustrie zum Weltmarktführer im Gebiet der Osteosynthese entwickelt und generiert einen Umsatz von mehr als 1,5 Milliarden Sfr. pro Jahr. Mit dieser tief greifenden strategischen Neuausrichtung hat das Unternehmen sehr erfolgreich auf die Herausforderungen des demographischen Wandels reagiert und sich selbst als weltweit tätiges High-Tech-Unternehmen in einem stark wachsenden Markt positioniert.

Ein Haupthindernis bei der erfolgreichen Implementierung einer Universal-Design-Strategie ist die oftmals große Altersdifferenz zwischen den Konsumenten einerseits und den Entwicklern und Vermarktern andererseits. Es kann vorkommen, dass 35-jährige Entwickler Produkte für 65-jährige Konsumenten entwickeln, ohne dass sie sich Gedanken über die körperlichen oder geistigen Fähigkeiten der Konsumenten machen.

> Wenn ein **35-jähriger** Entwickler ein Produkt für einen **65-jährigen** Konsumenten entwickelt, kann es vorkommen, dass er sich (ohne böswillige Absicht) **keine Gedanken** über die **Fähigkeiten** seines Kunden macht.

Es wird daher erwartet, dass eine aktive Einbindung der älteren Menschen in den Entwicklungsprozess dieses Problem beheben kann. Partizipative Produktgestaltung gilt dabei als eine vielversprechende Möglichkeit. Ältere Menschen können einerseits kundenseitig in den Innovationsprozess integriert werden. Dies geschieht in der Regel durch spezielle Lead User Workshops, Tiefeninterviews, Fokusgruppen, Beobachtungen oder Befragungen, welche speziell mit älteren Menschen durchgeführt werden. Andererseits können ältere Menschen produktseitig in den Innovationsprozess integriert werden. Das bedeutet, dass ältere Menschen auf der Seite des anbietenden Unternehmens stehen und als Entwickler agieren. Der Anteil der älteren Menschen an der Erwerbsbevölkerung wird nämlich ebenso steigen wie ihr Anteil an der Konsumbevölkerung. Denkbar wäre daher auch eine engere und dauerhaftere Bindung zwischen Herstellern und Konsumenten. Ältere Konsumenten werden als externe Experten direkt in den unternehmensinternen Entwicklungsprozess integriert. Die Grenze zwischen dem Unternehmen und ihren älteren Konsumenten wird bewusst aufgeweicht. Entsprechende Motivationskonzepte müssten produkt-, unternehmens- oder branchenspezifisch erarbeitet werden, um es für die älteren Menschen attraktiv zu machen, sich in dieser Form an das Unternehmen binden zu wollen. Externe Expertisen von Beratungs-, Marketing- und Designagenturen können dabei behilflich sein, sich dem Markt für ältere Menschen erfolgreich zu nähern.

Jede Universal-Design-Strategie sollte berücksichtigen, dass ältere Kunden sowohl eine intensive und kompetente Beratung beim Einkauf als auch einen schnell agierenden Kundendienst im Nachverkaufsbereich erwarten, falls Probleme mit einem Produkt auftreten (vgl. DB Research 2003). Eine fachkundige Beratung ist somit ein entscheidender Schlüssel, um ältere Konsumenten langfristig als Kunden an das Unternehmen zu binden. Es ist nicht damit getan, altersgerechte Produkte anzubieten, die Anwendung dieser Produkte beim Kunden muss zusätzlich überwacht und unterstützt werden und ist maßgeblich für den Produkterfolg verantwortlich. Insbesondere im Aftersales-Bereich lassen sich schnell große Erfolge verbuchen. Ein einfacher Telefonanruf beim älteren Kunden mit der Frage, ob das Produkt seinen Erwartungen entspricht oder ob es bei der Bedienung Probleme gibt, erhöht sehr schnell die Kundenzufriedenheit und bindet den Kunden an das Unternehmen (vgl. Haimann 2005). Auch wenn die Beratung Zeit kostet, ist sie für den Kauf eines Produkts durch einen älteren Kunden oft unabdingbar.

4.1.2 Wie Universal-Design-Initiativen im Unternehmen entstehen

In den folgenden zwei Beispielen wird beschrieben, wie zwei erfolgreiche Technologieunternehmen (Microsoft und Nokia) auf die Herausforderungen des demographischen Wandels reagiert haben und Universal Design in ihre Unternehmensaktivitäten eingegliedert haben.

Beispiel 4.4: Microsoft – Accessibility for all

Mit einem Umsatz von 36,8 Milliarden US$ und einem Gewinn von fast 8,2 Milliarden US$ im Geschäftsjahr 2004 ist Microsoft das größte Softwareunternehmen der Welt. Microsoft hat sich bereits vor einigen Jahren bewusst damit auseinander gesetzt, dass in Zukunft immer mehr ältere Menschen einen Computer und die dazugehörenden Softwareprodukte bedienen werden – egal, ob privat oder geschäftlich. Daher hält Microsoft es für besonders wichtig, Softwarelösungen am Markt anzubieten, welche ausdrücklich den Anforderungen älterer Menschen gerecht werden. Der Gedanke des Universal Design in der Softwareentwicklung wurde bei Microsoft erstmals 1988 aufgegriffen. Damals wurde Greg Lowney, zu der Zeit Senior Program Manager für Windows, von Mitarbeitern des Trace Research and Development Center der Universität von Wisconsin-Madison kontaktiert. Das Trace Center wollte herausfinden, wie die Zugänglichkeit und Bedienbarkeit (Accessibility) von Windows verbessert werden könnte. Microsoft hatte zu diesem Zeitpunkt noch keine Erfahrung im Bereich des Universal Design. Greg Lowney war jedoch der Meinung, dass es sich um ein interessantes Projekt handeln könnte und willigte in die Zusammenarbeit ein. Microsoft leistete technischen Support und unterstützte das Projektteam. Aus dieser Zusammenarbeit entstanden konkrete Anpassungen für das Betriebssystem Windows (vgl. Lowney 2000). Das so genannte „Access Utility for Windows 2.0" ermöglichte Blinden, Schwerhörigen und körperlich Behinderten, die Verwendung von Maus und Tastatur entsprechend ihren Fähigkeiten anzupassen. Dabei wurden akustische Computersignale durch Textmeldungen auf dem Bildschirm ersetzt, und spezielle Eingabegeräte konnten an den Serial Port angeschlossen werden (vgl. Schroeder 2000).

Microsoft verwendet heute den Begriff „Accessible Technology", welcher alle Technologien beschreibt, die flexibel auf die sensorischen, motorischen und kognitiven Fähigkeiten der Benutzer angepasst werden können. Gemeint sind damit nicht Sonderlösungen für Behinderte, sondern Bestandteile, welche in jedes beliebige Programm oder Betriebssystem integriert werden können. Anfangs der 1990er Jahre gewann das Thema Accessibility immer mehr an Bedeutung, und Microsoft kündigte ein verstärktes Engagement in diesem Bereich an. In der Folge wurde Greg Lowney offiziell zum verantwortlichen Manager für Accessibility berufen. Zum Zeitpunkt der Markteinführung von Windows 95 gab es kein anderes Betriebssystem, welches mehr Accessibility-Elemente umfasste. Im selben Jahr wurde noch mit der Entwicklung des so genannten „Microsoft Active Accessibility"-Programms begonnen. Im Herbst 1997 brachte Microsoft jedoch den Internet Explorer 4.0 auf den Markt, welcher unter Behinderten große Konsternation auslöste. Durch die Veränderung von Teilen des Programmcodes konnten einige Lösungen von Drittherstellern plötzlich nicht mehr auf bestimmte Programme zugreifen. So funktionierten beispielsweise die Screenreader nicht mehr, welche Blinden den Bildschirminhalt vorlesen. Da der Internet Explorer faktisch zum Standard im Browsermarkt wurde und sich die Alternative von Netscape nie um die Belange der Behinderten kümmerte, schien es, als ob alle Fortschritte im universellen Produktdesign der vergangenen Jahre mit einem Schlag rückgängig gemacht worden wären. Unter großem Druck musste Microsoft den Internet Explorer überarbeiten und nach 30 Tagen wurde die verbesserte Version 4.01 veröffentlicht. Ein echter Fortschritt war jedoch erst die Version 5.0, die ein Jahr später erschien (Schroeder 2000).

In der Folge startete Microsoft verschiedene Initiativen zum Thema Universal Design. Im Februar 1998 führte das Unternehmen den Microsoft Accessibility Day durch, wo Mitarbeiter, Experten, Regierungs- und Behindertenvertreter zu einem Kongress am Firmenhauptsitz eingeladen wurden. Die Organisatoren hatten sich zum Ziel gesetzt, insbesondere die Mitarbeiter darauf zu sensibilisieren, dass Accessibility ein fundamentaler Bestandteil des Softwaredesigns sein muss. Bill Gates persönlich hielt an diesem Tag eine Rede, in der er ankündigte, dass Microsoft sich in Zukunft noch stärker um die Bedürfnisse der Behinderten sowie körperlich und geistig benachteiligten Menschen kümmern werde (vgl. Microsoft 1998). Neben dem Bekenntnis zur Accessibility gab er die Gründung einer eigenen Abteilung – der „Accessibility and Disability Group" – bekannt. Diese Gruppe arbeitet eng mit den betroffenen Nutzern zusammen, kennt deren Bedürfnisse und weiß, wie die Nutzer mit den Produkten täglich arbeiten. Um barrierefreie Technologien in die Technologieplanung des Unternehmens integrieren zu können, verwendet Microsoft ein fünfstufiges Vorgehensmodell:

- Definition der Technologiestrategie bezüglich des Themas „Accessibility";
- Identifikation der Anforderungen;
- Entwicklung und Akquisition der notwendigen Technologien;
- Implementierung der Technologie und Schulung der Benutzer;
- Wartung der Technologie und kontinuierliches Lernen.

Die Organisationsstruktur der Accessibility and Disability Group folgt einem hybriden Ansatz. Zum einen besteht mit der Accessibility Technology Group eine zentrale Stabsstelle innerhalb des Unternehmens, zum anderen sind Leute in spezifischen Business Groups in die Accessibility-Arbeit eingebunden (vgl. Gates 1998). Die Aufgabe der Accessibility Technology Group ist es, die Führungsrolle des Unternehmens in diesem Gebiet voranzutreiben. Neue Accessibility-Initiativen werden von dieser Gruppe lanciert, und sie überwacht die laufenden Arbeiten an den verschiedenen Projekten. Des Weiteren ist sie dafür zuständig, den Kontakt zu Behindertenverbänden, Partnern und Regierungsorganisationen zu pflegen. Innerhalb von Microsoft bildet diese Gruppe somit einen Expertenpool, der für alle Fragen zu Accessibility zuständig ist und bei Bedarf allen Mitarbeitern notwendige Hilfsmittel zum Thema Accessibility zur Verfügung stellt. Diese zentrale Einheit erlaubt Microsoft, die einzelnen Produktteams optimal mit relevanten Informationen zu versorgen und den Blick frühzeitig auf vermeidbare Barrieren zu richten. In der Accessibility Technology Group sind heute über 40 Mitarbeiter beschäftigt. Die eine Hälfte der Mitarbeiter arbeitet an der Entwicklung barrierefreier Technologien, die andere Hälfte beschäftigt sich damit, existierende Microsoft-Technologien diesbezüglich entsprechend zu verbessern. Die Accessibility Technology Group erarbeitet detaillierte Standarddokumentationen, welche es ermöglichen, konkrete Aussagen über den Grad der Erfüllung eines barrierefreien Produktparameters zu machen. Von Microsoft werden diese Dokumente „Voluntary Product Accessibility Template" (VPAT) genannt. Die VPATs enthalten Aussagen zu verschiedensten Bestandteilen der Programme und ermöglichen jedem, der an der Produktentwicklung arbeitet, einfach und schnell auf diese Informationen zugreifen zu können. Somit erfährt jeder Entwickler, welchen Kriterien das Softwareprodukt genügen muss. Ein Kriterium kann beispielsweise sein, dass verschiedene Applikationen benutzerdefinierte Änderungen, wie Kontrast-, Farb- oder andere Displayeinstellungen, nicht überschreiben dürfen. Generell liegt bei der Entwicklung der Accessible Technologies eine große Bedeutung auf der Definition von Schnittstellen zu anderen Applikationen, denn eine Großzahl der eigentlichen Programme und Hilfsmitteln wird von Drittanbietern hergestellt. Da die korrekte Einbindung dieser Applikationen in die Produkte von Microsoft eine zentrale Rolle einnimmt, hat Microsoft zwei verschiedene Programme initiiert, um die Kompatibilität zu erhöhen. Zum einen gibt es bei Microsoft das „Microsoft Assistive Technology Vendor Program" (MATvp) und zum anderen das „Designed for Windows – Optimized for Accessibility"-Programm. Während das letztere Programm den Beteiligten eine umfangreiche Anleitung bietet und konkrete Kriterien für die Produktgestaltung festlegt, legt das MATvp nur einen relativ groben Rahmen für die Zusammenarbeit fest. So ist es den MATvp-Mitgliedern beispielsweise möglich, an gemeinsamen Entwicklungsprogrammen und Marketingmaßnahmen teilzunehmen.

Beispiel 4.5: Nokia – Altersunabhängiges Produktdesign

Nokia ist ein weltweit führender Anbieter von Mobiltelefonen und erzielte im Geschäftsjahr 2004 einen Umsatz von über 29,2 Milliarden € sowie einen Gewinn von etwa 4,3 Milliarden €. Das Thema Universal Design wurde bei Nokia erstmals relevant, als im Jahr 1996 in den USA ein Gesetz in Kraft getreten ist (Telecommunication Act, Section 255), welches alle Mobiltelefonhersteller dazu verpflichtet, die Verwendbarkeit ihrer Geräte für alle Bevölkerungsgruppen sicherzustellen und Barrieren bei der Benutzung zu eliminieren. Im Rahmen des Gesetzes wurden verschiedene Quoten festgelegt, die von allen Anbietern erreicht werden müssen (vgl. Saloma et al. 2001). Der Leitgedanke dieses Gesetzes war auch hier die Erhöhung der Zugänglichkeit und Verwendbarkeit von Mobiltelefonen – das heißt der Accessibility. In der Mobiltelefonbranche wird Accessibility als ein sehr umfassendes Konzept verstanden. Neben Applikationen speziell für behinderte Menschen gibt es auch innovative Applikationen, welche altersunabhängig und universell eingesetzt werden können, wie beispielsweise der Vibrationsalarm oder blinkende LEDs. Diese Applikationen sind nicht nur für hörbehinderte Menschen hilfreich, sondern sie sind allen Menschen behilflich, etwa wenn man in einem Konzert sitzt oder sich in einer lauten Umgebung aufhält. Ebenfalls allen Nutzern kommt ein Display mit gut leserlicher Schrift, logischen Symbolen und hohen Kontrasten zugute, genauso wie die Möglichkeit, die Lautstärke während des Telefonats zu ändern.

Nokia reagierte auf das erlassene Gesetz in den USA damit, dass das Unternehmen eine eigene Abteilung in den USA ins Leben rief, welche sich mit dem Thema Barrierefreiheit auseinander setzen sollte. Das „Internal Accessibility Solutions Steering Committee" war organisatorisch als zentrale Einheit im Unternehmen integriert und wurde von David Dzumba geleitet. Das Team um David Dzumba entschloss sich als Erstes, die Mitarbeiter von Nokia für das Thema zu sensibilisieren, und erstellte ein internes Handbuch über die Bedürfnisse des Marktes (vgl. CUD 2004). Des Weiteren war das Team an der Entwicklung des „Nokia Communicator" beteiligt. Der Nokia Communicator war das erste Mobiltelefon, welches speziell von Schwerhörigen getestet wurde und entsprechende Verbesserungen enthielt. Mit dem „Nokia Loop Set", welches die Träger von Hörgeräten beim Telefonieren von Interferenzen befreit, konnte zur selben Zeit ein weiteres neues Produkt entwickelt werden (Dzumba 2001).

Nokia stellt bewusst Mitarbeiter mit Behinderungen ein, um so wertvolles Know-how und Erfahrung ins Haus zu holen. Für alle Mitarbeiter finden dreimal pro Jahr Trainingsmodule statt, welche sich explizit mit dem Thema Design for All auseinander setzen. Zudem hat jeder Mitarbeiter das Handbuch „Meeting the Needs of a Diverse Marketplace" bekommen. Um allen Entwicklungsteams im Unternehmen eine Unterstützung zu bieten, hat Nokia acht Produktanforderungen definiert, welche jedes Produkt erfüllen muss. Eine dieser acht Anforderungen ist Accessibility. Zusätzlich hat Nokia gemeinsam mit Behindertenorganisationen so genannte „Focus Groups" ins Leben gerufen, um die Bedürfnisse von Konsumenten mit körperlichen Einbußen besser verstehen zu können. In den Focus Groups arbeiten Entwickler von Nokia zusammen mit Behinderten an Aufgaben, um herauszufinden, welche Produkteigenschaften von Behinderten am sehnlichsten gewünscht werden. Nach einer ersten Abklärung der technischen Machbarkeit (feasibility studies) unterbreiten die Teams konkrete Vorschläge für zukünftige Lösungen. Zudem werden alle relevanten technischen Neuentwicklungen getestet und in so genannten Focus-Group-Studien überprüft. In diesen Tests wird besonderes Augenmerk auf Funktionalität und Benutzerführung gelegt. In diesen Studien testen behinderte Probanden die Geräte und geben ein detailliertes Feedback über ihre Erfahrung mit dem Produkt. Probanden, welche auf spezielle Hilfsmittel wie Loop Sets oder Ähnliches angewiesen sind, testen jeweils das gesamte System.

Da die besten Funktionen und Accessibility Features nur beschränkten Nutzen haben, wenn nicht entsprechende Bedienungsanleitungen zu Verfügung stehen, hat Nokia sämtliche Handbücher und andere relevante Unterlagen in verschiedenen Formen auf einer eigens eingerichteten Accessibility Website abrufbar gespeichert (http://www. nokiahowto.com). Die Website bietet interaktive Tutorials, welche die Erklärung der Produkte von Nokia vereinfachen soll. Da beispielsweise der Nutzen einer gedruckten Bedienungsanleitung für einen stark sehbehinderten Kunden sehr gering ist, können die individuell einstellbaren Tutorials der Website diesem Kunden bei der Bedienung eines neuen Produkts helfen. Zur erfolgreichen Vermarktung eines Mobiltelefons gehören auch das Verkaufspersonal der Händler und die Netzwerkbetreiber. Die wenigsten Händler und Carrier sind jedoch bereits genügend für das Thema der demographischen Entwicklung sensibilisiert. Nur ein kleiner Teil von ihnen kennt zudem die Accessibility-Funktionen der Mobiltelefone. Nokia versucht hier, mit Informationsbroschüren, Roadshows sowie Allianzen mit Netzwerkbetreibern Einfluss zu nehmen. Auch das Marketing beim Endkunden nimmt eine wichtige Rolle bei der Vermarktung der neuen Produkte ein. Zum einen ist es notwendig, die potentiellen Käufer über die Produkte zu informieren, und zum anderen ist das Wohlwollen der verschiedenen Interessengruppen enorm wichtig. Nokia versucht, mit gezielten Marketingmaßnahmen die Stigmatisierung der Accessibility Features als Hilfsmittel abzubauen, und beabsichtigt, zunehmend behinderte Konsumenten in die Werbung zu integrieren.

Zusammenfassend kann sowohl bei Microsoft als auch bei Nokia festgehalten werden, dass der ursprüngliche Anstoß zur Beschäftigung mit dem Thema Universal Design eng mit der Initiative einzelner Mitarbeitern verbunden ist. Greg Lowney (Microsoft) und David Dzumba (Nokia) waren in ihren jeweiligen Unternehmen Pioniere beim Umgang und der Implementierung des Universal Design. Beide konnten jedoch bei ihren Aktivitäten auch auf die Unterstützung des Topmanagements zählen. Die strategische Dimension des Themas wurde in beiden Fällen zunächst nicht erkannt, und es wurden keine Anstrengungen unternommen, Universal Design im Unternehmen zu institutionalisieren. Erst aufgrund des äußeren Drucks, beispielsweise durch die Gesetzgebung, gab es Anreize für die Unternehmen, auf das Potential zu reagieren. Beide Unternehmen beabsichtigen, das Konzept des Universal Design in ihren Standardprodukten zu integrieren. Spezielle Lösungen sollen so weit wie möglich vermieden werden. Als ein wichtiges Element für den Markterfolg wurde erkannt, dass die Produktdokumentation, Bedienungsanleitungen sowie Tutorials in verschiedenen innovativen Medien eine kritische Rolle für den Erfolg von altersgerecht gestalteten Produkten bedeuten. Heute sind die Universal-Design-Initiativen nicht mehr aus der Unternehmensstrategie wegzudenken.

4.2   Gestaltung: Erfolgreiche Konzeption altersunabhängiger Produkte

Fast alle Produkte schließen irgendeine Konsumentengruppe von ihrer Benutzung unnötigerweise aus, denn Produktdesigner haben gelernt, für einen imaginären durchschnittlichen Kunden zu produzieren, den es in der Praxis kaum gibt. Die Fähigkeiten aller Menschen variieren jedoch stark – nicht nur zwischen Jung und Alt. Eine kürzlich durchgeführte Umfrage über den Einsatz und Gebrauch von Haushaltsgeräten in den USA hat zu folgenden Ergebnissen geführt (vgl. Hancock, Fisk und Rogers 2001): 72 Prozent der befragten Menschen zwischen 18 und 91 Jahren haben angegeben, dass sie Probleme bei der Anwendung von bestimmten Haushaltsprodukten haben. Zu diesen Produkten gehörten Spülmaschinen, Toilettenartikel sowie bestimmte Pflege- und Gesundheitsprodukte wie unter anderem Over-the-counter(OTC)-Medikamente. Die angegebenen Schwierigkeiten bestanden hauptsächlich darin, den Text oder die Symbole auf den Produktverpackungen lesen und verstehen zu können. Darüber hinaus haben viele der Befragten angegeben, dass sie Probleme haben, das Produkt richtig zu bedienen oder sich zu merken, wie es richtig bedient wird. Bei den Ergebnissen der Untersuchung war bemerkenswert, dass es kaum Unterschiede zwischen den verschiedenen Altersgruppen gab. Die angegebenen Probleme traten sowohl bei jüngeren als auch bei älteren Menschen auf.

> 72 Prozent der Menschen zwischen 18 und 91 Jahren
> haben Probleme bei der Anwendung von bestimmten
> Haushaltsprodukten.

Generell gilt jedoch: Wenn ein Produkt von einem Benutzer mehr verlangt, als dieser leisten kann, ist das Produkt für die Behinderung verantwortlich und nicht der Benutzer. Dabei reichen oftmals kleine Anpassungen oder Änderungen, um die Benutzerfreundlichkeit von Produkten für alle Kunden unabhängig von ihrem Alter zu verbessern. Auch wenn alle Altersgruppen von diesen Verbesserungen gleichermaßen profitieren, sind insbesondere die älteren Menschen in besonderem Maße positiv betroffen. Während sich jüngere Menschen unter Umständen mit Problemen bei der Bedienung von Produkten arrangieren können, haben ältere Menschen vielfach nicht die Fähigkeit, sich auf schlecht gestaltete Produkte einzustellen. Die körperlichen und geistigen Fähigkeiten der älteren Menschen spielen bei der Annahme oder Ablehnung aller neuen Produkte eine entscheidende Rolle und bedürfen daher einer näheren Untersuchung.

4.2.1   Fähigkeiten älterer Menschen

Körperliche und geistige Fähigkeiten lassen generell bei allen Menschen mit zunehmendem Alter stark nach. Viele altersbedingte Krankheitserscheinungen führen dazu, dass insbesondere die sensorischen Fähigkeiten stark abnehmen. Dies führt wiederum dazu, dass alle geschwindigkeitsbezogenen Komponenten bei älteren Menschen schwächer werden. Darüber hinaus führen sensorische Probleme teilweise zu massiven Einschränkungen der sozialen Kommunikation. Das Sehvermögen fängt ab etwa Mitte 40 an, nachzulassen. Betroffen sind die Sehschärfe, die Hell- und Dunkel-Anpassung und das Farbensehen. Bei der Sehschärfe ist vor allem der Nahbereich betroffen. Die Hell-Dunkel-Adaption ist erschwert, da das Auge nicht mehr so schnell von hell auf dunkel und umgekehrt umstellen kann. Dies führt dazu, dass ältere Menschen einerseits mehr Licht bei Dunkelheit benötigen, andererseits schnell geblendet werden. Das Farbensehen wird durch die Trübung der Linse verringert. Die Farben Blau, Grün und Violett sind schwer zu unterscheiden. Im Rot- und Gelbbereich treten dagegen weniger Schwierigkeiten auf. Ab Mitte 60 kann es zudem zu Einschränkungen im Gesichtsfeld kommen. Ab dem 75. Lebensjahr erhöht sich das Risiko, an grauem oder grünem Star zu erkranken, signifikant. Beim Hörvermögen tritt eine Verschlechterung bei der Wahrnehmung von hohen Tönen zunehmend ab Mitte 60 ein. Auch fällt die Verarbeitung von mehreren gleichzeitig auftretenden Geräuschen schwerer. Der Tast- und der Geruchssinn werden erst ab einem Alter von Mitte 70 beeinträchtigt. Die physische Kraft lässt ab Mitte 60 langsam nach. Ein 60-Jähriger hat etwa 15 bis 35 Prozent weniger Muskelkraft als ein 20-Jähriger. Zudem kann es zu Versteifungen an den Gelenken kommen. Aufgrund von Beeinträchtigungen des Gleichgewichtssinns kann das Treppensteigen wie auch das Überwinden von längeren Strecken erschwert werden. Da generell von einem Anstieg von chronischen Krankheiten ab Mitte 60 auszugehen ist, wird auch von einer so genannten Multimorbidität im Alter gesprochen (vgl. Kölzer 1995, Meyer-Hentschel und Meyer-Hentschel 1991, Krieb und Reidl 1999).

Neben den physischen Fähigkeiten spielen die geistigen Fähigkeiten älterer Menschen ebenfalls eine wichtige Rolle. Ältere Menschen tendieren dazu, sich zu sehr auf eigenes Wissen und eigene Erfahrungen zu verlassen. Aufgrund ihrer Lebenserfahrung verfügen Senioren über hochspezifische Wissenssysteme. Die erfahrungsbezogene Intelligenz älterer Menschen ist daher generell sehr hoch. Dies führt dazu, dass ältere Menschen ihr Gedächtnis oft fälschlicherweise in einer Art und Weise verwenden, so dass neue Informationen in alte Schemata gepresst werden (vgl. Hess 1990). Das Gedächtnis älterer Menschen ist für neue Informationen daher meistens durch ältere Vorstellungen verzerrt (vgl. Rice und Okun 1994). Somit sinkt im Alter die Fähigkeit, neue Technologien und Funktionsprinzipien zu erkunden und zu verstehen. Dies darf allerdings nicht mit allgemein sinkender Intelligenz verwechselt werden. Lediglich die fluide Intelligenz, welche „für die Bearbeitung neuer und komplexer Problemstellungen benötigt wird" (vgl. Yom, Wilhelm und Beger 2001), meist einfach Auffassungsgabe genannt, sinkt mit dem Alter. Dies erschwert zum Beispiel das Orientieren in einer neuen Umgebung. Die kristallisierte Intelligenz hingegen, die Faktenwissen und im Verlauf des Lebens erworbene Fähigkeiten beinhaltet, nimmt im Alter nur selten ab. Sie kann sogar in fortgeschrittenem Alter das Nachlassen der fluiden Intelligenz teilweise auffangen. Die Allgemeinbildung lässt ebenfalls nach und wird in der Regel durch eine bereichsspezifische Bildung ersetzt. Die häufigsten Beschwerden älterer und betagter Menschen betreffen Gelenkprobleme, Rückenschmerzen, Schlafstörungen sowie allgemeine Schwäche und Müdigkeit. Detaillierte Analysen zeigen, dass das Risiko für starke körperliche Beschwerden erst für die über 85-jährigen Menschen signifikant mit dem Alter korreliert.

4.2.2 Anforderungen an innovative Produkte

Heutzutage existieren viele Produkte, welche zwar attraktiv für Senioren sind, aber aufgrund ihrer Oberflächengestaltung schlecht beziehungsweise schwer anwendbar für die älteren Menschen sind. Zudem sind die Prozesse zur Bedienung vieler technologischer Produkte sehr komplex und folgen einer Logik, welche von älteren Menschen schwer nachvollzogen werden kann. Beispielsweise funktionieren Bedienmenüs bei Mobiltelefonen ähnlich wie die Verzeichnisstruktur bei dem Betriebssystem Windows. Ein Menüpunkt kann aus mehreren Unterpunkten bestehen (vertikale Verzeichnisstruktur) oder parallel zu anderen Menüpunkten existieren (horizontale Verzeichnisstruktur). Da die meisten Mobiltelefonnutzer das Betriebssystem Windows kennen, können sie sich problemlos in den Bedienmenüs der Mobiltelefone zurechtfinden. Ein älterer Mensch, der nicht mit der Logik des Betriebssystems Windows vertraut ist, findet sich oftmals nicht mit diesen Strukturen zurecht.

Ein weiterer wichtiger Punkt bei der Produktgestaltung ist die Fehlertoleranz. Die Bedienung eines Produkts sollte so robust gestaltet sein, dass das Produkt oder System bei kleinen Abweichungen von der idealen Anwendung noch funktionstüchtig ist. Wenn eine fehlerhafte Bedienung zum Absturz des Systems führt, sollte dies nicht länger als ein Fehler des Bedieners, sondern als ein Fehler des Produkts angesehen werden. Nur wenn es als Herausforderung betrachtet wird, ein Produkt so zu gestalten, dass es unter fast allen Bedingungen funktioniert, kann es den Anforderungen der älteren Menschen genügen und hat eine hohe Wahrscheinlichkeit, von ihnen akzeptiert zu werden.

4.2.3   Elemente einer erfolgreichen Produktgestaltung

Eine erfolgreiche Gestaltung eines innovativen Produkts für ältere Menschen hängt immer von dem Verständnis des Nutzers im Kontext seiner Fähigkeiten und Möglichkeiten ab. Nur wenn die Produktgestaltung die Fähigkeiten der Benutzer mit den Anforderungen der Produkte in Einklang bringt, wird eine Innovation tatsächlich konsumiert und verwendet (Bild 4.2).

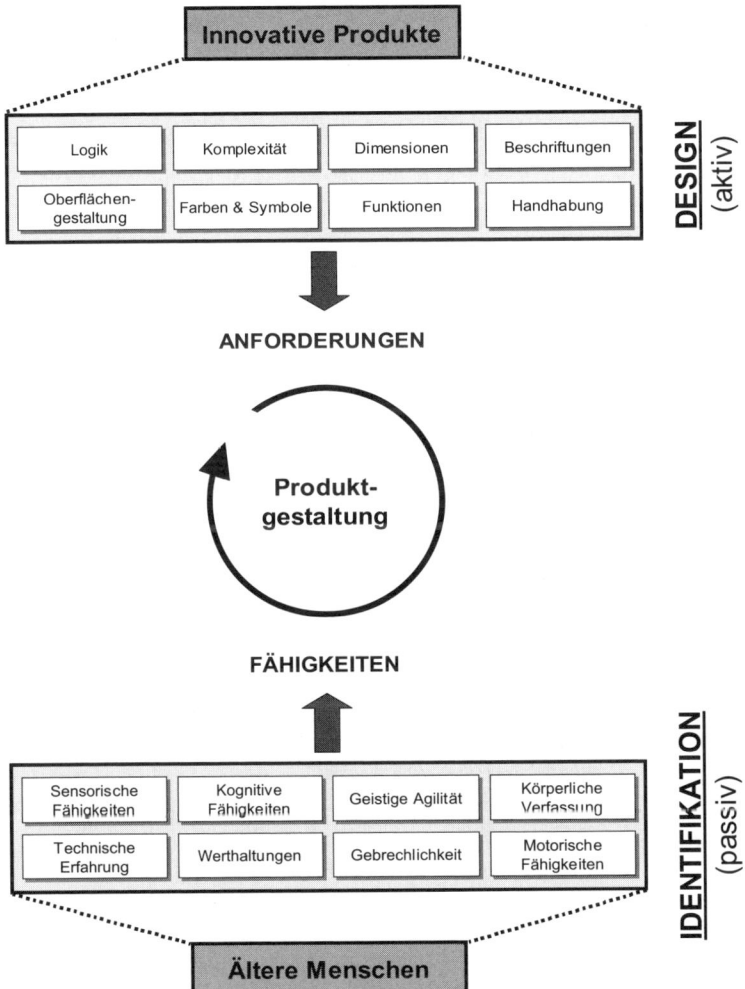

Bild 4.2: Erfolgreiche Produktgestaltung für ältere Menschen passt die Anforderungen der Produkte an die Fähigkeiten der älteren Konsumenten an

Erfolgreiche Produkte vermeiden eine Reihe von Gestaltungsfehlern, welche dazu führen, dass ältere Menschen mit der Anwendung der Produkte überfordert sind. Dazu gehören beispielsweise eine zu hohe Komplexität, zu kleine Dimensionen, zu kleine Aufschriften, zu dunkle Farben, zu viele Symbole, zu wenig (deutscher) Text, zu viele Funktionen sowie eine zu schwere und kraftvolle Handhabung. Nur wenn das Design der innovativen Produkte den Fähigkeiten der älteren Menschen gerecht wird, kann eine Innovation im Markt für ältere Menschen erfolgreich sein. Haimann (2005) formuliert diesen Zusammenhang wie folgt: „Wenn ihm der Gebrauch eines Produkts als zu kompliziert erscheint, lässt der König Kunde mit dem grauen Haar die Ware einfach im Regal liegen."

Bei konsequenter Berücksichtigung dieser Aspekte und einer gleichzeitig nicht auftretenden Beeinträchtigung der jüngeren Käufergruppen erfüllt ein Produkt die Herausforderungen des Universal Design und hat beste Voraussetzungen, als Innovation am Markt erfolgreich zu sein. Die wichtigsten Kriterien der Produktgestaltung, welche für den Erfolg der erstmaligen Anwendung eines Produkts verantwortlich sind, umfassen die in Tabelle 4.1 gezeigten Punkte.

Tabelle 4.1: Kriterien für die erfolgreiche Produktgestaltung für ältere Menschen (Quelle: Haimann 2005)

Aufmerksamkeit und Wahrnehmung	**Beschriftung und Markenlogo**	Die Beschriftung sollte groß genug und graphisch klar sein. Es sollte auf gute Kontraste (schwarz-weiß) und eine ausreichend große Schrift geachtet werden. Ältere Menschen haben Probleme, die entsprechenden Informationen auf den ersten Blick zu lesen.
	Preisauszeichnung	Preisschilder sollten leicht lesbar sein. Schlecht ausgezeichnete Preise können dazu führen, dass ältere Menschen sie nicht entziffern können und dann entweder gar nicht kaufen oder beim Kauf negativ überrascht werden.
	Optische Effekte	Lichtblitze und DVD-Werbung sollten vermieden werden, da sie bei älteren Menschen Kopfschmerzen oder sogar Übelkeit hervorrufen können.
	Musikberieselung	Menschen mit Hörbeeinträchtigungen empfinden leise Hintergrundmusik als stark störend oder sogar irritierend. Daher sollte sie vermieden werden.
	Bedienungsanleitungen	Anleitungen sollten leicht verständlich und einfach geschrieben sein. Insbesondere bei ausländischen Produkten sollte darauf geachtet werden, dass die Übersetzung einwandfrei ist. Elektronische Bedienungsanleitungen können mit vielen Features ausgestattet sein, welche die Verständlichkeit auch für ältere Menschen stark erhöhen. Da ältere Menschen immer mehr Computer benutzen, hat diese neuartige Form der Bedienungsanleitung hohes Potential.
	Tastaturen und Displays	Neben der visuellen Erkennbarkeit der Displays – beispielsweise bei Geld- oder Fahrkartenautomaten – sollte auch die Menüführung einfach sein und sollten die möglichen Wahlalternativen auf ein ausreichendes Minimum reduziert sein, um unnötige Komplexität zu reduzieren.

Tabelle 4.1: (Fortsetzung)

Bedienung und Erreichbarkeit	Produktplatzierung	Alle angebotenen Waren und Produkte sollten in den Geschäften so gut erreichbar platziert sein, dass selbst Rollstuhlfahrer und gehbehinderte Menschen sie einfach erreichen können.
	Mitarbeitersensibilisierung	Die Mitarbeiter in Geschäften sollten darauf sensibilisiert werden, zu erkennen, wann ein älterer Mensch Hilfe benötigt, um dann vorsichtig Hilfe anzubieten. In vielen Fällen melden sich Menschen, welche an körperlichen oder geistigen Einbußen leiden, nicht von selbst, da es ihnen unangenehm ist, auf ihre eigenen Gebrechen hinzuweisen.
	Tastaturen	Schlecht bedienbare Tastaturen – beispielsweise bei Mobiltelefonen, Geldautomaten, Handheld-Computern oder Digitalkameras – könnten durch Spracherkennung und -bedienung erweitert werden. Es gibt Studien, zum Beispiel von der University of Wisconsin in den USA, welche sich damit beschäftigen, wie altersgerecht gestaltete Tastaturen aussehen sollten.
	Fernbedienungen	Die Bedienung vieler Geräte mit Hilfe einer Fernbedienung kann in der Regel auf ein Minimum an Funktionen und Tasten reduziert werden. Im Gegensatz dazu haben heutige Fernbedienungen eine Vielzahl an Tasten, welche auch noch durch schlecht verständliche Abkürzungen gekennzeichnet sind. Eine Reduzierung auf das Nötigste wäre hier sinnvoll.
	Knöpfe und Schalter	Die am meisten eingesetzten Bedienelemente neben Tasten sind Knöpfe und Schalter. Ältere Menschen können am einfachsten Drehknöpfe mit einem herausragenden Steg bedienen. Zusätzlich ist ein Pfeil hilfreich, der auf die ausgewählte Position zeigt. Schieberegler oder Rundknöpfe sollten vermieden werden.
	Logik	Es sollte auf eine bekannte und gewohnte Logik geachtet werden, welche der der älteren Menschen entspricht. Entsprechende Elemente einer benutzerfreundlichen Logik umfassen Farben, Formen und Funktionen.
Sicherheit und Verlässlichkeit	Warnhinweise	Bei eingeschränkter Sehkraft können viele Benutzer beispielsweise nicht mehr erkennen, ob ein Gerät ein- oder ausgeschaltet ist. Bei einigen Geräten kann dies zu Unfällen führen. Akustische oder optische Warnsignale können den Benutzer darauf hinweisen, ein Gerät nach dem Benutzen wieder auszuschalten.
	Notrufe	Um selbst einen Notruf auszusenden, können sich ältere Menschen einen Funkpieper zulegen. Durch einen Knopfdruck können Warnmeldungen an andere Personen abgegeben werden.

Um die Erfolgswahrscheinlichkeit einer Innovation bei der Verwendung durch den älteren Konsumenten zu erhöhen, können verschiedene Methoden während der Produktentwicklung angewendet werden. In der Regel müssen relativ junge Ingenieure, Designer oder Marketingexperten sich mit den Aspekten der altersgerechten Produktgestaltung beschäftigen, ohne dass sie die Lebenswelt der älteren Menschen jemals kennen gelernt haben. Sie kennen zwar die Einstellungen der jüngeren Generationen, haben jedoch mangelnde Kenntnis und Einfühlungsvermögen, wenn es darum geht, die Fähigkeiten und Bedürfnisse der älteren Menschen zu berücksichtigen. Generell gibt es drei Methoden, mit denen diesem Problem begegnet werden kann:

1. **Checklisten für Produkteigenschaften:** Verschiedene Forschungsgruppen haben Gestaltungsrichtlinien entwickelt, deren Beachtung im Entwicklungsprozess seniorenfreundlichere Produkte verspricht. Diese Richtlinienkataloge bieten eine umfangreiche Sammlung wertvoller Gestaltungshinweise. Es muss jedoch berücksichtigt werden, dass konkrete Gestaltungsempfehlungen in den seltensten Fällen generalisiert werden können. Jede Gestaltungsaufgabe stellt in der Regel einen Spezialfall dar.

2. **Defizit-Simulation:** Neben dem theoretischen Erarbeiten von erwünschten Vorgaben bietet sich das praktische „Erfahren" der Bedürfnisse älterer Menschen an. Dies kann beispielsweise durch eine Simulation mit Hilfe des „Age Explorers" der Firma Meyer-Hentschel Management Consulting erreicht werden. Mit Hilfe von Brillen, Kopfhörern, Gewichten und Gelenkversteifungen werden die motorischen und sensorischen Fähigkeiten des „jungen" Ingenieurs und Designers reduziert. So werden die Defizite des Alters für jüngere Menschen erkennbar und erlebbar.

3. **Partizipative Gestaltung"** Bei der Methode der partizipativen Gestaltung werden Senioren direkt in den Produktentwicklungsprozess einbezogen – im Idealfall von der frühen Konzeptphase bis zum letzten Markttest. Sie können dabei zum einen direkt ihre Wünsche und Vorstellungen einbringen, zum anderen lernen die Entwickler die Perspektiven Älterer besser kennen. Firmen können daher bewusst ältere Menschen – welche in Zukunft einen großen Anteil an der erwerbstätigen Bevölkerung ausmachen werden – in den Innovationsabteilungen beschäftigen, um einen ausgewogenen „Altersmix" an Entwicklern zu etablieren. Nur wenn Menschen am Entwicklungsprozess teilnehmen, für die die Produkte tatsächlich entwickelt werden, können ihre Bedürfnisse und Anforderungen effektiv berücksichtigt werden. Eine angemessene Altersmischung aus jungen und älteren Mitarbeitern erlaubt es daher, die Erfahrung und das Wissen älterer Menschen einzubinden und somit aktiv nutzen zu können.

Mit Hilfe dieser Methoden lässt sich die Produktgestaltung im Sinne des Universal Design durchführen. Ein Unternehmen, welches sich seit mehreren Jahren mit dem Thema „Barrierefreiheit" beschäftigt und die Methode der Defizit-Simulation bei der Produktentwicklung eingesetzt hat, ist die Firma Bosch und Siemens Hausgeräte GmbH mit Sitz in München.

Beispiel 4.6: Bosch und Siemens Hausgeräte – Barrierefreie Haushaltsgeräte

Das Unternehmen Bosch und Siemens Hausgeräte (BSH) wurde 1967 als Joint-Venture zwischen der Robert Bosch GmbH und der Siemens AG gegründet. Im Geschäftsjahr 2003 erzielte das Unternehmen einen Umsatz von 6,3 Milliarden €. Die Angebotspalette der BSH umfasst Produkte zum Kochen, Kühlen, Waschen, Trocknen sowie Consumer Products und vernetzungsfähige Hausgeräte. Dank des Einsatzes ihrer weltweit 1.500 Entwickler wurde die BSH vom Wirtschaftsmagazin *Wirtschaftswoche* und A.T. Kearney bereits zum zweiten Mal als „Best Innovator" für ihr überragendes Innovationsmanagement ausgezeichnet. Konzepte eines altersunabhängigen Produktdesigns werden schon seit Jahren in der Produktentwicklung bei BSH berücksichtigt. So ließ die BSH bereits im Jahr 1990 eine Basisstudie zum Thema „Barrierefreie Großgeräte" durchführen. Aus den Ergebnissen der Studie wurden erste Vorgaben für das Design, Marketing und die Produktentwicklung abgeleitet. Bei BSH erkannte man, dass barrierefreie Produkte eine Chance zur Differenzierung darstellten, und das Unternehmen entschied sich für eine intergenerative Produktgestaltung, welche sich an die Auffassung des Universal Design anlehnt. Diese Entscheidung wurde dadurch unterstützt, dass Testinstitute wie beispielsweise die Stiftung Warentest zunehmend so genannte „weiche Faktoren" wie Handhabung und Ergonomie in ihren Studien berücksichtigen. Aufbauend auf den Ergebnissen der Basisstudie startete die BSH Ende 1993 das Projekt „Barrierefreie Hausgeräte". Barrierefreiheit bezieht sich dabei auf die Abwesenheit von Verständnis- und/oder Handhabungsproblemen mit dem Gerät selbst (Bedienung, Funktion und Design) sowie allen begleitenden Aspekten (Verpackung und Information).

Um benutzerfreundliche Produkte zu gestalten, wurden Erkenntnisse der internationalen Gebrauchsforschung und Ökotrophologie einbezogen, um die Bedienlogik, Bedienoberflächen und Benutzerinformationen zu optimieren. Um Rückmeldungen zu erhalten, sollte ein Kundenzufriedenheits- und Beschwerdemanagementsystem eingerichtet werden (vgl. Lohrum 2000). Barrierefreiheit und Benutzerfreundlichkeit sind heute ein integraler Bestandteil der Unternehmenskultur von BSH geworden und sogar im Unternehmensleitbild verankert: „Wir schaffen Produkte, die durch intelligente Technik, größere Leistungsfähigkeit, mehr Komfort und Bedienfreundlichkeit das Leben der Menschen weltweit leichter und angenehmer machen."

Ein Produkt von BSH, welches die hohen Anforderungen einer einfachen Benutzerfreundlichkeit erfüllt, ist die Mikrowelle mit Leicht-Bedien-Konzept. Die große, beleuchtete und kontrastreiche Anzeige erleichtert das Ablesen der eingestellten Garzeit. Zwei Drehknöpfe ermöglichen das schnelle Einstellen und Korrigieren der Zeit sowie der Leistung. Der Stopp-Knopf erlaubt es dem Benutzer, jede Aktion sofort abzubrechen. Die Bedienung ist auf die wichtigsten Funktionen reduziert, welche möglichst leicht zu verstehen sind. Somit ist die Mikrowelle für alle Menschen benutzbar. Diese Produktgestaltung, welche bewusst auf eine altersunabhängige Bedienung Wert legt, hat dazu geführt, dass die Nachfrage nach dieser Mikrowelle gestiegen ist (vgl. Lohrum 2000). Ein wichtiger Schritt, um das Verständnis bei den Entwicklern für die Bedürfnisse älterer Menschen zu erhöhen, war der Einsatz des „Age Explorers" von Meyer-Hentschel Management Consulting. Die Entwickler haben einen speziellen Anzug getragen, welcher bestimmte Einschränkungen im Alter simuliert. Mit Hilfe dieses Anzugs konnten sich die größtenteils jüngeren Entwickler in die Lage der älteren Menschen versetzen. Um das Bewusstsein für die Thematik bei allen Mitarbeitern im Unternehmen zu erhöhen, wurden zudem Artikel in der internen Firmenzeitschrift veröffentlicht (vgl. Lohrum 2000).

Nach der Gestaltung der altersgerechten Innovationen ist die Kommunikation dieser Produkte an die älteren Menschen der nächste Schritt zur erfolgreichen Markteinführung.

Erfolgreiche Produkte für ältere Menschen passen die Gestaltung des Produkts den Fähigkeiten der Konsumenten an – nicht umgekehrt. Vielfach müssen relativ junge Entwickler und Produktmanager entscheiden, welchen Anforderungen ein Produkt für ältere Menschen entsprechen soll. Die Einbindung älterer Menschen in den Innovationsprozess kann dabei behilflich sein, die Wünsche und Vorstellungen der älteren Kunden effektiv zu berücksichtigen.

4.3   Kommunikation: Richtige Ansprache älterer Menschen

Trotz der Größe und Kaufkraft dieser Ziel- und Konsumentengruppe haben etliche Firmen bislang kaum Anstrengungen unternommen, die über 50-Jährigen bei der Produktkommunikation zu berücksichtigen. Viele Unternehmen sind heute noch der Ansicht, dass die älteren Menschen entweder wenig konsumfreudig und sparsam sind oder sich durch die jugendliche Werbung genauso angesprochen fühlen wie jüngere Konsumenten (vgl. Hock und Bader 2001). Unzureichendes Wissen über das Kauf- und Konsumverhalten von älteren Menschen führt zu dieser Fehleinschätzung. Insbesondere die Babyboomer-Generation, die heute zwischen 45 und 65 Jahren alt ist, erfüllt schon längst nicht mehr die bisherigen Vorstellungen von älteren Menschen. Hock und Bader (2001) sehen daher als wesentliche Konsequenzen für das Marketing der Zukunft, dass zunächst die konkreten Bedürfnisse der Zielgruppe – das heißt der 50-plus-Generation – durch anspruchsvolle Marktforschungen ermittelt werden müssen. Im Anschluss daran kann nur ein sensibles und bedürfnisgerechtes Marketing für ältere Menschen den gewünschten Markterfolg bringen. Um dies zu erreichen, ist der Einsatz zielgruppenspezifischer Marketinginstrumente unabdingbar. Seit einiger Zeit wird in diesem Zusammenhang der Begriff „Seniorenmarketing" verwendet.

4.3.1 Seniorenmarketing

Im Seniorenmarketing lassen sich generell zwei grundsätzliche Ansätze unterscheiden: Erstens ein Integrationsmarketing, welches junge und ältere Zielgruppen übergreifend anspricht, in dem die Bedürfnisse der älteren Generation jedoch explizit berücksichtigt werden. Zweitens ein modernes Seniorenmarketing, welches die älteren Menschen zielgruppenspezifisch bedient. Im Sinne des Universal Design sind prinzipiell beide Marketingansätze denkbar. Auch wenn die Produktgestaltung universell, das heißt nicht altersspezifisch vorgenommen wurde, muss das Marketingprogramm nicht ebenfalls zielgruppenübergreifend gestaltet sein. Es kann zum Beispiel mit einem speziellen Seniorenmarketing versucht werden, die Gruppe der älteren Menschen gezielt zu adressieren, um insgesamt den Markt potentieller Kunden differenzierter ansprechen zu können. Ein Produkt, welches den Prinzipien des Universal Design folgt, kann somit mehrere Marketingstrategien besitzen. Die Firma SCA Hygiene Products in Mannheim verfolgt mit einem Produkt erfolgreich zwei Marketingstrategien – für jüngere und ältere Menschen.

Beispiel 4.7: SCA Hygiene Products – Unterschiedliche Marketingstrategien für ein und dasselbe Produkt

Die Firma SCA produziert „Danke"- sowie „Zewa"-Toilettenpapier und -Haushaltsrollen. Seit kurzem umfasst das Produktangebot auch Slips gegen Inkontinenz, die bei einer Blasenschwäche austretenden Urin aufsaugen (vgl. Haimann 2005). Unter diesem Problem leiden nicht nur ältere, sondern auch jüngere Menschen, beispielsweise schwangere Frauen sowie jeder, der sich eine Blasenentzündung zugezogen hat. Folglich wirbt SCA auch mit zwei unterschiedlichen TV-Spots – in einem mit jüngeren und in einem anderen mit älteren Frauen. In beiden Fällen drücken die Darsteller jedoch Lebensfreude aus und stehen aktiv im Leben. Es wird eindeutig klar, dass das Problem Inkontinenz sowohl Alt als auch Jung treffen kann und kein Grund ist, nicht mehr aktiv am Leben teilzunehmen. In dem Spot mit den älteren Frauen werden die positiven Lebensgefühle der älteren Menschen angesprochen und ihnen wird vermittelt, dass sie nicht die einzigen sind, die an diesem Problem leiden, sondern dass auch jüngere Menschen von diesem Thema betroffen sind.

Ein grundsätzlicher Fehler beim Marketing für ältere Menschen ist jedoch, die älteren Menschen als einheitliche Gruppe zu betrachten oder sie pauschal in „junge" und „alte" ältere Menschen einzuteilen. Der Seniorenmarkt ist sehr heterogen und durch einen hohen Individualisierungsgrad gekennzeichnet. 50-Jährige haben ganz andere Bedürfnisse und ein völlig unterschiedliches Kaufverhalten als 75-Jährige. Entsprechend müssen sie auch unterschiedlich angesprochen werden. Genau diese Unterschiede werden jedoch beim Marketing bisher kaum berücksichtigt. Insbesondere von der Babyboomer-Generation wird erwartet, dass sie in Zukunft höchst individualisierte Produkte nachfragen wird. Ältere Menschen werden immer „ungleicher", und der Markt für Senioren wird immer stärker segmentiert. Der Markt für ältere Menschen ist somit kein Markt für Massenprodukte. In der Vergangenheit konnten sich viele Angebote nicht am Markt durchsetzen, welche sich an die Senioren als einheitliche Gruppe gerichtet hatten. So wurden weder eine so genannte „Seniorenzeitung" ein Erfolg noch Seniorensendungen im Fernsehen.

Verschiedene Marktforschungen zeigen, dass ältere Menschen überaus kritische Kunden mit klaren Ziel- und Wunschvorstellungen sind. Sie wollen überzeugt und nicht überredet werden. Senioren werden daher gerne als „smart shopper" bezeichnet. Sie suchen aktiv die beste Qualität zum niedrigsten Preis. Oftmals haben sie auch die entsprechende Zeit, um sich vor einem Kauf umfassend beraten zu lassen, Preise zu vergleichen oder Produktberichte zu studieren. Gleichzeitig sind ältere Generationen äußerst markentreu. Da die Kaufentscheidung jedoch meistens sehr rational und geplant verläuft, kann es auch vorkommen, dass bei Unzufriedenheit mit einer Marke auch einmal etwas Neues ausprobiert wird (Hock und Bader 2001). Die Firma McCann Erickson hat in einer Befragung bei 1.000 Teilnehmern zwischen 16 und 60 Jahren herausgefunden, dass die Experimentierfreude im Alter zwar generell abnimmt, bei einigen Produktbereichen im Alter jedoch ansteigt. Dazu gehören die Bereiche Essen/Kochen, Reisen/Urlaub und Gesundheit/Medikamente (vgl. Bild 4.3). Pauschalisierungen wie: „Im Alter macht man keine Experimente mehr", können daher irreführend sein.

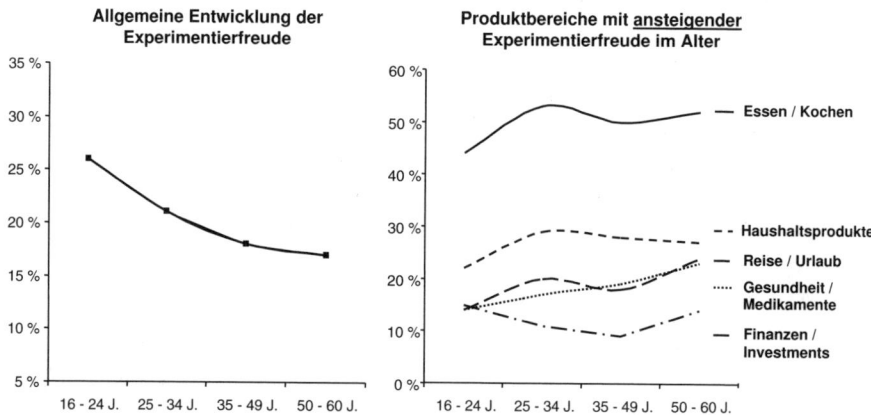

Bild 4.3: Bei einigen Produktbereichen steigt die Experimentierfreudigkeit im Alter an (Quelle: McCann Erickson 2005)

Der Aufbau von Vertrauen und eine individuelle Behandlung der Kunden sind beim Marketing für ältere Menschen sehr wichtig. Daher kann der Seniorenmarkt als ein stark lokales Geschäft charakterisiert werden. Das Marketing für Senioren unterscheidet sich in vielfältiger Hinsicht von dem Marketing für jüngere Leute. Ein erfolgreiches Seniorenmarketing sollte folgende Besonderheiten beachten (vgl. Lewis 1997, Hock und Bader 2001):

- Je älter man wird, desto stärker sträubt man sich gegen Veränderung.
- Es ist leichter, auf das Logische zu verzichten als auf das Traditionelle.
- Das Marketingprogramm sollte den Erfahrungshintergrund des Empfängers ansprechen.
- Wiederherstellung verkauft sich besser als Erhaltung.
- Ein Newcomer, der für Senioren attraktiv sein möchte, sollte den Eindruck der Neuheit vermeiden.
- Unpersönliche Kommunikation wirkt eher kompliziert als persönliche Kommunikation.
- Empfehlungen von Personen, die den Zielpersonen ähnlich sind, sind zu bevorzugen. Aussagen von diesen Personen werden ernster genommen als etwa Aussagen von Prominenten. Es sollten unbedingt Fallbeispiele benutzt werden, unabhängig davon, ob mit Empfehlungen gearbeitet wird oder nicht.
- Widerstand gegen Veränderung und eine konservative Weltanschauung gehen Hand in Hand.
- Das Marketingprogramm sollte den Senioren sagen, was sie hören wollen, und nicht das, was das Unternehmen den älteren Menschen sagen will.
- Wenn Emotion und Intellekt miteinander in Konflikt geraten, siegt immer die Emotion. Das heißt, dass ein emotionales Verkaufsargument mehr Verkaufskraft besitzt als ein intellektuelles Verkaufsargument.
- Die älteren Konsumenten sollten nicht bevormundet werden. Senioren sind davon überzeugt, besondere Vorteile oder bessere Konditionen zu verdienen, aber eine Erinnerung daran empfinden sie als unwillkommenes, bevormundendes Eindringen. Anstelle des „Sie haben es verdient"-Klischees sollten intelligente Rabattsysteme präferiert werden.
- Es sollte Exklusivität vermittelt werden.
- Ängstigungstaktiken sollten strengstens vermieden werden, ausgenommen dort, wo sich diese Ängste auf eine mögliche Minderung bestehender Vorteile beziehen. Solche Taktiken funktionieren immer schlechter, wenn es um den Verkauf von Waren oder Lebensstil geht.
- Das Kaufinteresse nimmt in dem Maße ab, wie die Verwirrung zunimmt.
- Erklärungen müssen auf den Punkt gebracht werden.
- Klarheit bei der Wortwahl sowie im Layout hat eine hohe Priorität. Zu umfangreiches Vokabular und verwirrende Bilder sollten vermieden werden; möglichst kurze und einfache Sätze sollten verwendet werden.
- Es sollte ausreichend Zeit (bei Anzeigen: Platz) genommen werden, um zu erklären, warum die älteren Menschen das Produkt kaufen sollen.

■ Zu legere Texte und zu platter Humor sollten vermieden werden.

■ Integrität und Ehrlichkeit sind hilfreich und nötig, um konkrete Produkteigenschaften glaubhaft zu vermitteln. Werbung muss authentisch wirken.

Viele Marketingagenturen und -berater sind auf den Zug des Seniorenmarketings aufgesprungen. McCann Erickson hat beispielsweise eine Spezialabteilung „Fifty-free" gegründet, um die Kommunikation „demographiefest" zu machen. Die Grey-Gruppe beschäftigt sich schon seit Anfang der 1990er Jahre durch eigene Marktforschung und Learning by Doing mit dem Potential der „Master Consumers". Es gibt sogar eine Senior-Model-Agentur in München, welche mittlerweile zwei weitere Standorte unterhält und in erster Linie Models zwischen 45 und 65 Jahren für Werbeaufträge vermittelt (vgl. Rosbach 2005a).

Einige Unternehmen werben auch bereits mit älteren Menschen in ihren Werbespots. E.ON wirbt beispielsweise mit ausdrucksstarken älteren Menschen, welche eine „energiegeladene" Persönlichkeit verkörpern. Lever Fabergé wirbt mit dem Model Irene Sinclair aus London für die Marke „Dove". Irene ist 96 Jahre alt. Das provoziert, besonders wenn es um Körperpflege geht. Ihre selbstbewusste Ausstrahlung spricht jedoch bei der Kampagne „for real beauty" viele Kunden an (vgl. Rosbach 2005b). Das Motto aller Werbekampagnen lautet generell: Raus aus der Seniorenecke und rein in die Mitte der Gesellschaft. Eine erfolgreiche Marketingstrategie löst Probleme älterer Menschen, ohne dabei seniorenspezifisch zu wirken, geschweige denn die älteren Menschen zu stigmatisieren. Einige Experten im Seniorenmarketing gehen sogar so weit, dass sie selbst den Begriff „Seniorenmarketing" als zu stigmatisierend beschreiben. Der Schweizer Marketingforscher Friedhelm Lammoth wird in diesem Zusammenhang mit folgenden Worten zitiert: „Es gibt kein Seniorenmarketing – es gibt nur ein reifes Marketing für reife Märkte" (vgl. Haimann 2005).

> Ein erfolgreiches Seniorenmarketing spricht die älteren Menschen nie über ihr Alter an. Positive Aspekte des Alters sowie eine realistische Fokussierung auf die Vitalität und Lebensfreude der „neuen Alten" scheinen die beste Methode zu sein, um die wichtigste Kundengruppe der Zukunft für sich zu gewinnen.

Während das Seniorenmarketing in vielen Ländern Europas noch in den Anfängen steckt, ist es in den USA bereits weit entwickelt. Die Marktchancen wurden dort frühzeitig erkannt. Allerdings gelten in der Gesellschaft in den USA andere Wertmaßstäbe über das Altern als in den meisten Ländern Europas. So engagieren sich ältere Menschen viel stärker im öffentlichen Leben (vgl. Hock und Bader 2001). Zusätzlich unterstützt die American Association of Retired Persons (AARP) mit ihren 32,7 Millionen Mitgliedern die Aktivitäten der Senioren in den USA auf breiter Ebene.

4.3.2 Werbung für ältere Menschen

Die Werbung ist ein integraler Bestandteil des Marketings und besonders für die Kommunikation von Produkten von Bedeutung. Eine Studie des Marktforschungsunternehmens ACNielsen (2004) hat herausgefunden, dass nur drei bis fünf Prozent der Mediakosten auf die ältere Generation entfallen. Zudem kann sich diese Generation mit 86 Prozent der Werbemotive nicht identifizieren. Dabei halten ältere Menschen Werbung für eine nützliche und glaubwürdige Informationsquelle. Aufgrund der visuellen und akustischen Erfahrung favorisieren ältere Menschen das Fernsehen als Werbemedium. Um detaillierter Informationen zu beschaffen, greifen sie verstärkt auf Zeitungen zurück, weil hier die Aufnahmegeschwindigkeit individuell gesteuert werden kann. Ein riesiges Marktvolumen wartet daher darauf, mit Hilfe besonderer Werbemaßnahmen speziell angesprochen zu werden.

Eine Untersuchung der GfK (2002) zum Konsumverhalten älterer Menschen in Deutschland kommt zu einem ähnlichen Ergebnis. 55 Prozent der befragten älteren Menschen fühlen sich offenbar nicht oder nur wenig durch die aktuelle Werbung angesprochen, da sie „von Jungen gemacht wird, die keine Ahnung haben, worum es reiferen Menschen geht". Dies bestätigt die Gültigkeit des weit verbreiteten Mythos, dass sich ältere Menschen durch Werbung mit jungen Menschen angesprochen fühlen. Die GfK-Studie ermittelte zwar nicht, ob es in Zukunft attraktiv sein wird, die Werbung auf die Konsumenten über 50 Jahren auszurichten. Es scheint jedoch sicher zu sein, dass die Kaufentscheidung der 50-plus-Generation am „Point of Sale" über die Weiterexistenz vieler Unternehmen entscheiden wird. Entsprechend sind Verbesserungen bei der Ansprache der älteren Menschen durch Werbung eines der dringendsten Anliegen für viele Firmen.

> Die ältere Generation kann sich mit **86 Prozent** der Werbemotive nicht identifizieren. Die Werbung ist „von **Jungen** gemacht, die **keine Ahnung** haben worum es den reiferen Menschen geht".

Die Vernachlässigung älterer Kunden in der Werbung zeigt sich unter anderem in der Wahl der abgebildeten Personen, die als Identifikationsziel eine zentrale Rolle spielen. Eine niederländische Studie ergab, dass von über 1.000 untersuchten TV-Werbespots in lediglich drei Prozent Menschen über 50 Jahren abgebildet wurden (vgl. van Selm, Westerhof und Thissen 1996). Werden tatsächlich Ältere gezeigt, dann selten auf eine Art, welche den Konsumwunsch älterer Kunden verstärken könnte: Entweder sie werden auf zum Teil rüde Weise verspottet (zur Belustigung der jungen Kundschaft), oder aber unvermeidliche Alterserscheinungen werden heruntergespielt im Glauben, auf diese Art den älteren Menschen zu gefallen (vgl. Kubey 1980). Hinzu kommt, dass viele Werbekampagnen die älteren Menschen auch noch als geistig unbeweglich, wenn nicht gar dumm darstellen. Zum Beispiel glaubt in einer Autowerbung der betagte Vater nicht, dass der neue Wagen seines Sohnes ein Diesel ist, da dieser angeblich eine zu starke Beschleunigungskraft habe. Oder bei der Werbung für ein Wasserentkalkungsmittel wird eine ältere Hausfrau als dümmlich portraitiert, weil sie das beworbene Produkt nicht eingesetzt hat. Zur Strafe darf sie im TV-Spot das aus der Waschmaschine ausgelaufene Wasser aufwischen und sich von einem Elektrohandwerker belehren lassen, dass nur das beworbene Mittel die Maschine vor Kalkablagerungen geschützt hätte (vgl. Haimann 2005).

Erfolgreiche Werbung für Senioren unterscheidet sich daher in vielfältiger Hinsicht von der Werbung für jüngere Menschen. Einer der Hauptunterschiede ist, dass Senioren aufgrund ihres Alters bereits relativ viel Konsumerfahrung haben. Auch wenn die Resistenz gegenüber Werbung im Alter aufgrund der langjährigen Konfrontation mit Werbung zunehmen kann, sind ältere Menschen jedoch nicht generell resistent gegen Werbung. Vielmehr hat Werbung, welche auf die Hervorhebung von besonderen Produkteigenschaften abzielt, eine hohe Erfolgswahrscheinlichkeit. „Weil es neu ist", ist hingegen kein Kaufargument für Senioren. Eine gute Werbung umfasst daher „Hirn, Ehrlichkeit und Herz". Übersichten über Erfolgsfaktoren bei der Werbung für ältere Menschen sowie eine Vielzahl von Praxisbeispielen finden sich bei Krieb und Reidl (2001), Meyer-Hentschel (2000) oder Lewis (1997).

Ein weiterer Aspekt, der bei der Werbung für ältere Menschen berücksichtigt werden muss, ist, dass sich ältere Menschen selbst anders wahrnehmen, als sie tatsächlich sind. So unterschätzen ältere Menschen ihr eigenes Alter oftmals drastisch und fühlen sich durchschnittlich bis zu 15 Jahre jünger, als sie tatsächlich sind. Daher werden Produkte, welche im Titel den Namen „Senior" tragen oder mit der Konnotation „für Senioren" behaftet sind, schlechter akzeptiert als „normale" Produkte, die jedoch altersgerecht konzipiert wurden. Im Seniorenmarketing gilt daher das folgende Motto: Die 40-Jährigen ansprechen, damit die 60-Jährigen kaufen. Ein gutes Beispiel für eine positive Ansprache von älteren Menschen ist die Pflegeserie „Nivea Vital" von Beiersdorf.

Beispiel 4.8: Nivea Vital – Richtige Ansprache der Zielgruppe

Bereits im Jahr 1994 hat der Hamburger Konzern Beiersdorf die Pflegeserie Nivea Vital zuerst in der Schweiz und dann in Deutschland auf den Markt gebracht. Nivea Vital ist als Pflegeserie speziell für ältere Frauen positioniert und wird durch ein 52-jähriges Model mit grauen Haaren beworben. Trotz starker Kritik der Konkurrenz und anderer Werbeagenturen wurde die Kampagne ein großer Erfolg. Anstatt das Alter zu betonen, setzten Produkt und Werbung gezielt auf eine positive Produktpositionierung.

Die Vitalität steht bewusst im Vordergrund, was bereits aus der Namensgebung hervorgeht. Das Motiv der Werbung ist sehr realitätsnah gehalten und zeigt eine lächelnde Frau, die Lebensfreude ausdrückt. Im Jahr 2000 hat sich die Marke Nivea Vital fest im Markt etabliert und ist seit 2004 die Nummer drei auf dem deutschen Markt für Hautprodukte – einem Markt mit einem Volumen von insgesamt 750 Millionen € (vgl. Haimann 2005).

> Ältere Menschen fühlen sich bis zu
> **15 Jahre jünger,** als sie tatsächlich sind.
>
> **Das Motto lautet daher:**
> Die **40-Jährigen** ansprechen,
> damit die **60-Jährigen** kaufen.

Neben der Konnotation „für Senioren" gibt es bei älteren Menschen generell erheblichen Widerstand gegenüber Produkten, welche in irgendeiner Form auf eine Behinderung deuten. Dadurch müssten sich ältere Menschen ihre körperlichen Einbußen eingestehen, womit viele Senioren große Probleme haben. Anstatt Krankheiten und Gebrechen in den Vordergrund zu stellen, sollten Firmen verstärkt auf positive Konzepte wie beispielsweise Wellness setzen. Die Firma Geberit hat bereits vor einigen Jahren darauf reagiert, dass es in Zukunft vermehrt ältere Menschen geben wird, die ihre Produkte kaufen und benutzen werden. Daher setzt das Unternehmen beim Verkauf seiner neuen Produktreihe „body-Lux" auf Attribute wie Komfort und Bequemlichkeit.

Beispiel 4.9: Geberit – Neue Produktserie für ältere Menschen

Die Firma Geberit ist Marktführer im Bereich Sanitärtechnologie in Europa und erzielte einen Umsatz von 1,3 Milliarden Sfr. im Jahr 2003. Geberit beschäftigt 4.400 Mitarbeiter in 25 Ländern weltweit und unterhält 16 spezialisierte Produktionsanlagen in Europa, den USA und China. Seit kurzem bietet Geberit eine neue WC-Serie namens bodyLux an, welche speziell den Bedürfnissen der älter werdenden Kundschaft entgegenkommt. bodyLux ist eine vollautomatische Dusch-WC-Komplettanlage, welche ausdrücklich auf das Kundensegment der älteren Menschen zugeschnitten wurde. bodyLux besteht aus einem WC mit integrierter Dusche und Fön. Neben kulturell bedingten Körperpflegegewohnheiten oder der wachsenden Bedeutung der Wellness im persönlichen und körperlichen Bereich ist bodyLux aus medizinischer Sicht speziell für ältere Menschen geeignet. Zum einen bietet es Linderung und therapeutische Hilfe bei Hämorrhoiden-Leiden, und zum anderen ermöglicht es älteren Menschen, welche unter eingeschränkter Bewegungsfreiheit leiden, selbständig und ohne fremde Hilfe das WC benutzen zu können. Aufgrund des modernen Designs wird das Produkt ebenfalls von jüngeren Menschen akzeptiert und ist somit nicht nur ein Hilfsmittel für ältere Menschen.

Die Zahl der Kampagnen, in denen ältere Menschen zu sehen sind, hat sich explosionsartig vermehrt. Beispiele sind „Merci"-Schokolade von Storck oder „Becel"-Margarine von Unilever. Der Herrenmodenhersteller Baldessarini setzt auf die älteren Männer und unterstreicht die Kampagne mit dem Slogan „separates the men from the boys". Im Vordergrund steht die elegante Erwachsenheit, die sich bewusst von der Jugend befreit hat. Vodafone inszeniert eine gesamte Fernsehwerbung in einem Altersheim. Das Handy einer älteren Dame klingelt mit dem Klingelton des Tom-Jones-Songs „Sex Bomb", wonach die ältere Dame beim Abheben mit laszivem Ton in das Gerät spricht. Die anderen Mitbewohner des Altersheims sind nicht etwa schockiert, sondern grinsen.

> Der Herrenmodenhersteller **Baldessarini** wirbt erfolgreich im Markt für ältere Menschen. Mit dem Slogan **„separates the men from the boys"** steht die elegante Erwachsenheit im Vordergrund. Die Marke lässt den Mann dort im Leben ankommen, wo er nicht mehr „feucht hinter den Ohren ist".

Zu den positiven Beispielen für die richtige Ansprache älterer Menschen gehört auch die Positionierung der Marke „Davidoff". Mit dem Slogan „the more you know" unter dem Konterfei eines älteren Rauchers steht eine überlegte und überlegene Männlichkeit im Vordergrund, welche eine ruhige und entspannte Kraft ausstrahlt. Keine Jugendlichkeit kommt gegen sie an. Die Firma Porsche setzt bei der Werbung für den „Cayenne" auf ein freies und intelligentes Spiel mit den alten Werten der Generation 50 plus. Mit dem Werbetext „Freie Liebe. Bewusstseinserweiterung. Anti-Establishment. Eigentlich hatten Sie Ihre Ideale von früher nie aufgegeben. Cayenne. Der 3. Porsche" wird bewusst auf die von Inhalten geprägten Wertvorstellungen der älteren Generation angespielt. Eine ähnliche Strategie verfolgt die Firma Rolex. Unter dem Bild von zwei älteren Rennfahrern steht: „Sie fahren keine Rennen mehr, aber Ihre Erfolgsbilanz wird immer beeindruckend bleiben." Nur gereifte Charaktere, die ein starkes Leben gelebt haben, können zu einem Teil der Geschichte werden. Der Uhrenhersteller Rolex drückt mit diesem Slogan aus, dass dem Faktor Zeit im Alter ein ganz anderer Stellenwert zugewiesen wird. Dass das Älterwerden sogar zum Triumph über das Leben dramatisiert werden kann, wird durch die Werbung für das Olivenöl Bertolli deutlich. Ein deutlich erkennbar älterer Herr namens Roberto sagt, er habe sein jugendliches Aussehen dem Öl zu verdanken, welches er verwendet. Die Firma Unilever hat somit einen intelligenten Weg gefunden, eine Gesundheitsbotschaft zu übermitteln, ohne auf negative Assoziationen anzuspielen.

Wie wichtig die richtige Ansprache der Zielgruppe ist, mussten die Organisatoren der Lifestylemesse „Wir" schmerzlich erfahren. Im Mai 2003 fand zum ersten Mal die Veranstaltung „Wir. die Lifestylemesse" statt. Die Veranstalter, die seit Jahren die größte Jugendmesse in Europa „You" erfolgreich veranstalten, wollten ebenfalls auf den demographischen Wandel reagieren und hatten sich dazu entschlossen, das entgegengesetzte Ende der demographischen Skala anzupeilen – Menschen ab 50. Während die Organisatoren mit 80.000 Besuchern rechneten, kamen jedoch lediglich 41.000 Besucher zur Messe. Nach einer genauen Analyse haben die Veranstalter der Messe festgestellt, dass es nicht am mangelnden Interesse des Themas lag, sondern an der falschen Ansprache der Zielgruppe. Als Hauptmedium zur Ankündigung der Messe wurde das Radio verwendet. Eine Befragung bei über 1.000 Messeteilnehmern hat jedoch ergeben, dass gerade einmal 8,9 Prozent der Besucher durch die Radiowerbung auf die Messe aufmerksam wurden. Zudem wurde kritisiert, dass der Sprecher der Radiospots zu schnell gesprochen hat und zu viele Informationen unterbringen wollte. Deshalb ist bei den Hörern offenbar zu wenig hängen geblieben. In Zukunft planen die Messeorganisatoren, verstärkt Printmedien zur Werbung einzusetzen. Dort können die wichtigsten Informationen übersichtlich dargestellt werden und die Leser können bei Bedarf alle Angaben noch einmal nachlesen.

Jede Werbekampagne sollte ihrer Zielgruppe gerecht werden und daher die älteren Menschen vernünftig einbinden. Der Lebensmittelproduzent Kraft ist 1994 mit seinem Versuch gescheitert, auf lustige Art die älteren Menschen zu integrieren. Der 78-jährige Bergbauer Peter Steiner wurde engagiert, um „Milka"-Schokolade zu bewerben. Peter Steiner entsprach mit seinem weißen Vollbart und seiner dynamischen und kräftigen Natur dem Idealtypus des kernigen Alten. Der Bergbauer wurde jedoch nur zum Idol bei jüngeren Konsumenten, da er eher wie eine Comic-Figur als ein glaubhafter Typ für Schokoladenwerbung wirkte. Sein Satz „Ischt kuhl, Män" wurde sogar als Musiktitel in Diskotheken gespielt. So wurde der rüstige Rentner zur Kultfigur bei den Jungen, während sich die älteren Konsumenten auf den Schlips getreten fühlten (vgl. Haimann 2005).

Ein vielfach nicht beachteter Aspekt bei der Werbung für ältere Menschen ist die Tatsache, dass viele Produkte nicht direkt von den älteren Menschen selbst konsumiert werden, sondern durch dritte Personen, wie beispielsweise Kinder und Enkelkinder, indirekt an sie herangetragen werden. Die Identifikation und adäquate Ansprache der „richtigen" Konsumenten sind daher ein kritischer Aspekt. Senioren übernehmen oft Produkte, nachdem andere – eventuell auch jüngere – Menschen diese Produkte bereits gekauft und für gut empfunden haben. Daher wird insbesondere generationsübergreifenden Produkten eine wichtige Rolle beigemessen. Beispiele wären Skistöcke zum Wandern oder Digitalkameras zur Bewahrung von Familienerinnerungen. Darüber hinaus sollte beachtet werden, dass der Einfluss der Angehörigen auf die Kaufentscheidung zwar zu einem gewissen Grad maßgebend ist, aber wenig Aufschluss über die letztendliche Nutzung der Produkte durch die älteren Menschen gibt. So gibt es beispielsweise viele Produkte, die zwar von den Angehörigen gekauft, aber von den Senioren kaum benutzt werden. Meistens wurden diese Kaufentscheidungen von den Angehörigen getroffen, ohne die Wünsche der älteren Menschen vor dem Kauf genau eruiert zu haben. Solche Käufe spiegeln eher die Bedürfnisse und Ängste der Angehörigen wider. Insgesamt wird jedoch davon ausgegangen, dass die älteren Menschen in Zukunft vermehrt eigenständige Kaufentscheidungen fällen werden.

4.4   Fazit: Neue Strategien für die Produkte von morgen einsetzen

Unternehmen bringen Märkte und Technologien zusammen und schaffen somit Innovationen mit einer hohen wirtschaftlichen Erfolgswahrscheinlichkeit. Seit kurzem wird im Innovationsmanagement die Methode des Universal Design diskutiert. Universell gestaltete Innovationen sind Produkte, welche für ältere Menschen entwickelt werden, ohne sie dabei als „Seniorenprodukte" zu stigmatisieren. Da derartige Innovationen ebenfalls für jüngere Kunden attraktiv sind, erhöhen Produkte nach dem Universal-Design-Ansatz den maximal erreichbaren Kreis an zufriedenen Kunden. Besonderheiten beim Einsatz des Universal Design sind:

- Universell gestaltete Produkte integrieren unterschiedliche Benutzergruppen. Sie sind weitgehend unabhängig vom Alter oder den körperlichen oder geistigen Fähigkeiten der Benutzer und folgen dem Motto: „Wer für die Jugend konstruiert, schließt das Alter aus. Wer jedoch für das Alter konstruiert, schließt die Jugend ein."

- Das Center for Universal Design in den USA hat sieben Prinzipien entwickelt, welche bei konsequenter Berücksichtigung während der Produktgestaltung die Einhaltung der Universal-Design-Grundsätze gewährleisten (breite Nutzbarkeit, Flexibilität bei der Benutzung, einfache und intuitive Benutzung, sensorisch wahrnehmbare Informationen, Fehlertoleranz, geringer physischer Aufwand sowie Größe und Platz für Zugang und Benutzung).

- Es gibt drei verschiedene Strategien, um die Prinzipien des Universal Design in der Unternehmensstrategie zu verankern (seniorengerechte Vermarktung existierender Produkte, altersgerechte Umgestaltung existierender Produkte sowie Entwicklung neuer Produkte). Während die erste Strategie schnell und mit relativ einfachen Mitteln umsetzbar ist, erfordern die zweite und dritte Strategie eine umfassendere Überarbeitung der bisherigen Innovationsprozesse. Der erhöhte Ressourceneinsatz geht zwar mit relativ hohen Markt- und

Entwicklungsrisiken einher, bietet aber mittelfristig größeres Umsatz- und Gewinnpotential, da die Wahrscheinlichkeit erhöht wird, dass tatsächlich altersgerecht gestaltete Produkte entwickelt werden. Die verschiedenen Strategien schließen sich nicht gegenseitig aus und können daher parallel angewendet werden.

■ Die Gestaltung altersunabhängiger Produkte integriert die Anforderungen der innovativen Produkte (Logik, Komplexität, Dimensionen, Funktionen, Handhabung) mit den Fähigkeiten der älteren Menschen (sensorische und kognitive Fähigkeiten, geistige Agilität, körperliche Verfassung, technische Erfahrung). Besondere Bedeutung kommt der Oberflächengestaltung der Produkte zu – das heißt ihrer Bedienbarkeit und Anwendbarkeit. Die erstmalige Anwendung eines universell gestalteten Produkts sollte zu einem direkten Erfolgserlebnis führen. Die wichtigsten Kriterien für den Erfolg betreffen die Wahrnehmung des Produkts, seine Erreichbarkeit und Bedienung sowie die Sicherheit und Verlässlichkeit.

■ Oftmals werden Produkte für ältere Menschen von relativ jungen Ingenieuren, Designern und Marketingexperten entwickelt. Das kann dazu führen, dass die spezifischen Fähigkeiten und Bedürfnisse der älteren Menschen nicht berücksichtigt werden – auch wenn dies von den Produktentwicklern nicht bewusst so gewollt ist. Die geeignetsten Methoden, um die Fähigkeiten der älteren Menschen zu berücksichtigen, umfassen Checklisten für Produkteigenschaften, Defizit-Simulationen sowie partizipative Produktgestaltung.

■ Die altersgerechte Entwicklung neuer Produkte alleine garantiert noch keinen Markterfolg. Die Produkte müssen den älteren Menschen auch entsprechend kommuniziert werden. Beim Marketing für ältere Menschen – auch Seniorenmarketing genannt – gibt es prinzipiell zwei Ansätze (ein Integrationsmarketing, welches junge und ältere Zielgruppen übergreifend anspricht, oder ein modernes Seniorenmarketing, welches die älteren Menschen zielgruppenspezifisch bedient). Beide Ansätze schließen sich gegenseitig nicht aus. So kann beispielsweise ein und dasselbe Produkt mit unterschiedlichen Marketingstrategien vertrieben werden.

■ Bei der Werbung für altersgerechte Produkte muss berücksichtigt werden, dass die Gruppe der älteren Menschen sehr heterogen ist. Zudem wollen ältere Menschen nie als alt dargestellt werden. Sie fühlen sich bis zu 15 Jahre jünger und lehnen daher alle Produkte ab, welche auch nur den Anschein erwecken, auf eine altersbedingte Einschränkung zu deuten. Die konkreten Produkteigenschaften sollten stets betont werden und die Werbung sollte den älteren Menschen sagen, was diese hören wollen. Es sollten vertrauenswürdige Referenzpersonen eingesetzt werden, die Glaubwürdigkeit ausstrahlen und von den älteren Menschen für den Kauf des beworbenen Produkts akzeptiert werden. Auf Klischees und Ängstigungstaktiken sollte gänzlich verzichtet werden. Vielmehr sollte Exklusivität vermittelt werden und bei der Wortwahl und dem Layout sollten die wichtigsten Dinge auf den Punkt gebracht werden.

■ Da ältere Menschen auf die Meinung von Menschen in ihrem Umfeld Wert legen, ist bei der Werbung die Identifikation der „richtigen" Ansprechperson entscheidend. Viele Produkte werden von Lebenspartnern, Freunden oder Familienangehörigen an die älteren Menschen herangetragen. Es wird jedoch erwartet, dass die zunehmende Aktivität der neuen Generation älterer Menschen dazu führen wird, dass die Senioren vermehrt aktiv und eigenständig ihre Kaufentscheidungen fällen werden.

Altern ist unsere Zukunft

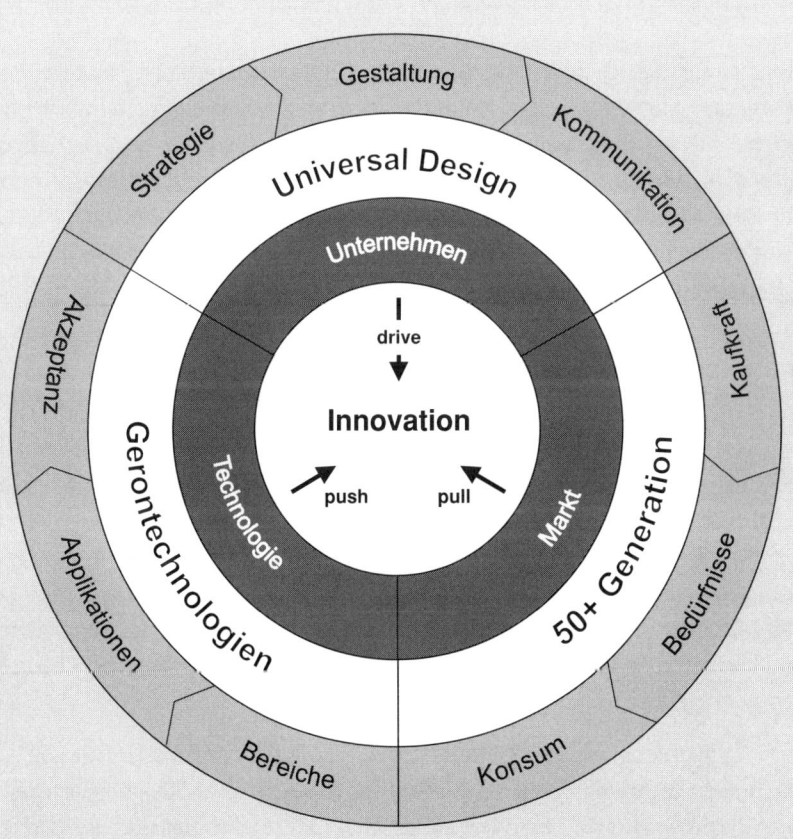

5.1   Zentrale Thesen zu Wirtschaft und Alter

Die demographische Entwicklung bietet nicht nur Risiken, sondern auch Chancen: Die immer älter werdende Bevölkerung in Deutschland, der Schweiz und Europa repräsentiert eine ständig wachsende Konsumentengruppe, die am Markt Produkte und Dienstleistungen nachfragen wird, welche ein leichteres und angenehmeres Älterwerden ermöglichen. Die Zahl der älteren Menschen ist bereits jetzt riesig, und sie wird in Zukunft noch weiter steigen. Die über 50-Jährigen werden dann in fast allen Ländern Europas die größte Bevölkerungsgruppe darstellen. Die genauen Auswirkungen dieser Entwicklung sind jedoch noch nicht absehbar, denn die „neuen Alten" werden größtenteils aus den Millionen Babyboomern bestehen, welche komplett andere Einstellungen und Verhaltensweisen haben als ihre Vorgängergenerationen. Die traditionelle Auffassung des Alterns muss somit neu definiert werden. Ältere Menschen erleben heute ein vielfach „jüngeres" Altern als frühere Generationen, was sich auch in einem jüngeren und aktiveren Konsumverhalten ausdrückt. Es wird sogar davon gesprochen, dass die älteren Menschen von heute einen neuen Lebensabschnitt erleben – den so genannten „zweiten Aufbruch". Beobachtungen über bisherige Generationen älterer Menschen dürfen daher nicht für Prognosen über das Kauf- und Konsumverhalten der älteren Menschen von morgen verwendet werden.

Da es immer noch kaum Produkte gibt, welche sich an den Anforderungen der älteren Menschen orientieren, ist das Potential altersgerechter Innovationen enorm. Untersuchungen haben gezeigt, dass altersgerechte Produkte am Markt erfolgreich sind und ihnen überdurchschnittliches Wachstumspotential zugesprochen wird. Eine Grundvoraussetzung für den Erfolg von innovativen Produkten ist jedoch das räumlich-zeitliche Zusammentreffen von neuen Technologien mit Märkten, Kunden sowie Applikationen. Durch ihre Nähe zum Markt und den wettbewerblichen Druck zum Einsatz neuester Technologien sind die Unternehmen bestens geeignet, Technologien und Märkte zu verbinden. Es ist und bleibt daher ihre Aufgabe, die entsprechenden Produkte und Dienstleistungen zu entwickeln.

Der Wachstumsmarkt der Generation 50 plus wartet auf entsprechende Angebote. In allen industrialisierten Ländern besitzen die über 50-Jährigen drei Viertel des Vermögens und verfügen über die Hälfte der gesamten Kaufkraft. In Deutschland sind die über 45-Jährigen bereits heute für 63 Prozent des Umsatzes bei Konsumgütern des täglichen Bedarfs verantwortlich. In den vergangenen 20 Jahren haben die über 50-Jährigen ihren Konsum sogar dreimal stärker ausgeweitet als alle anderen Konsumenten. Auch wenn ältere Menschen prinzipiell die gleichen Bedürfnisse haben wie jüngere Konsumenten, sind einige Bedürfnisse bei ihnen verstärkt ausgeprägt. Dazu gehören die Bereiche Gesundheit, Sicherheit, Selbständigkeit, Mobilität und Partizipation. Auch wenn die älteren Menschen nicht alle Bedürfnisse unmittelbar als solche erkennen oder artikulieren, haben Produkte und Dienstleistungen hohes Potential, welche sich darauf konzentrieren, diese Bedürfnisse in besonderem Maße zu befriedigen. Der Gradmesser für Erfolg oder Misserfolg einer Innovation ist und bleibt der „Point of Sale". Nur wenn die Bedürfnisse der älteren Menschen tatsächlich zu einer Nachfrage von Produkten führen, kann von einem wirtschaftlichen Erfolg für das Unternehmen gesprochen werden. Wenn sinnvolle neue Produkte oder Dienstleistungen angeboten werden, greifen die älteren Menschen gerne zu und wechseln sogar bekannte Marken. Traditionelle Werte spielen bei der Kaufentscheidung eine zunehmend geringe Rolle. Der Konsum ist immer mehr durch freizeitorientierte Werte geprägt. Fast die Hälfte der Senioren sagt heute: „Ich mache mir lieber ein schönes Leben als immer nur zu sparen." Ältere Menschen sind nicht generell technologiefeindlich und kaufen sogar High-Tech-Produkte, wenn sie in ihren Augen sinnvolle Problemlösungen darstellen. Die Akzeptanz von technologischen Produkten kann stark erhöht werden, wenn der subjektiv wahrgenommene technische Sprung von bekannten Produkten zu den neuen Anwendungen nicht besonders hoch ist. Die Fähigkeiten der Benutzer dürfen nicht länger der Funktionalität des Produkts untergeordnet sein.

Ein neues Paradigma im Innovationsmanagement, welches verspricht, erfolgreiche Produkte für ältere Menschen entwickeln zu können, ist das Universal Design. Universell gestaltete Produkte sind altersunabhängig und gleichermaßen für alte wie junge Kunden attraktiv. Somit entfällt die Stigmatisierung eines Produkts als „Seniorenprodukt" und macht es attraktiv für den größtmöglichen Markt. Die sieben Prinzipien des Universal Design (breite Nutzbarkeit, Flexibilität in der Benutzung, einfache und intuitive Benutzung, sensorisch wahrnehmbare Informationen, Fehlertoleranz, geringer physischer Aufwand, Größe und Platz für Zugang und Benutzung) können als Leitfaden für die Gestaltung altersgerechter Produkte verwendet werden. Universal-Design-Strategien können in unterschiedlicher Form in der Unternehmensstrategie verankert werden. Neben der einfachen seniorengerechten Vermarktung existierender Produkte können die Unternehmen bereits bestehende Produkte zu altersgerechten Produkten umgestalten oder auch komplett neue Produkte entwickeln. Die verschiedenen Strategien erfordern einen unterschiedlichen Ressourceneinsatz, schließen sich aber gegenseitig nicht aus und können daher parallel angewendet werden. Ein Kernelement der altersgerechten Produktentwicklung besteht darin, die Fähigkeiten der älteren Menschen zu berücksichtigen. Zu oft werden neue Produkte von jungen Ingenieuren, Designern und Marketingexperten geplant und entwickelt, so dass die spezifischen Fähigkeiten der älteren Konsumenten nicht genügend bedacht werden. Checklisten, Defizit-Simulationen oder eine partizipative Produktgestaltung stellen mögliche Methoden dar, um diese Probleme zu umgehen. Die somit entstandenen Produkte können verschiedene Applikationen zur Kompensation, Prävention oder aktiven Kompetenzförderung umfassen.

Beim Marketing für ältere Menschen wird prinzipiell zwischen zwei Ansätzen unterschieden. Entweder können junge und ältere Zielgruppen übergreifend angesprochen werden, oder die älteren Menschen können zielgruppenspezifisch bedient werden. Beide Ansätze schließen sich gegenseitig nicht aus. So könnte ein und dasselbe Produkt mit unterschiedlichen Marketingstrategien vertrieben werden. Die Werbung für altersgerechte Produkte sollte berücksichtigen, dass die älteren Menschen sich im Schnitt bis zu 15 Jahre jünger fühlen, als sie sind. Sie lehnen daher Produkte ab, welche auch nur den Anschein erwecken, auf eine Behinderung zu deuten. Auf Klischees und Ängstigungstaktiken sollte verzichtet werden. Exklusivität sollte im Vordergrund stehen. Bei der Wortwahl und dem Layout sollten die wichtigsten Dinge präzise auf den Punkt gebracht werden.

Insgesamt bietet der demographische Wandel ein enormes wirtschaftliches Potential. Um König Kunde mit dem grauen Haar erobern zu können, müssen die Unternehmen jedoch viele Hindernisse überwinden. Eine ausgewogene Balance aus Technologiepotentialen und Marktbedürfnissen, angereichert mit den Prinzipien des Universal Design, stellt eine solide Strategie dar, um zu den Gewinnern im „Silbermarkt" gehören zu können.

5.2   Ausblick und Trends für den Markt der Zukunft

Während der demographische Wandel immer noch als Schreckgespenst durch Tageszeitungen, Talkshows und Nachrichtenmagazine geistert, steht eines fest: Nur wer seine Produkte und Dienstleistungen an den Bedürfnissen älterer Menschen orientiert, kann auf dem Markt der Zukunft bestehen. Japan geht als gutes Beispiel voran. Das Altern wird in der Gesellschaft nicht mit negativen Begriffen belegt, sondern jeder Mensch in Japan kann davon ausgehen, in Würde alt werden zu können. Die japanischen Unternehmen haben bereits reagiert und das Marktsegment der älteren Menschen seit Jahren als eine der attraktivsten Zielgruppen erkannt. Die großen japanischen PR-Agenturen haben ebenfalls spezielle Abteilungen für den „Silbermarkt" eingerichtet. Dort werden die Konsumstile und die Erwartungshaltungen der älteren Generation intensiv erforscht, um auf dieser Basis zielgruppenspezifische Produkt-, Dienstleistungs- und Vermarktungsstrategien entwickeln zu können. Auch wenn Japan die mit Abstand älteste Bevölkerung weltweit besitzt, sind andere OECD-Länder einer ähnlichen Entwicklung ausgesetzt, zum Beispiel Deutschland. Selbst China wird aufgrund seiner Ein-Kind-Politik bald eine inverse Bevölkerungspyramide haben; es findet nur eine zeitliche Verzögerung von etwa 20 Jahren statt. Ähnliche Initiativen und wirtschaftliche Impulse wie in Japan sind in Ländern wie Deutschland jedoch noch Mangelware. Die Unternehmen haben es verschlafen, auf den Demographie-Zug aufzuspringen und von dem jungen Trend des Alterns zu profitieren.

Was sind die ökonomischen Megatrends, die sich aus dem demographischen Wandel ergeben? Bei den technologischen Trends wird eine stärkere Vernetzung von Produkten zu erhöhten Mobilitätspotentialen führen. Beispielsweise ermöglichen intelligente Sensor-Aktor-Systeme Komfort, Unabhängigkeit und Selbständigkeit im „intelligenten Haus". Die Technologieminiaturisierung aufgrund neuester Erkenntnisse in der Mikro- und Nanotechnologie ist für die Entwicklung neuer Applikationen ebenfalls äußerst hilfreich und bietet große Chancen. Zusätzlich eröffnet die Entschlüsselung des Human Genome enorme Potentiale in der Biotechnologie. Es ist nicht nur möglich, individualisierte Medikamente zu entwickeln, die sich speziell den Bedürfnissen und Anforderungen der Patienten anpassen, sondern es kann auch auf Indikationen gezielt werden, welche nur durch relativ kleine Patientengruppen gekennzeichnet sind. Viele altersbedingte Krankheitsbilder und -erscheinungen könnten somit effektiver behandelt werden. Als am stärksten wachsender Markt Europas ist der Gesundheitsmarkt jedoch nicht nur auf pharmazeutische Produkte beschränkt. In der Medizinaltechnik gibt es noch viele bisher unentdeckte Möglichkeiten, welche das Älterwerden erleichtern können. Insbesondere von der Schnittstelle zwischen der Medizinaltechnik und den Informations- und Kommunikationstechnologien, der so genannten Telemedizin, wird erwartet, dass sie für ältere Menschen besonders vielversprechende Produkte hervorbringen kann.

Eine der wichtigsten Aufgaben für die Zukunft wird es sein, zu berücksichtigen, wie sich die Anwendbarkeit neuer Technologien mit den Auffassungen und Ansichten der älteren Menschen deckt. Die älteren Menschen müssen in der Lage sein, bestimmte Funktionen auszuführen, so dass ihre alltägliche Kompetenz eine Stärke bleibt, anstatt eine Schwäche zu werden. Es muss jedoch auch berücksichtigt werden, dass man sich nicht zu sehr auf neue Technologien verlassen darf, um ein angenehmes und selbständiges Altern zu erreichen. Nicht jede durch den Alterungsprozess bedingte Einschränkung kann durch eine Technologie korrigiert werden. Vielmehr sollte die Ermunterung und Unterstützung älterer Menschen bei der Verwendung neuer Technologien im Vordergrund stehen. Technologien sollten unterstützend und sozialintegrationsfördernd eingesetzt werden. Der subjektiv wahrnehmbare technologische Sprung von Bekanntem zu Neuem sollte nicht zu groß sein. Neben der Produktentwicklung müssen die Firmen sich auch um die Finanzierbarkeit ihrer Produkte kümmern. Das beste Produkt nützt nichts, wenn es keiner bezahlen kann. Auch wenn das Marktpotential durch eine enorme Kaufkraft und viele bisher unbefriedigte Bedürfnisse gegeben ist, können nur sinnvoll konzipierte und gestaltete Innovationen mit einer angemessenen und geeigneten Vermarktungsstrategie den gewünschten Erfolg liefern.

Angesichts der Tragweite der demographischen Entwicklung ist jedoch vor allem eines wichtig: Das Bewusstsein für die positiven Entwicklungschancen des Alterns muss bei den Politikern, den Entscheidungsträgern der Wirtschaft und vor allem bei jedem Einzelnen in der Gesellschaft geweckt und geschärft werden. Produkte und Dienstleistungen, welche die älteren Menschen einschließen ohne die jüngeren Menschen auszugrenzen, haben einen hohen Wert für die Gesellschaft und somit auch für die Unternehmen. Nur wenn die Denkweise aller Beteiligten den meritorischen Charakter von altersgerechten Produkten erfasst, ist es möglich, die notwendigen Reformen in Gesellschaft und Wirtschaft ohne ideologische Barrieren anzugehen und sachliche Antworten auf die bevorstehenden Herausforderungen zu finden.

6 Anhang: Attraktive Felder für altersgerechte Innovationen

Für den Markterfolg von Innovationen sind weder reiner Technologiedeterminismus noch die reine Existenz von Kundenbedürfnissen alleine verantwortlich. Nur die Koppelung von Technologien mit Marktbedürfnissen erhöht die wirtschaftliche Erfolgswahrscheinlichkeit. Um von dem Potential des demographischen Wandels profitieren zu können, stellt sich für Unternehmen daher die Frage, welche Produktbündel das höchste Innovationspotential verkörpern. Um attraktive Innovationsfelder für Produkte und Dienstleistungen identifizieren zu können, bietet es sich daher an, die Schnittstelle zwischen neuen Technologien, Märkten, Kunden und Applikationen zu betrachten. Die größten Innovationspotentiale liegen demnach dort, wo Marktbedürfnisse und Technologien in einem ausgewogenen Verhältnis aufeinander treffen. Bild 6.1 illustriert die Schnittstelle zwischen den identifizierten spezifischen Bedürfnissen der 50-plus-Generation sowie einigen ausgewählten Gerontotechnologien, welche die Klassifikation von attraktiven Innovationsfeldern ermöglicht.

Prinzipiell können in allen Produktbereichen innovative Lösungen für ältere Menschen entwickelt werden, denn alle Branchen sind in irgendeiner Weise von der Bevölkerungsentwicklung betroffen – einige mehr, andere weniger. Branchen, welche verstärkt Produkte und Dienstleistungen anbieten, die von älteren Menschen nachgefragt werden, bieten dabei ein besonders hohes Innovationspotential. Allerdings können auch Branchen, welche ihre Produkte und Dienstleistungen an alle Altersgruppen absetzen, zu den Gewinnern des demographischen Wandels gehören. Diese Firmen müssen jedoch ihr Angebot und Marketing an die veränderte Nachfragestruktur anpassen. Bei den im Bild 6.1 dargestellten Innovationsfeldern kann davon ausgegangen werden, dass sie aufgrund ihrer Technologieaffinität durch ein relativ hohes Innovationspotential ausgezeichnet sind. Neben den dargestellten Innovationsfeldern gibt es auch andere Innovationsfelder, welche jedoch weniger mit technologielastigen Innovationen zu tun haben. Diese Innovationsfelder werden auch „weiche" Innovationsfelder genannt und sind nicht oder nur kaum technologiegetrieben. Zu den weichen Innovationsfeldern gehören beispielsweise Finanzprodukte, Religion und Esoterik, Gerotranszendenz (Sinnfindung im Alter) sowie Kultur und Tradition. Die im Bild 6.1 dargestellten Innovationsfelder werden in den folgenden Kapiteln näher erläutert.

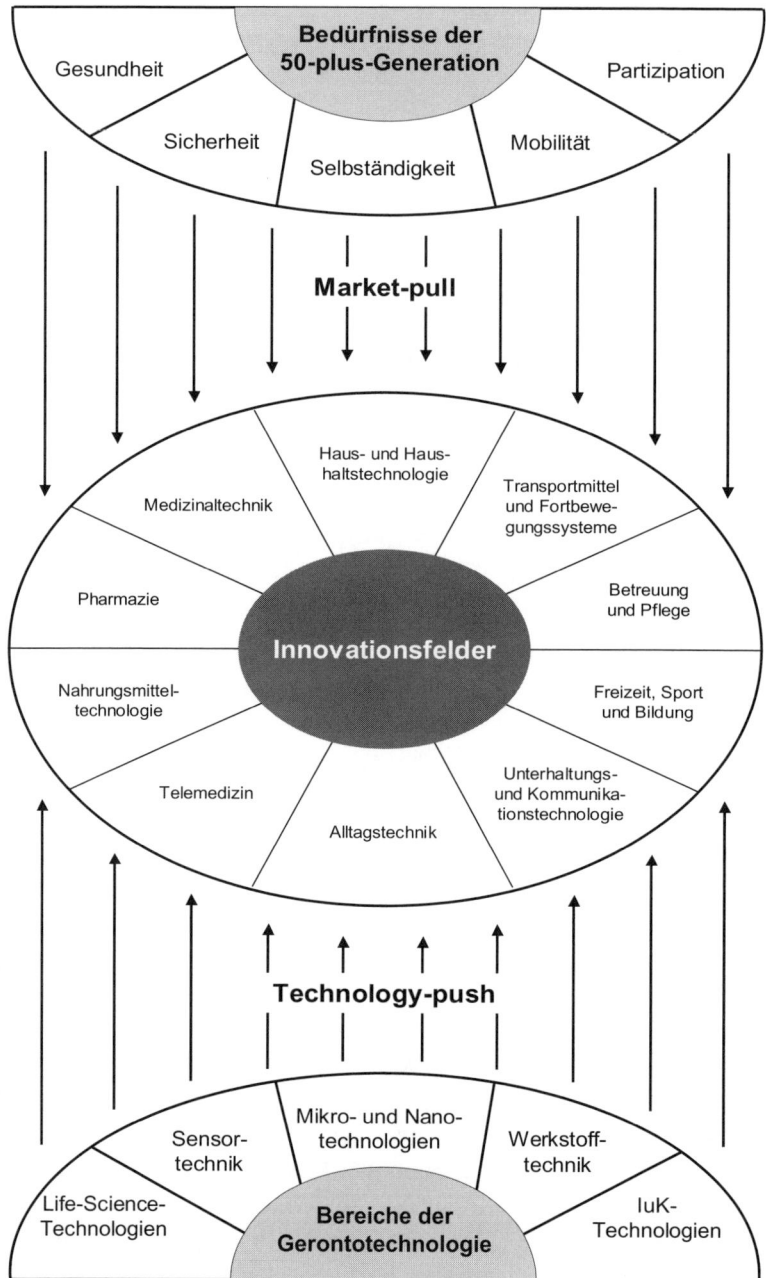

Bild 6.1: Wo Markt und Technologie zusammentreffen, entstehen attraktive Felder mit hohem Potential für innovative Produkte und Dienstleistungen

6.1   Pharmazie

Gesundheit ist ein Hauptbedürfnis älterer Menschen. In der Vergangenheit haben ältere Menschen jedoch eine eher geringe Rolle in der Pharmazie gespielt. Dies wird dadurch deutlich, dass die Pharmaunternehmen in ihren klinischen Studien in der Regel Testpersonen mit einem maximalen Alter von 40 bis 50 Jahren untersuchen, jedoch kaum Senioren über 50 Jahren. Somit werden viele altersspezifische Parameter in der pharmazeutischen Entwicklung nicht berücksichtigt. Die Gruppe der 40- bis 50-Jährigen hat jedoch andere psychische und somatische Voraussetzungen als 60- bis 70-jährige Patienten. Auch wenn ältere Menschen von ähnlichen Krankheiten und Krankheitsbildern betroffen sind wie jüngere Patienten, erfordert die Behandlung älterer Menschen oftmals andere Vorgehensweisen. Zudem gibt es viele Krankheiten, welche verstärkt oder ausschließlich bei älteren Menschen auftreten. Dies liegt daran, dass der Körper im Alter anders beschaffen ist und auf verschiedene Einflüsse unterschiedlich reagiert. So ist beispielsweise das kardiovaskuläre System bei älteren Menschen generell wesentlich schwächer ausgeprägt als bei jungen Menschen.

Tabelle 6.1 führt Krankheiten auf, welche verstärkt bei älteren Menschen auftreten. Die Tabelle ist gegliedert nach Alter (65- bis 74-Jährige sowie über 75-Jährige) und Geschlecht, da diese Faktoren den stärksten Einfluss auf die Prävalenz einer Krankheit haben. Generell sind Männer im Alter eher anfällig für Herz-Kreislauf- und Prostata-Erkrankungen, während Frauen eher anfällig für Osteoporose, Brustkrebs und Krankheitserscheinungen im Zusammenhang mit der Menopause sind. Die Auslöser der Krankheiten bei Männern und Frauen können ebenfalls sehr unterschiedlich sein.

Tabelle 6.1: Häufige Krankheiten ab 65 Jahren (Quelle: MedizInfo 2004)

Männer zwischen 65 und 74 Jahren	Frauen zwischen 65 und 74 Jahren
• Arthrose	• Arthrose
• Herzinfarkt	• Angina Pectoris
• chronische Bronchitis	• Diabetes
• Angina Pectoris	• Trübung der Augenlinse
• Venenschwäche	• Depression
• Diabetes	• chronische Bronchitis
• Trübung der Augenlinse	• Herzinfarkt
• Demenz	• Venenschwäche
• Glaukom	• Brustkrebs
• Depression	• Durchblutungsstörungen des Gehirns

Tabelle 6.1: (Fortsetzung)

Männer über 75 Jahre	Frauen über 75 Jahre
• Arthrose	• Arthrose
• Herzinfarkt	• Trübung der Augenlinse
• Angina Pectoris	• Angina Pectoris
• Diabetes	• Demenz
• Trübung der Augenlinse	• Diabetes
• Depression	• Venenschwäche
• chronische Bronchitis	• Herzinfarkt
• Venenschwäche	• Depression
• Durchblutungsstörungen des Gehirns	• chronische Bronchitis
	• Osteoporose

Einsatzgebiete von pharmazeutischen Produkten für ältere Menschen umfassen daher verschiedene Bereiche, wie beispielsweise Parkinson, Demenz, Schlafstörungen und emotionale Stabilität oder auch Haarausfall, Potenzstörungen, Zellulitis, Faltenbildung oder Gedächtniseinbußen. Das Produkt Atrium, welches gegen altersbedingtes Zittern eingesetzt wird, wurde jedoch vom Markt genommen, weil es sich nicht rentiert hat, obwohl es eines der besten Produkte für die zugrunde liegenden Symptome bei älteren Menschen gewesen ist. Eine weit verbreitete altersspezifische Krankheit ist die Alzheimer-Erkrankung. Das Produkt Aricept der US-Firma Pfizer gilt als ein vielversprechendes Medikament. Auch wenn es die Alzheimer-Erkrankung nicht heilen kann, soll es zumindest ihren Verlauf verlangsamen. Im Jahr 2003 konnte Pfizer mit diesem Medikament einen weltweiten Umsatz von 1,3 Milliarden US$ erzielen. Bei durchschnittlichen Behandlungskosten von 1.200 € pro Patient und Jahr und etwa 800.000 Alzheimer-Patienten beträgt das jährliche Umsatzpotential für Aricept alleine in Deutschland fast 960 Millionen €. Es wird sogar erwartet, dass die Anzahl an Alzheimer-Patienten in Deutschland auf über zwei Millionen im Jahr 2050 ansteigt.

> Die Zahl der **Alzheimer**-Patienten in Deutschland
> steigt auf über **zwei Millionen** im Jahr 2050.

Neben der Tatsache, dass es verschiedene Krankheitsbilder im Alter gibt, geben ältere Menschen auch mehr Geld für verschreibungspflichtige Medikamente aus als alle anderen Altersgruppen (siehe Bild 6.2). Gemäß einer Untersuchung des Bureau of Labor Statistics in den USA verzeichnen die über 65-Jährigen sowohl absolut als auch relativ die höchsten Ausgaben für Medikamente (vgl. BLS 2001). Mit über 700 US$ pro Jahr machen die Ausgaben für Medikamente bei älteren Menschen etwa 2,7 Prozent ihres jährlichen Haushaltsbudgets aus – weitaus mehr als bei allen anderen Altersgruppen.

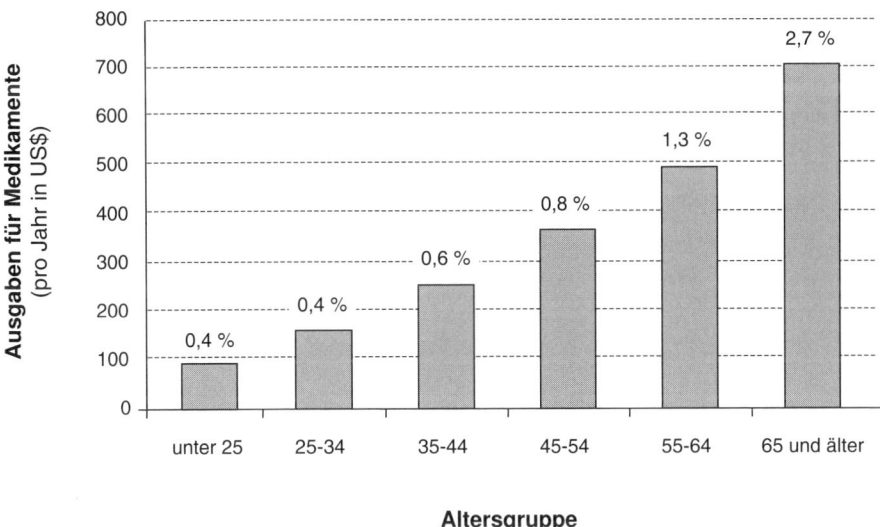

Bild 6.2: Absolute und relative Ausgaben für Medikamente eines durchschnittlichen US-Haushalts für unterschiedliche Altersgruppen im Jahr 1999 (Quelle: BLS 2001)

Da die gesundheitliche Versorgung älterer Menschen ein großes Bedürfnis mit einem großen und kaufkräftigen Marktpotential darstellt, kann davon ausgegangen werden, dass viele biopharmazeutische Unternehmen in Zukunft ihr Hauptaugenmerk darauf lenken werden, neue Medikamente gegen verschiedene Krankheitsbilder von älteren Menschen zu entwickeln. Insbesondere vor dem Hintergrund der Dekodierung des Human Genome wird erwartet, dass die Biotechnologie mit neuartigen Methoden Medikamente entwickeln kann, welche viele bisher nicht behandelbare altersbedingte Krankheiten auf neuartige Weise behandeln können. Insbesondere bei Demenzerkrankungen – wie beispielsweise der Alzheimer-Krankheit – wird erwartet, dass neuartige Lösungen zu bahnbrechenden Ergebnissen führen können.

Seit mehreren Jahren wird im Zusammenhang mit pharmazeutischen Produkten und Altern der Begriff der Anti-Ageing-Pharmakologie diskutiert, welcher jedoch seit einiger Zeit in Verruf geraten ist. Dies liegt hauptsächlich daran, dass die Anti-Ageing-Pharmakologie das Ziel verfolgt, Zellen derartig umzufunktionieren, dass der Alterungsprozess aus pharmazeutischer Perspektive beeinflusst werden kann. Eine solche Vorgehensweise ruft verschiedene ethische Bedenken hervor. In der Diskussion über altersbedingt auftretende Krankheiten wird heutzutage eher der Begriff der Convenience Drugs verwendet. Convenience Drugs – das heißt medikamentöse Mittel, welche keine lebensrettende Wirkung haben, sondern lediglich das Wohlbefinden erhöhen – könnten vielen älteren Menschen helfen, ein angenehmeres Altern mit einer erhöhten Lebensqualität zu genießen.

Ein kontrovers zu diskutierendes Beispiel für den Einsatz von Convenience Drugs im Markt für ältere Menschen ist das Medikament Erythropoietin (EPO).

Beispiel 6.1: EPO – Convenience Drugs zur Erhöhung der Lebensqualität älterer Menschen

Dieses Fallbeispiel wurde von Daniel von Heimendahl und Carlo Picenoni zur'Verfügung gestellt.

Das Medikament Erythropoietin (kurz EPO) könnte vielen älteren Menschen helfen, ihre allgemeine Leistungsfähigkeit im Alter zu steigern. Der folgende Exkurs geht zunächst auf die Wirkungsweise des Medikaments ein und beschreibt im Anschluss die möglichen Einsatzbereiche im Markt für ältere Menschen.

Wirkungsweise von Erythropoietin

Ursprünglich wurde Erythropoietin für Patienten mit Niereninsuffizienz entwickelt. Diese Patienten haben häufig zu wenig rote Blutkörperchen (Erythrozyten) im Blut und leiden somit unter Anämie. Die roten Blutkörperchen entstehen aus Stammzellen des Knochenmarks, und ihre Bildung wird von Erythropoietin angeregt, welches in der Nebennierenrinde produziert wird. Produziert eine geschädigte Niere zu wenig Erythropoietin, bildet das Knochenmark zu wenig rote Blutkörperchen, und es kommt zur Blutarmut. Die roten Blutkörperchen sind im Blut für den Sauerstofftransport zuständig. Ist ihre Anzahl gering, kann nur unzureichend Sauerstoff transportiert werden, und der Patient fühlt sich müde und schwach. Diese Beeinträchtigung des Sauerstofftransports erschwert daher die bereits existierenden Komplikationen der Nierenerkrankung. Die Verabreichung von Erythropoietin zur Stimulierung der Bildung von roten Blutkörperchen stellt eine geeignete Lösung des Problems dar und steigert zusätzlich das allgemeine Wohlbefinden der Patienten. Da eine erhöhte Anzahl von roten Blutkörperchen zu verstärktem Sauerstofftransport und damit zu einer Leistungssteigerung der Konsumenten führt, wurde Erythropoietin oftmals als Dopingmittel im Sport eingesetzt. Im Blutbild des Sportlers ist in der Regel nur ein erhöhter Wert an roten Blutkörperchen nachzuweisen, der theoretisch auch von einem Höhentraining kommen könnte – ein eindeutiger Nachweis im Rahmen einer Dopingkontrolle fällt also schwer (vgl. Netdoktor 2004). Bei zu intensiver Verabreichung des Medikaments, vor allem bei gesunden Personen, kann der Normalwert an roten Blutkörperchen jedoch leicht überschritten werden. Damit steigt die Gerinnungsneigung des Blutes, und Thrombosen können entstehen, die wiederum zu Herzinfarkten oder Schlaganfällen führen können (vgl. Netdoktor 2004). Die Herstellung von Erythropoietin ist nur mit gentechnischen Methoden möglich.

Mögliche Anwendungen für Erythropoietin

Seit den Anfängen in der Behandlung von Patienten mit Nierenschäden hat sich das Anwendungsgebiet von Erythropoietin stark erweitert. Der Wirkstoff kann überall dort eingesetzt werden, wo Anämie, das heißt Armut an roten Blutkörperchen, den Patienten belastet. Daher wird EPO beispielsweise bei Patienten nach Chemotherapien eingesetzt, oder es wird nach Knochenmarkstransplantationen oder bei HIV-

Infektionen verschrieben. Einige Krebsmedikamente haben zudem die Nebenwir-
kung, die Bildung von roten Blutkörperchen zu hemmen. Daher findet Erythropoietin
auch bei diesen Patienten Anwendungen. Neben den ursprünglichen Anwendungsge-
bieten von Erythropoietin gehen einige Wissenschaftler davon aus, dass sich Erythropoietin noch weiterentwickeln ließe und zu einer Convenience Drug für ältere Menschen werden könnte. Hierfür sprechen vor allem die folgenden Gründe:

- Erythropoietin hat das Potential, älteren Menschen im Alltag einen erheblichen
  Zuwachs an Lebensqualität zu ermöglichen. Durch die erhöhte Zahl roter Blutkörperchen steigt die allgemeine Leistungsfähigkeit und Vitalität. Somit können
  ältere Menschen, die unter Schwäche, Müdigkeit oder ähnlichen Beschwerden leiden, wieder aktiv am sozialen Leben teilnehmen.
- Das Medikament ist bereits lange erprobt und wird in großen Mengen hergestellt.
- Die Verabreichung mittels einer Spritze kann zu Hause vom Patienten selber
  durchgeführt werden. Eine andere Darreichungsform, beispielsweise als Tablette,
  wäre natürlich vorteilhafter.

Das Haupthindernis für die Entwicklung von EPO zu einer Convenience Drug für ältere Menschen ist die Tatsache, dass die Hersteller der diversen Erythropoietin-
Produkte die heute erzielten Margen nicht mehr erreichen könnten. Ein noch breiterer
Einsatz und vielleicht sogar eine Aufhebung der Verschreibungspflicht würden vermutlich weitere Wettbewerber auf den Markt locken und die heute noch hohen Margen drücken. Hinzu kommt, dass die heutigen Preise ohne Kostenübernahme durch
die Krankenkassen von vielen Patienten vermutlich nicht getragen werden könnten.
Der Verkaufspreis von Procrit, einem Erythropoietin-Präparat von Johnson & Johnson in deutschen Apotheken, liegt heute bei über 3.000 € pro 100 ml. Sechs Fertig-
spritzen kosten knapp unter 200 €. Da heute bereits Milliardenumsätze mit Erythropoietin erwirtschaftet werden, haben Firmen wie Johnson & Johnson wenig Interesse,
Erythropoietin zu einer Convenience Drug werden zu lassen und so eventuell die hohen Margen zu verlieren. Intensive Marktstudien, gekoppelt mit innovativen Vermarktungsstrategien, könnten jedoch dazu führen, das Potential dieses Medikaments
im Markt für ältere Menschen zu nutzen.

6.2   Nahrungsmitteltechnologie

Firmen im Nahrungsmittelbereich, welche ihr Leistungsangebot in der Vergan-
genheit fast ausschließlich auf junge Menschen fokussiert haben, werden in Zu-
kunft voraussichtlich zu den Verlierern des demographischen Wandels gehören.
So stagnieren beispielsweise die Aktienpreise von Unternehmen wie Coca-Cola,
Pepsi oder McDonald's bereits seit mehreren Jahren. Die Stammkunden dieser
Firmen sind Kinder und Jugendliche und entsprechend ist die gesamte Corporate
Identity auf diese Klientel ausgerichtet – von der Gestaltung der Restaurants bis
hin zu Figuren wie Ronald McDonald (vgl. Haimann 2005). Um bei älteren Men-

schen akzeptiert zu werden und vom demographischen Wandel profitieren zu können, müssten diese Firmen ein komplett neues Image aufbauen.

Ein neues Image alleine wird jedoch nicht ausreichen, um den Bedürfnissen und Anforderungen der älteren Konsumenten vollständig gerecht zu werden. Im Alter ändert sich die Physiologie des Menschen und dem Körper müssen entsprechend andere Nährstoffe zugeführt werden, um die körperliche Leistungsfähigkeit im Alter aufrechterhalten zu können. Das bedeutet, dass sich die Ernährung älterer Menschen entsprechend anpassen sollte. Die Hauptänderung der menschlichen Physiologie im Alter hat mit der Verringerung der Muskelmasse zu tun. Der Grundumsatz und somit der Energiebedarf sinken. Die Knochenmasse vermindert sich ebenfalls; bei Frauen bis zum 80. Lebensjahr um durchschnittlich 25 Prozent, bei Männern nur um etwa zwölf Prozent. Durch reduzierte Speichelbildung kann es zusätzlich zu Schluckstörungen kommen. Geruchs- und Geschmackswahrnehmungen lassen ebenfalls nach, und aufgrund von Veränderungen der Magen- und Darmschleimhaut kommt es zu einer langsameren Resorption. Ferner ist eine verringerte Produktion von Verdauungssekreten und Gallensaft zu verzeichnen. Die Entgiftungsleistung der Leber sowie die Filtrationsrate der Nieren werden ebenfalls geringer. Die Steuerung des Durstgefühls ist als Folge der verminderten Nierenleistung und der Veränderungen im Zwischenhirn nicht mehr gegeben. Daher nehmen ältere Menschen vielfach den Durst nicht mehr richtig wahr (vgl. Biedermann 2005).

Falls im Alter ernährungsbedingte Mangelerscheinungen oder gar Krankheiten vorliegen, haben diese meistens mit einer falschen Ernährung in jüngeren Jahren zu tun. Auch wenn eine bedarfsgerechte Ernährung im Alter das ursprüngliche Fehlverhalten in der Regel nicht ausgleichen kann, kann eine angemessene Ernährung im Alter das physische und somit psychische Wohlbefinden erheblich steigern. Dabei spielen die Energie- und Eiweißzufuhr sowie der Gehalt der Nahrung an oxydierenden Substanzen eine wichtige Rolle. Eine an Nährstoffen reiche Nahrung wirkt sich auch im Alter von mehr als 80 Jahren positiv auf den Gesundheitszustand, die kognitiven Fähigkeiten und die Überlebenszeit aus. Neben der Versorgung mit lebenswichtigen Grundnahrungsmitteln umfasst die Ernährung auch den Bereich der Genussmittel. In geringen Mengen können Genussmittel – wie beispielsweise alkoholische Getränke oder Süßwaren – ebenfalls behilflich sein, das Wohlbefinden der älteren Menschen zu erhöhen.

Die Zubereitung und Gestaltung der Mahlzeiten stellt einen weiteren wichtigen Punkt dar. Dies liegt hauptsächlich daran, dass die Kaufähigkeit im Alter nachlässt. Gegenwärtig sind etwa 80 Prozent der Senioren Gebissträger (vgl. Biedermann 2005). Daher können bestimmte Lebensmittel wie Sprossen oder Kerne schlechter gekaut werden und werden deshalb von älteren Menschen gemieden.

Ältere Menschen bevorzugen Mahlzeiten, welche nach traditionellen Gesichtspunkten zubereitet worden sind (vgl. Schlettwein-Gsell 2005). Früchte und Gemüse sollten daher nicht als Salate, sondern vorsichtig gedämpft beziehungsweise als Kompott gereicht werden. So haben die Hersteller von Babynahrung nicht zuletzt wegen der sinkenden Geburtenraten die Senioren als neue Zielgruppe entdeckt. Jedes fünfte Obstgläschen für Babys wird bereits von einem Erwachsenen gegessen (vgl. Weiguny 2004). Neben Kompott erinnern Suppen an vertraute Erlebnisse aus der Kindheit älterer Menschen und werden oft als angenehme Nahrungsmittel empfunden. Da Suppen ebenfalls zur Flüssigkeitsaufnahme geeignet sind, stellt diese Form der Ernährung eine willkommene Alternative zu Erfrischungsgetränken oder kalten Säften dar. Stark aromatische Kräuter und exotische Gewürze können jedoch ungewohnte Geschmackserlebnisse auslösen und sind mit Vorsicht zu verwenden. Die Bedeutung von traditionellen Darreichungsformen bei Lebensmitteln wird besonders deutlich beim Beispiel Dallmayr. „Wir setzen auf Qualität und Tradition – auch in der Werbung. Dadurch erreichen wir natürlich eine ältere Kundschaft", erläutert Johannes Dengler, Vertriebsleiter von Alois Dallmayr Kaffee. Und damit kann das Unternehmen „sehr gut leben, denn junge Leute trinken traditionell weniger Kaffee als die Älteren". Insbesondere will Dallmayr die Intensivverwender ansprechen und diese sind gerade nicht unter den Jungen zu finden (vgl. Wilhelm 2005).

Generell gibt es jedoch keine Lebensmittel oder Geschmacksrichtungen, die im Alter grundsätzlich bevorzugt werden (vgl. Schlettwein-Gsell 2005). Die Vorliebe beispielsweise für süße Gerichte ist individuell und kann sich sogar bei derselben Person mit der Zeit ändern. Die Schwierigkeit liegt oftmals in der Deklarierung der Produkte. Die bejahrte Zielgruppe lehnt in der Regel Produkte ab, welche ausdrücklich das Alter ihrer Kunden erwähnen und damit auf Unterschiede in der Ernährungsweise hinweisen. Bei der Babynahrung stellt Marketingexperte Reidl fest: „Mit Marken wie Hipp oder Alete kommt man da nicht weiter" (vgl. Weiguny 2004). Die Hersteller von Babynahrung versuchen daher, die älteren Menschen mit dem Thema Wellness anzusprechen. Neue Namen wie „Fitfood" oder „Hippness" wurden eingeführt. „Wir positionieren uns als Hersteller gesunder Lebensmittel mit Mehrwert", erläutert Alete-Chef Ferdinand Haschke (vgl. Weiguny 2004). Verschiedene neue Produkte wie Frucht-Pausen, Müslis, Energie-Riegel und Joghurts für ältere Menschen sollen die Absatzlücken schließen, welche die sinkende Zahl an Kleinkindern hinterlässt. Alete zielt dabei jedoch nicht direkt auf die Senioren als Kundengruppe. Das Motto lautet: Die 40-Jährigen ansprechen, damit die 60-Jährigen kaufen.

Nicht nur Produzenten von Babynahrung versuchen, mit verschiedenen Wellness-Produkten die älteren Menschen als Kunden zu gewinnen. Inzwischen gibt es ein riesiges Angebot an so genannten „Functional Foods" oder „Nutraceuti-cals", welche die Gesundheit der Konsumenten positiv beeinflussen sollen. Func-tional Foods sind Nahrungsmittel, welche mit gesundheitsfördernden Stoffen angereichert sind oder bei denen gesundheitsschädliche Substanzen entfernt wurden. Zusätzlich sollen sie eine oder mehrere Körperfunktionen günstig beein-flussen. Weder in der EU noch in der Schweiz sind Functional Foods rechtlich definiert. Sie befinden sich daher in einer Grauzone zwischen Lebensmittel und Medikament. Entsprechende Anpreisungen oder Auslobungen sind nicht er-laubt, ohne die strengen Schritte des Heilmittelgesetzes zu durchlaufen, wie Nachweis von Wirkungsweisen und Testergebnissen. Zurzeit fallen Functional Foods unter das Lebensmittelgesetz, und neue Produkte werden von Fall zu Fall geprüft (vgl. Bally 2005). Während früher der Hauptzweck solcher Produkte in der Vermeidung von bestimmten Krankheiten wie typische Vitaminmangeler-krankungen (beispielsweise Rachitis durch Vitamin-D-Mangel) bestand, ist heute die Verbesserung der Gesundheit und des Wohlbefindens wesentliches Anliegen der Functional Foods. Alte Menschen, die zu wenig essen oder einen zu geringen Nährstoffgehalt erreichen, auf das Cholesterin achten oder den Blutzuckerspiegel kontrollieren müssen, können von diesen gesundheitsunterstützenden Produk-ten am meisten profitieren. Daher sind ältere Menschen eine der attraktivsten Zielgruppen für Functional Foods. Folgende Produkte mit gesundheitsfördern-dem Zusatznutzen existieren bereits in der Schweiz (Menrad et al. 2000):

- **Pro- und Prebiotika:** verschiedene Milchprodukte (zum Beispiel LC1-Produkte von Nestlé oder die Actifit-Line von Emmi).
- **Alkoholfreie Getränke:** mit Vitaminen und Mineralien angereichert (zum Beispiel Michel Bodyguard von Rivella oder ACE-Drinks von Migros/Coop).
- **Zerealien, Backwaren, Süßwaren:** neben Kellogg's, Coop, Migros auch Bio-Familia (zum Beispiel Frühstücksflocken c.m.plus), spezielle Getreideriegel mit Beta-Glucan (zum Beispiel Nesvital von Nestlé).
- **Streichfette und Margarinen:** mit Pflanzensterinen (zum Beispiel Becel pro.activ von Unilever).
- **Omega-3-Öl:** Öl mit Omega-3-Fettsäuren (zum Beispiel von Nestlé).
- **Ersatzmayonnaise:** Fett- und Cholesterin-reduziert (zum Beispiel Thomy-naise von Nestlé).
- **Zusatznahrung:** trink- und essfertige Nahrungsmittel wie Suppen, Getränke oder Desserts (zum Beispiel Clinutren mit Gehalt an Vitaminen, Mengen- und Spurenelementen entsprechend europäischen Richtlinien für diätetische Lebensmittel von Nestlé).

Die Tatsache, dass Lebensmittel heute immer häufiger medizinische Funktionen übernehmen, wird am Beispiel der Sojabohne deutlich. Soja ist nicht mehr länger nur eine Alternative für Menschen, die Fleisch meiden wollen oder Milch nicht vertragen. Sojaprodukte erzeugen gerade aufgrund ihres positiven Einflusses auf die Gesundheit eine starke Nachfrage bei älteren Menschen. Neben Sojaprodukten gibt es eine ganze Reihe anderer Produkte, bei denen die Gesundheit der Konsumenten im Vordergrund steht und die daher verstärkt von älteren Menschen konsumiert werden.

6.3 Medizinaltechnik

Unter der Medizinaltechnik versteht man technische Geräte, welche in der Medizin zu diagnostischen und therapeutischen Zwecken eingesetzt werden. Die Medizinaltechnik umfasst dabei verschiedene Instrumente, Apparate und Systeme für Prävention, Diagnostik, Therapie, Pflege und Rehabilitation. Beispiele von typischen Geräten aus dem Bereich Medizinaltechnik sind Geräte für Elektrokardiogramme, Elektroenzephalogramme, Elektro-Oculography oder EMGs, Röntgengeräte, Computertomographen, Laborautomaten, Ultraschallgeräte, Kernspintomographen (MRT beziehungsweise MRI), Geräte zur Positronen-Emissionstomographie, Endoskopiegeräte, Wärmebestrahlungsapparate, Strahlentherapiegeräte, Beatmungsgeräte, Herz-Lungen-Maschinen, Herzschrittmacher, Defibrillatoren, Infusionspumpen, Blutwärmer, Ernährungspumpen, Absauger, Geräte aus dem Bereich der Augenheilkunde, Geräte aus dem Bereich der HNO-Heilkunde oder Operationsroboter.

Die meisten medizinaltechnischen Geräte werden in der Regel zur Substitution oder Wiederherstellung von körperlichen oder geistigen Einbußen eingesetzt. Da sie somit einen positiven Einfluss auf die Gesundheit, Sicherheit, Selbständigkeit und Mobilität ihrer Anwender haben, decken sie viele spezifische Bedürfnisse älterer Menschen ab. Es wird daher erwartet, dass die demographische Entwicklung mit einem hohen Innovationspotential in der Medizinaltechnik einhergeht. Bereits jetzt ist die Medizinaltechnik in der Schweiz stark verankert. Der gesamte Sektor hat in der Schweiz ein Volumen von etwa 2 Milliarden Sfr. Über 500 verschiedene Unternehmen beschäftigen mehr als 40.000 Menschen. Die Schweizer Medizinaltechnikfirmen sind auf verschiedene Spitzentechnologien mit hoher Wertschöpfung spezialisiert. Die Förderung durch den Bund – beispielsweise mittels Programmen wie der MedTech-Initiative der KTI/CTI – stellt einen wesentlichen Wachstumsfaktor für den Medizinaltechniksektor dar. Ebenfalls bilden die hervorragenden akademischen Institute in der Schweiz die Basis für ein ausgezeichnetes Forschungsumfeld in den Bereichen der medizinaltechnischen Geräte und Präzisionsinstrumente. Ein Schwerpunkt bei der Forschung und Förderung der Medizinaltechnik in der Schweiz liegt in den Bereichen Implantate,

Mikrosysteme für die biochemische Diagnostik sowie chirurgische Instrumente, Systeme und Verfahren. Ein Gebiet der Medizinaltechnik, welches in jüngster Vergangenheit stark an Bedeutung gewonnen hat, ist die Gewebetechnik.

Neben dem Einsatz medizinaltechnischer Geräte zur Kompensation von altersbedingten Einschränkungen sowie dem Einsatz in Krankenhäusern, Spitälern und anderen medizinischen Einrichtungen, spielt die Medizinaltechnik auch bei der Gesundheitsvorsorge und -überwachung insbesondere bei älteren Menschen eine wichtige Rolle. Zu einer umfassenden Vorsorge und Überwachung gehört die Überprüfung verschiedener Körperparameter, wie beispielsweise Blutdruck, Körperfett oder Blutzuckerwerte. Auch wenn bereits viele entsprechende Produkte und Lösungen am Markt existieren, mangelt es oftmals an geeigneten Messmethoden, welche diese Verfahren und Behandlungen effektiv unterstützen. Das Potential für innovative Messinstrumente und neuartige Messmethoden ist hier besonders hoch. Beispielsweise muss der Blutsauerstoffgehalt traditionell über einen Zeitraum von 24 Stunden gemessen werden, um zu verlässlichen Daten zu gelangen. Neuartige, kleine und handliche Geräte, die auf Basis von Mikrotechnologien oder Mikrosystemtechnik arbeiten, könnten diese Zeit wesentlich reduzieren; ihre Markteinführung musste jedoch hinausgezögert werden, da keine entsprechenden Messmethoden existierten, welche den erforderlichen Input für diese Geräte liefern konnten.

Neben der Bestimmung von Körperparametern können medizinaltechnische Instrumente auch therapeutische Aufgaben übernehmen. Die Instrumente ermöglichen somit eine unabhängige Behandlung und erlauben speziell den älteren Menschen, ihre Selbständigkeit und Mobilität beizubehalten. Beim Einsatz medizinaltechnischer Geräte, welche selbständig durch die älteren Menschen bedient werden sollen, spielt die Oberflächengestaltung eine besonders wichtige Rolle. Da viele Geräte teilweise auf komplexen Technologien beruhen, sollte die Anwendung leicht und unkompliziert gestaltet sein. Ein großer Markterfolg war beispielsweise ein automatisches Blutdruckmessgerät, welches einfach anzulegen war und nur mit einem einzigen Schalter bedient werden konnte. Andere Blutdruckmessgeräte, welche um ein Vielfaches komplizierter waren, wurden kaum akzeptiert. Beispiele für medizinaltechnische Instrumente zur Gesundheitsvorsorge und -überwachung, welche bei älteren Menschen zum Einsatz kommen können, umfassen die folgenden Produktgruppen:

- digitale Blutdruckmessgeräte,
- Blutzuckermessgeräte,
- Medication-Management-Geräte,
- Körperfettmessgeräte,
- Sauerstoffgeräte/Beatmungsgeräte,

- Inhaliergeräte,
- Muskel-/Nervenstimulationsgeräte,
- medizinisch-diagnostische Geräte,
- Geräte zur Lichttherapie,
- Heimtrainer.

Außer der Bestimmung von Körperparametern zur Vorsorge, Überwachung und Therapie altersbedingter Einbußen stellt die Prothetik einen weiteren wichtigen Bereich der Medizinaltechnik dar. Ein Hauptziel moderner Prothetik ist das Erreichen natürlicher Funktionalität. Ihr Vorbild und Maßstab ist der gesunde Mensch. Da ältere Menschen öfter an körperlichen Einbußen zu leiden haben als jüngere Menschen, bietet die Prothetik ein interessantes Gebiet für innovative Produkte. Ein differenziertes Angebot an Prothesen ist die Voraussetzung, all jene Körperfunktionen ersetzen zu können, welche die hochkomplexen Bewegungsabläufe des menschlichen Körpers ermöglichen. Bei funktionalen Einschränkungen der physischen Leistungsbereitschaft sind die Betroffenen oft ratlos über die Möglichkeiten zur Wiederherstellung ihrer Mobilität und äußeren Erscheinung. Die Prothetik setzt genau an diesem Punkt an. Neben den klassischen Prothesen, welche die Funktionalität bei körperlichen Einbußen wiederherstellen, gibt es auch kosmetische Prothesen. Bei ihnen steht nicht die Funktionalität, sondern der persönliche Anspruch an Aussehen und Komfort im Vordergrund. Nicht nur die Prothese selbst, sondern auch das Einsetzen und Anpassen einer Prothese stellt generell eine große Herausforderung dar und bietet Potential für Innovationen. „Intelligente" Prothesen, welche durch eine mikrochipbasierte Lokalisierungstechnik ein präzises Einsetzen der Prothese ermöglichen, haben großes Potential für die Zukunft. Viele der häufig auftretenden Probleme und Beschwerden mit Prothesen könnten dadurch reduziert werden. Die folgende Liste gibt einen kurzen Überblick über die verschiedenen Anwendungsbereiche in der Prothetik:

- Fußstumpfprothetik,
- Unterschenkelprothetik,
- Knie-Ex-Prothetik,
- Oberschenkelprothetik,
- Hüft-Ex-Prothetik,
- Prothesenfüße,
- Finger-/Hand-/Arm-/Schulterprothetik,
- Brustprothesen,
- Prothesenschienensysteme,
- Orthesen/Bandagen,
- Rumpf/Becken,
- Schuhtechnik,

■ Baukastensysteme,
■ Leisten/Schäfte,
■ Einlagensysteme,
■ Zahnprothetik.

Ein besonders wichtiges Gebiet für ältere Menschen stellt die Zahnprothetik dar. Ein Drittel der 70- bis 74-Jährigen und 80 Prozent der 90- bis 95-Jährigen in Deutschland haben ein künstliches Gebiss (vgl. Kruse 2002). Aufgrund der hohen Bedeutung der Zahnprothetik bei älteren Menschen wurde eine eigene zahnmedizinische Disziplin mit dem Titel „gerodontologische" Gesundheitswissenschaft ins Leben gerufen. Die am weitesten verbreiteten medizinaltechnischen Anwendungen für ältere Menschen umfassen jedoch traditionelle Hör- und Sehhilfen. Die Einflüsse sensorischer Einbußen auf Lebensqualität und Selbständigkeit im Alter werden vielfach unterschätzt und speziell der Verlust der Hör- und Sehfähigkeit ist oftmals mit hohen psychischen Belastungen verbunden. Durch eine fachgerechte Ausstattung mit Hör- und Sehhilfen wird daher ein sehr wichtiger Beitrag zur Erhaltung der Selbständigkeit, sozialen Integration und Lebensqualität älterer Menschen geleistet.

Etwa 70 Prozent der Menschen mit schweren Sehbeeinträchtigungen sind 60 Jahre und älter, fast 90 Prozent dieser Menschen sind spätsehbehindert oder späterblindet (vgl. Kruse 2002). Allgemein beginnt das menschliche Auge bereits ab einem Alter von 40 Jahren zu altern. Spätestens mit Erreichen des 60. Lebensjahres wird die Linse starrer. Kleine Schriften können nicht mehr scharf gesehen werden. Hinzu kommt, dass die im Alter weit verbreitete Farbsinnstörung dazu führt, dass blaue und grüne Farbtöne absorbiert werden und ältere Menschen alles ein wenig rötlich sehen. Bei Verpackungen sollte daher mehr Wert auf Kontraste gelegt werden, wenn blau und grün nicht mehr zu unterscheiden sind und Gelbtöne schwieriger erkannt werden. Die vier Haupterkrankungen des alternden Auges sind Makuladegeneration, Katarakt, Glaukom und ischämische Optikusneuropathie. Neben der klassischen Behandlung liegt großes Innovationspotential darin, neue Methoden zur Stimulation der Sehnerven zu finden, was wiederum eine Verbesserung der Sehbeeinträchtigung älterer Menschen ermöglichen könnte.

Von allen sensorischen Einbußen stellen Höreinbußen die häufigste chronische Einschränkung des hohen Alters dar. Gemäß Kruse (2002) beträgt die Prävalenz von Höreinbußen bei den über 65-jährigen Menschen etwa ein Drittel. Mit zunehmendem Alter steigt die Rate der schwerhörigen Menschen stark an. In vielen Fällen kann eine Hörbehinderung heute durch die Benutzung eines Hörgerätes kompensiert werden. Hingegen benutzt jedoch nur ein Teil der schwerhörigen Betagten ein Hörgerät.

> Höreinbußen stellen die häufigste
> sensorische Einschränkung im Alter dar.

Ein weiteres Merkmal der Altersschwerhörigkeit ist eine Beeinträchtigung des Sprachverständnisses, vor allem bei lärmigem Hintergrund. Viele Betroffene fühlen sich dadurch in ihrer Kommunikation eingeschränkt und ziehen sich aus ihrem gewohnten sozialen Beziehungsnetz zurück (vgl. Höpflinger und Stuckelberger 1999). Außer den Hörgeräten können andere Kommunikationsgeräte bei Höreinbußen helfen, wie beispielsweise spezielles Zubehör für Telefon und Türklingel sowie Verstärkungssysteme für Radio und Fernsehen. Auch neuere Medien und Kommunikationstechniken, wie beispielsweise Kabelfernsehen, interaktive Bildplatten, interaktives Video, Videotext und Bildschirmtext, sind hier aufzuzählen (vgl. Kruse 2002). Neben der Wiederherstellung der Hörkraft spielen gesellschaftliche Aspekte wie die Auffassung von Hörhilfen eine wichtige Rolle bei der Akzeptanz dieser Produkte am Markt. Beispielsweise wurde nach Ende des Zweiten Weltkrieges das Tragen einer Brille als Handicap empfunden und führte dazu, dass viele Menschen sich scheuten, in der Öffentlichkeit eine Brille zu tragen. Diese Auffassung hat sich bis heute dramatisch gewandelt. Ähnlich wie nach dem Zweiten Weltkrieg für die Brille gilt es heute als Handicap, eine Hörhilfe zu tragen. Es bleibt offen, ob und wie sich dieser Aspekt bei zukünftigen Generationen ändern wird.

Weiterhin ist folgende Entwicklung abzusehen: Die heutigen älteren Menschen bleiben länger jung, während das Einstiegsalter für Hörbehinderungen stagniert. Eine Hörbehinderung bei älteren Menschen beginnt immer noch durchschnittlich mit 55 Jahren, während die durchschnittliche Lebenserwartung kontinuierlich steigt. Somit werden die Bedürfnisse älterer Menschen nach Hörhilfen „jünger". Ein gravierendes Problem im Bereich der Hörgeräte für Senioren ist daher die Wahrnehmung und Formulierung der Bedürfnisse der älteren Menschen nach Hörhilfen. Während die Gruppe der 20- bis 54-Jährigen eher funktionelle, gezielte Hilfe bei Hörschäden benötigt, werden die Bedürfnisse nach Hörhilfen bei Senioren eher latent deutlich. Viele ältere Menschen leiden an leichteren, altersbedingten Hörbehinderungen und sind nicht im engeren Sinne schwerhörig. Daher nehmen sie ihre Bedürfnisse nach Hörhilfen relativ selten selbst wahr. Senioren, die zum ersten Mal eine Hörhilfe tragen, legen daher viel Wert auf kosmetische Aspekte. Das Produkt sollte nicht sichtbar getragen werden müssen. Dies führt zu der Problematik, dass die Produkte auf der einen Seite klein sein müssen, auf der anderen Seite aber aufgrund ihrer geringen Größe für ältere Menschen schwerer zu bedienen sind. Insbesondere der Einsatz und Austausch der Batterien wird bei kleiner werdendem Format des Hörgerätes zunehmend schwieriger. Die Funktionalität des Hörgerätes ist besonders wichtig. Im Vergleich zu Brillen gibt es bei Hörgeräten eine relativ lange Gewöhnungsphase. Während mit einer Brille unverzüglich die Sehkraft wiederhergestellt werden kann, kann mit einem Hörgerät meistens nicht die ursprüngliche Hörkraft sofort problemlos erreicht werden. Um die anfängliche Hörkraft exakt wiederherstellen zu können, ist ein längerer Prozess nötig. Sowohl diese Tatsache als auch die kosmetischen und ästhetischen Aspekte führen zu einer relativ hohen Ablehnungsgefahr des Produkts bei älteren Menschen. Diese Hürde erfordert zum einen viel Marketing, Branding und Kommunikation, bietet zum anderen auch großes Potential für innovative Lösungen.

Die Hauptprobleme älterer Menschen bei der Benutzung bisheriger Hörhilfen basieren auf taktilen Problemen, der Pflege und Robustheit der Systeme sowie den teilweise hohen variablen Kosten. Taktile Probleme bei älteren Menschen führen zu Konflikten mit den Bedienelementen. Der Konflikt zwischen Größe und Bedienbarkeit der Hörhilfe hat dazu geführt, dass viele Hörgeräte heute durch eine Fernsteuerung bedienbar sind, welche zum Beispiel in der Uhr integriert sein kann. Generell sollte jedoch beachtet werden, dass die Anzahl der Bedienelemente niedrig gehalten wird. Die Pflege der Systeme ist heutzutage vielfach zu kompliziert und komplex. Die älteren Menschen haben oftmals Schwierigkeiten mit der eigenständigen Wartung der relativ kleinen Bauteile der Hörgeräte. Die variablen Kosten der Hörgeräte können sehr hoch sein, was hauptsächlich an den relativ hohen Preisen für die Batterien liegt. Neuartige Energiequellen haben die Chance, großes Marktpotential zu erschließen. Weitere Probleme älterer Menschen bestehen darin, dass undeutliches, schnelles und zerhacktes Sprechen im Alter schwieriger aufzunehmen ist. Selbst wenn Senioren die akustischen Signale einwandfrei wahrnehmen können, ist die Verarbeitung der empfangenen Signale noch nicht garantiert. Weitere individuelle Einstellungen am Hörgerät müssen vorgenommen werden. Die Sprachverarbeitung im Hörgerät bietet neuartige Möglichkeiten für Innovationen.

Generell kommen Hörgeräte immer reaktionär zum Einsatz und nie prophylaktisch; das heißt, sie werden erst nachgefragt, wenn bereits ein Schaden existiert. Daher können die Wünsche und Anforderungen an heutige und zukünftige Produkte schwer im Voraus bestimmt werden und es ist sehr schwierig abzuschätzen, wo mögliche Innovationspotentiale liegen könnten. Einige Themenbereiche, in denen potentielle Innovationen für neue Produkte zu finden sein könnten, lassen sich wie folgt abgrenzen:

■ **Neuartige Herstellungsverfahren:** Um optimale Leistungen bieten zu können, sollten Hörgeräte individuell an den Hörgeräteträger angepasst sein. Individuell angepasste Hörgeräte gibt es bereits seit einiger Zeit. Diese werden jedoch hauptsächlich manuell hergestellt. Neue Herstellungsverfahren zur Mass-Customization von Hörgeräten bieten viel Potential für Innovationen.

- **Kombination mit anderen Systemen:** Hörhilfen können mit Kommunikationswerkzeugen verbunden werden, wie beispielsweise Fernseher, Telefon, Mobiltelefon oder Headset. Fast alle Bedürfnisse unterliegen einem zeitlichen Wandel. Mobilität und mobile Kommunikation werden in Zukunft stärker ausgeprägt sein als heute. Daher bietet die Verknüpfung zwischen dem Hörgerät und anderen mobilen Kommunikationsdienstleistungen großes Potential für Innovationen.

- **Intelligente Hörhilfen:** Hörgeräte müssen nicht mehr rein manuell bedient werden. Das Hörgerät merkt beispielsweise, wenn das Mobiltelefon klingelt und nimmt automatisch die Verbindung zum Mobiltelefon auf. Das Mobiltelefon kann nun über das Hörgerät benutzt werden. Es gibt bereits Hörgeräte, welche sich an den Fernseher anpassen. Diese kommunizieren jedoch noch nicht mittels intelligenter Methoden mit dem Fernseher.

- **Situative Anpassung der Hörhilfen:** Hörgeräte können nach verschiedenen Prinzipien funktionieren. Sie können entweder gesteuert, semi-gesteuert oder rein adaptiv betrieben werden. Adaptiver Betrieb bedeutet, dass standardisierte Meldungen an das Hörgerät gesendet werden und sich das Hörgerät somit situativ an das Umfeld anpassen kann. Es gibt bereits Hörgeräte, welche in leisen Umgebungen leiser übertragen und in lauteren Umgebungen lauter, aber der genaue Grad der Lautstärke ist meistens nicht kontextbezogen eingestellt; zum Beispiel ist das Umfeld in einer Bibliothek leiser als in anderen ruhigen Räumen. Eine Lösung könnte sein, Sender in den jeweiligen Räumen zu positionieren, welche entsprechende Signale an das Hörgerät senden. Mit Hilfe einer Anpassungssoftware im Hörgerät kann die Einstellung des Hörgerätes automatisch an die entsprechende Umgebung angepasst werden.

- **Sprachverarbeitung im Hörgerät:** Undeutliches, schnelles und zerhacktes Sprechen, welches bei älteren Menschen zu Verständnisschwierigkeiten führt, könnte durch entsprechende Sprachverarbeitung im Hörgerät entzerrt oder ausgeglichen werden. Eine Sprachverarbeitungssoftware könnte in Zukunft ein erfolgreiches Produkt für diese Aufgabe sein.

- **Schnittstelle zum Anwender:** Die Schnittstelle zwischen der Akustik und dem Hörgeräteträger bietet viel Innovationspotential. Die Verwaltung des Hörgerätes könnte beispielsweise über den Computer geschehen. Es könnte über das Internet eine entsprechende oben genannte Anpassungssoftware oder eine Update-Version für die momentane Einstellungssoftware des Hörgerätes heruntergeladen werden. Über Mobile Computing wäre sogar eine ständige, drahtlose und mobile Verbindung des Hörgerätes zum Internet möglich, so dass Ausfälle oder Schäden sofort und automatisch auf elektronischem Wege behoben werden könnten.

■ **Pflege und Robustheit der Systeme:** Die Pflege der Hörhilfen stellt einen großen Nachteil heutiger Lösungen speziell für ältere Menschen dar. Neuartige Methoden zur Gestaltung der Hörhilfen, welche die Wartung und Pflege vereinfachen, bieten Platz für Innovationen. Die Robustheit der Systeme kann vorrangig durch neuartige Materialien erhöht werden und hätte ebenfalls einen direkten, innovativen Einfluss auf die Qualität und Funktionalität der Hörgeräte.

■ **Neuartige Energiequellen:** Anstatt der bisherigen, schwer austauschbaren Batterien könnten neuartige Methoden zur Energieversorgung entwickelt werden. Hörgeräte benötigen relativ wenig Strom. Daher könnte beispielsweise der menschliche Körper in die Gewinnung elektrischer Energie mit eingeschlossen werden. Bioelektrische Systeme bieten hohes Potential für Innovationen.

■ **Innovative Produktgestaltung:** Die Brille hat sich vom Handicap nach dem Zweiten Weltkrieg zum modischen Accessoire von heute entwickelt. Die Wandlung von Hörhilfen zu modischen Produkten könnte eine weitere Möglichkeit zur innovativen Vermarktung und Produktgestaltung sein. Hörschäden könnten in der Gesellschaft somit auf innovativen Wegen adressiert werden.

6.4   Telemedizin

> *"Home-based healthcare technologies will belong*
> *to the Top 10 business opportunities by 2007."*
>
> *Battelle Memorial Institute, 1997*

Die Entwicklung von Medizinaltechnikapplikationen in den letzten Jahren hat nicht nur dazu beigetragen, dass sich die gesundheitliche Situation der Menschen verbessert hat, sondern auch ihre Unabhängigkeit, Selbständigkeit und Mobilität erhöht werden konnte – ein Sachverhalt, der besonders älteren Menschen zugute kam. Viele neue Entwicklungen in der Informations- und Kommunikationstechnologie haben die Anwendungsvielfalt von medizinaltechnischen Produkten ebenfalls stark erhöhen können. Das Potential der Verschmelzung der Informations- und Kommunikationstechnologie mit der Medizinaltechnik ist sogar so groß, dass ein eigenständiger Produktbereich entstanden ist. Diese neu geschaffene Disziplin ist unter dem Begriff Telemedizin bekannt. Die Europäische Kommission beschreibt den Begriff Telemedizin wie folgt (vgl. Beolchi 2002):

"Telemedicine describes the use of remote medical expertise at the point of need. It includes two major areas: Home care, as the care at the point of need through connected sensors, hubs, middleware and reference centers; and co-operative working, as a network of medical expertise linked together."

Anwendungen in der Telemedizin umfassen daher die folgenden Tätigkeiten:

- Untersuchung, Überwachung und Management von Patienten und medizinischem Personal mit Hilfen von Systemen, welche den direkten Zugang zu fachlichem Know-how und Expertise ermöglichen, unabhängig, wo sich der Patient oder die relevante Information befindet.
- Der Einsatz von elektronischen Informations- und Kommunikationstechnologien zur Versorgung mit und Unterstützung in der Gesundheitspflege, falls räumliche Distanz die Teilnehmer trennt.
- Der Bezug von jeglichen Gesundheitsdienstleistungen (inklusive Diagnose, Überwachung, Beratung und Behandlung), bei denen räumliche Distanz zwischen dem Experten und dem Patienten einen kritischen Faktor darstellt.

Da davon ausgegangen werden kann, dass sich viele 60- bis 70-jährige Menschen relativ gut mit neuen Informations- und Kommunikationstechnologien auskennen, wird ihrem Einsatz in der Medizin großes Potential eingeräumt. Insbesondere die Tatsache, dass immer mehr jüngere Generationen zu der Gruppe der älteren Menschen aufschließen, wird dazu führen, dass der Einsatz von modernen Informations- und Kommunikationstechnologien in der Diagnose, Überwachung und Behandlung von älteren Menschen eine immer stärkere Rolle spielt. Dr. Daniel Inglin, Präsident der Schweizerischen Gesellschaft für Gerontologie und Leiter des Geriatrie-Zentrums am Bürgerspital St. Gallen, geht davon aus, dass die Telemedizin in den nächsten zehn bis 15 Jahren zu einer klaren Institution gerade für ältere Menschen geworden sein wird. Zudem schätzt das Battelle Memorial Institute, dass so genannte „Home-based Healthcare Technologies" zu den Top 10 Geschäftschancen am Ende dieses Jahrzehnts gehören werden.

Trotz der noch jungen Geschichte dieser Disziplin gehen die Ursprünge der Telemedizin zurück bis in das Jahr 1877. Damals hatten sich in den USA 21 Ärzte zusammengeschlossen und eine Telefonauskunft eingerichtet, die eine einfachere Kommunikation mit den lokalen Apotheken ermöglichen sollte (vgl. Lee et al. 2000). Doch erst durch die steigende Bedeutung von High-Speed-Telekommunikation, interaktiven Videokonferenzen oder Healthcare-System-Integrationen im Laufe der 1990er Jahre ist die Telemedizin verstärkt in das Interesse der Öffentlichkeit gelangt. Heute umfasst die Telemedizin hauptsächlich vier Anwendungsgebiete:

- **Telekonsultation:** Zur Telekonsultation gehören die Ferndiagnose von Krankheiten, die Beratung und Diskussion unter Ärzten beispielsweise mittels Telekonferenzen oder auch das Einholen von Zweit- oder Drittmeinungen.
- **Teleteaching:** Teleteaching ermöglicht die Fernausbildung und –weiterbildung von Medizinalpersonen.
- **Telementoring:** Telementoring erlaubt, dass ein Experte einen medizinischen Eingriff – etwa eine Endoskopie oder eine Operation – in Echtzeit mitverfolgen kann. Dabei könnte der Experte den Operateur während des Eingriffs sogar beraten oder anleiten.
- **Telechirurgie:** Telechirurgie umfasst Fernoperationen oder medizinische Robotik.

Neben diesen vier Hauptbereichen werden auch andere Anwendungen von Informationstechnologien unter dem Begriff Telemedizin zusammengefasst. So gehört beispielsweise die Fernüberwachung von Biodaten – beispielsweise des EKGs oder der Blutzuckerwerte – zum Bereich Telemedizin. Auch der Aufbau von medizinischen Datenbanken in Spitälern und Arztpraxen oder der Unterhalt von medizinischen Websites im Internet sind Beispiele für Aktivitäten, welche unter den Begriff der Telemedizin fallen. Zusätzlich spielt das Patient Monitoring eine wichtige Rolle. Dabei können Patienten kontinuierlich überwacht werden, und entsprechende Hilfsfunktionen automatisch ausgelöst werden. Beispielsweise kann ein Krankenwagen gerufen werden, wenn das Patient Monitoring System meldet, dass die beaufsichtigte Person gestürzt ist oder dass bestimmte Körperparameter deutliche Abweichungen von den Normalwerten aufweisen.

Eine Untersuchung über den Einsatz von Telemedizinapplikationen hat ergeben, dass Videokonferenzen und Image Transfer mit je 43 Prozent den Hauptteil aller Telemedizinanwendungen in Europa ausmachen (vgl. Bild 6.3).

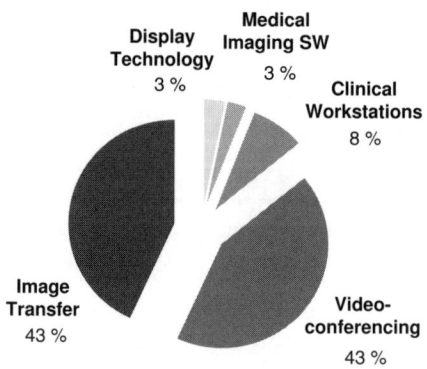

Bild 6.3: Hauptanwendungsgebiete in der Telemedizin in Europa (Quelle: Deloitte & Touche 2000)

Bei den zugrunde liegenden Technologieplattformen, auf denen die entsprechenden Telemedizinapplikationen aufbauen, wird in Europa hauptsächlich ISDN verwendet. Das World Wide Web wurde nur zu sieben Prozent als Basistechnologie für Telemedizinanwendungen im Jahr 2000 benutzt (vgl. Bild 6.4).

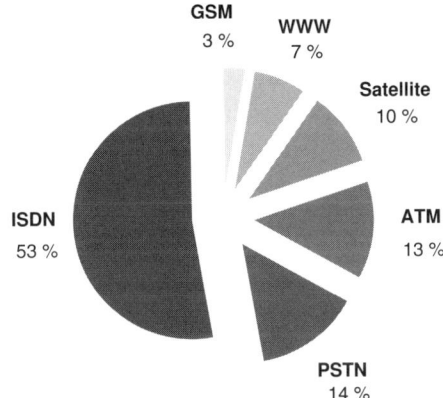

Bild 6.4: Zugrunde liegende Technologieplattformen für Telemedizinanwendungen in Europa (Quelle: Deloitte & Touche 2000)

Innerhalb Europas wird eine Reihe von Projekten gefördert, welche sich mit der Forschung zum Thema Telemedizin sowie der Verbreitung von Telemedizinapplikationen beschäftigen. Ungefähr zwei Drittel aller Initiativen sind dem Gebiet des Teleconsultings (62 Prozent) zuzuordnen. Telecare (13 Prozent), Teleeducation (elf Prozent) und Telemonitoring (acht Prozent) sind weitere wichtige Teilgebiete der Telemedizin. Bild 6.5 gibt einen Überblick über die verschiedenen Telemedizinprojekte in Europa.

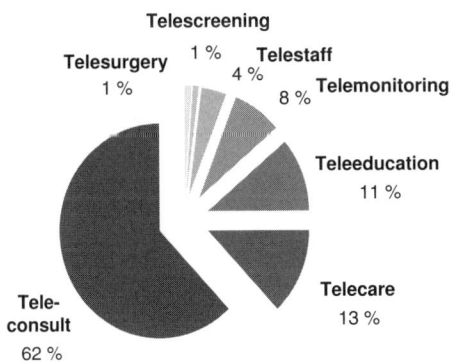

Bild 6.5: Einteilung der Telemedizinprojekte in Europa (Quelle: Deloitte & Touche 2000)

Beim Einsatz von Telemedizinapplikationen sind die skandinavischen Länder führend innerhalb Europas. In Schweden verwendeten beispielsweise bereits 50 der 85 Hospitäler Telemedizinanwendungen im Jahr 2000, und weitere zwölf Hospitäler hatten zu diesem Zeitpunkt konkrete Pläne, ebenfalls bestimmte Telemedizinapplikationen einzuführen. Finnland führt eine Reihe von Telemedizinprojekten durch, um die Effektivität des Primary-Care-Sektors langfristig zu stärken (vgl. Deloitte & Touche 2000).

Da Telemedizin eine noch relativ junge Disziplin darstellt, gibt es wenige Informationen und Daten, welche eine Prognose über zukünftige Entwicklungen ermöglichen. Es ist jedoch anzunehmen, dass einige Trends aus den USA in wenigen Jahren auch in Europa Anwendung finden. Vor diesem Hintergrund haben Deloitte & Touche (2000) die folgenden Haupttrends in der Telemedizin in Europa identifizieren können:

■ Wachstum in der Anzahl der Desktop-Videokonferenz-Workstations;

■ Wachstum in Telemedizinanwendungen im Heimbereich;

■ Nutzung des Internets, um Gesundheitsinformationen zwischen Ärzten und Spezialisten zu ermöglichen;

■ Integration der elektronischen Patientenakte mit „live" und „store-and-forward" Telemedizintechnologien;

■ nationale Gesetzgebung bei den Rückerstattungen für Telemedizinberatungen und -produkte wird den Markt stimulieren.

Telemedizin ermöglicht ebenfalls, dass die Kommunikation zwischen Patienten gefördert werden kann. Bekanntschaften können geknüpft werden, soziale Kontakte können gepflegt werden oder durch bestimmte Telemedizinanwendungen erst entstehen. Die Gefahr der sozialen Isolation, welche entstehen kann, wenn Informations- und Kommunikationstechnologien die menschliche Interaktion mit dem Arzt reduzieren, wird von vielen Fachleuten zwar erkannt, es wird jedoch davon ausgegangen, dass sie keine Bedrohung für das soziale Umfeld der älteren Menschen darstellt. Im Gegenteil, wenn Telemedizinapplikationen unterstützend und nicht ersetzend eingesetzt werden, können sie einen wichtigen Teil zur Steigerung der Lebensqualität älterer Menschen beitragen. Es wird sogar bereits jetzt von Fällen berichtet, wo Senioren auf ihren betreuenden Geriater mit einem Dossier aus Publikationen aus dem Internet zugehen und fragen, warum sie nicht entsprechend der dort veröffentlichten Methoden behandelt werden.

In der Schweiz gibt es verschiedene Organisationen, welche sich mit dem Thema Telemedizin beschäftigen, wie beispielsweise die Schweizerische Akademie der Medizinischen Wissenschaften (SAMW), die Schweizerische Akademie der Technischen Wissenschaften (SATW) oder die Initiative Medgate. Medgate gilt dabei als das führende medizinische Informations- und Beratungszentrum der Schweiz. Ein Beratungsteam von über 25 Ärzten und 15 medizinischen Fachpersonen steht rund um die Uhr an sieben Tagen in der Woche für die Patienten im

Einsatz und erteilt medizinischen Rat über Telefon und Internet. Über die Website http://www.medgate.ch unterstützt Medgate bei der Suche nach medizinischen Informationen durch ausgesuchte Links, welche nach Krankheiten und medizinischen Themen geordnet sind. Diese Links wurden von Experten nach verschiedenen medizinischen Kriterien sowie Verständlichkeit bewertet und kategorisiert. Registrierte Kunden von Medgate haben zudem die Möglichkeit, einfache medizinische Fragen als verschlüsselte E-Mail an ein Ärzteteam zu richten.

6.5 Haus- und Haushaltstechnologie

Die häusliche Umgebung hat für ältere Menschen eine außerordentlich hohe Bedeutung. Eine Vielzahl von Studien belegt, dass das Zuhause der älteren Menschen das für sie wichtigste Umfeld darstellt (vgl. Baltes et al. 1999, Baltes, Wahl und Schmid-Furstoss 1990, Moss und Lawton 1982). In der Tat ist das Wohnen am angestammten Ort für etwa 96 Prozent der 65- bis 79-jährigen und für rund 78 Prozent der über 79-jährigen Menschen in der Schweiz Realität (vgl. Bohn 2002). Ein auffallendes Merkmal zu Hause lebender älterer Menschen von heute ist allerdings die klare Konzentration auf Kleinhaushalte mit ein bis zwei Personen. Der überwiegende Teil der Rentner lebt entweder allein oder zu zweit.

> **96 Prozent** der 65- bis 79-jährigen
> Schweizer leben **zu Hause**.

Insgesamt umfasst nur etwa jeder vierte Haushalt in der Schweiz mindestens eine Person im Rentenalter (Höpflinger und Stuckelberger 1999). Mit steigendem Alter nimmt der Anteil allein lebender Menschen sogar zu, vor allem bei den Frauen. Während der letzten drei Jahrzehnte lassen sich bei der Lebensform älterer Menschen vier bedeutsame Entwicklungen festhalten (Höpflinger 2002c):

- Der Anteil älterer Männer und Frauen, welche in einem Ein-Personen-Haushalt wohnen, hat sich klar erhöht. Dies hat mit einer verbesserten wirtschaftlichen und sozialen Selbständigkeit sowie einer verstärkten Individualisierung älterer Menschen zu tun. Der Trend zu Ein-Personen-Haushalten ist somit nicht von vornherein negativ zu bewerten, da das Leben im Ein-Personen-Haushalt den großen Vorteil aufweist, privaten Freiraum und soziale Beziehungen individuell kombinieren zu können. Eine negative Bewertung dieser Entwicklung ergibt sich nur, wenn das Wohnen in einem Ein-Personen-Haushalt von vornherein mit Alleinleben und sozialer Isolation gleichgesetzt wird. Faktisch hat jedoch die große Mehrheit älterer Menschen in Ein-Personen-Haushalten durchaus gute Kontakte zu Angehörigen, Freunden oder Nachbarn.

- Der Anteil an Rentnern, welche in einem Paarhaushalt leben, hat sich erhöht. Darin widerspiegelt sich einerseits die hohe Ehefreudigkeit dieser Generationen. Andererseits trägt die hohe Lebenserwartung dazu bei, dass gemeinsames Zusammenleben heutzutage länger dauert als früher.

- Der Anteil älterer Frauen und Männer, welche zusammen mit oder bei einem ihrer Kinder wohnen, hat sich weiter reduziert. Selbst in ländlichen Regionen ist das Zusammenleben von Rentnern und ihren Kindern seltener geworden. Diese Entwicklung hat weniger mit einer abnehmenden Bereitschaft von Kindern zu tun, ihre Eltern bei sich aufzunehmen, als damit, dass heute auch die älteren Menschen ihre persönliche Selbständigkeit hoch bewerten. Entsprechende Studien deuten darauf hin, dass „Intimität auf Distanz" zwischen Angehörigen die Norm ist.

- Es zeigt sich ein deutlicher Rückgang in Zahl und Anteil so genannter „komplexer Haushaltsformen". Das Zusammenleben mit anderen verwandten Personen wie beispielsweise Geschwistern sowie mit nicht-verwandten Personen ist selten geworden. Das Gleiche gilt auch für Mehr-Generationen-Haushalte. Darin widerspiegeln sich wiederum Prozesse der Individualisierung und verstärkten Autonomie älterer und betagter Menschen. Entsprechend der hohen Wertschätzung der individuellen Privatsphäre sind auch Alterswohngemeinschaften selten geblieben.

Insgesamt ergibt die Analyse der Haushaltsformen älterer Menschen, dass die heutigen Senioren eine stark individualisierte Wohn- und Lebensweise bevorzugen. Zudem hat der aktivere Lebensstil der heutigen Rentner viel damit zu tun, dass ein Großteil von ihnen einen hohen Wohn- und Lebensstandard genießen kann. Dies wird dadurch unterstrichen, dass inzwischen fast 50 Prozent der neuen Rentner nicht mehr Mieter in ihrer Wohnung sind, sondern Eigentümer. Somit können sie selber Entscheidungen über altersgerechte Änderungen und Anpassungen im Wohnbereich fällen. Auch ältere Menschen, die zur Miete wohnen, stellen in der Regel kein Hindernis für altersgerechte Wohnungsanpassungen dar, denn die Hausbesitzer profitieren ebenfalls auf vielfältig Weise von einer altersgerechten Bauweise: Die Rentnerinnen und Rentner werden in Zukunft eine der wichtigsten Nachfragegruppen auf dem Wohnungsmarkt bilden. Geeignete Wohnverhältnisse ohne Barrieren erhöhen daher nicht nur die Unabhängigkeit, Selbständigkeit und somit Lebensqualität älterer Menschen, sondern die Anforderungen an eine altersgerechte Wohnung decken sich größtenteils mit allgemein gültigen Anforderungen an Häuser und Wohnungen (vgl. Bohn 2002, Glatthard und Bohn 2002). In der Schweiz gibt es verschiedene Beratungsstellen, welche altersgerechte Wohnungsanpassungen begleiten, wie beispielsweise die Schweizerische Fachstelle für behindertengerechtes Bauen und die Fachstellen Wohnungsanpassung/Wohnberatung der Pro Senectute.

Die Hauptfrage für sämtliche im Haus- und Haushaltsbereich eingesetzten Technologien lautet daher: Welche Technologien können dazu beitragen, bestehende und neue Wohnungen an die Bedürfnisse älterer Menschen anzupassen? Ein großer Bereich umfasst bauliche Aspekte. Bei der Planung von altersgerechten Wohnungen müssen hauptsächlich die folgenden Erscheinungen bei älteren Menschen berücksichtigt werden (vgl. Glatthard und Bohn 2002):

- Gehbehinderungen,
- Gelenkerkrankungen,
- Sehbehinderungen.

Das Auftreten dieser Einschränkungen erhöht das Sicherheitsrisiko in Privathaushalten älterer Menschen erheblich. Insbesondere Stürze stellen eine große Gefahr im Hausbereich bei älteren Menschen dar. Kruse (2002) nennt die folgenden Sturzgefahrenquellen:

- Küche (schlechte Erreichbarkeit der Küchenutensilien),
- Bad/Toilette (Toilettensitzhöhe, Haltegriffe, nicht vorhandenes Badewannenbrett und -matte),
- Treppen (einseitige Handläufe),
- Beleuchtung (Lichtstärke kleiner 150 Lux, unzureichende Nachtbeleuchtung),
- Stolperfallen (lose Teppiche, Kabel im Raum, Sitzgelegenheiten, Sitzhöhe).

Da gehbehinderte ältere Menschen auf Rollstühle oder Gehhilfen angewiesen sind, benötigen sie oftmals mehr Bewegungsraum innerhalb ihrer Wohnung. Ein erhöhter Bedarf an Bewegungsraum bedeutet aber nicht zwangsläufig, dass eine alters- und behindertengerechte Wohnung eine größere Grundfläche benötigt als eine andere Wohnung und damit Mehrkosten ausgelöst werden. Vielmehr geht es darum, den zur Verfügung stehenden Raum durchdacht einzusetzen. Mit einem erhöhten Raumbedarf ist höchstens in den Sanitärräumen zu rechnen. Jede Schwelle und jede Stufe im Wohnbereich kann für ältere Menschen ein Hindernis darstellen und birgt ein potentielles Unfallrisiko. Es ist aber nicht der Fall, dass Treppen generell für gehbehinderte ältere Menschen ein absolutes Hindernis darstellen. Vieles hängt von deren Ausgestaltung ab. Dabei ist aber nicht nur ein günstiges Steigungsverhältnis von Bedeutung, sondern ebenso eine ausreichende, blendfreie Beleuchtung, ein ergonomisch geformter Handlauf beidseits der Treppe, ein auch im feuchten Zustand rutschfester Stufenbelag und die kontrastreiche Ausgestaltung der Stufenvorderkante. Bei Menschen mit Gelenkerkrankungen in den oberen Extremitäten – wie zum Beispiel Arthrose oder Polyarthritis – sind die Art und Form von Griffen und der bei einer Tätigkeit nötige Krafteinsatz entscheidend für die Bedienbarkeit und Benutzbarkeit. Gut umfassbare Türdrücker mit langem Hebelarm, leicht bedienbare Armaturen und leichtläufige Schiebetüren erleichtern diesen Menschen den Alltag und erhöhen ihre Selbständigkeit. Sehbehinderte Menschen schätzen es, wenn im ganzen Haus eine ausreichende, blendfreie Beleuchtung und deutliche Kontraste die Orientierung erleichtern, und wenn Hindernisse auf Kopfhöhe oder potentielle Absturzstellen abgesichert sowie größere Glasflächen auf Augenhöhe gekennzeichnet sind (vgl. Glatthard und Bohn 2002). Insbesondere im Hausbereich können daher verschiedene Vorrichtungen wie beispielsweise automatische Abschaltungen oder Bewegungsmelder, welche automatisch Räume entsprechend ausleuchten, die Sicherheit und den Komfort der älteren Menschen erheblich erhöhen.

In vielen Fällen entscheidet die Gestaltung des Badezimmers darüber, ob ältere Menschen in einer Wohnung bleiben können oder nicht. Das häufigste Problem ist dabei die Benutzung der Badewanne. Der Einstieg in die Badewanne erfordert viel mehr Kraft und Beweglichkeit und birgt auch mehr Unfallgefahren als der Einstieg in die Dusche. Oft verbessert jedoch schon der Einsatz von einfachen Hilfsmitteln die Situation deutlich. Können ältere Menschen beispielsweise die Badewanne nicht mehr benutzen, kann ein Badelift oder ein Badebrett hilfreich sein. Ein L-förmiger, stabiler und gut umfassbarer Haltegriff ersetzt die Duschengleitstange und ermöglicht das Festhalten, Abstützen und Hochziehen aus verschiedenen Positionen (vgl. Glatthard und Bohn 2002). Zudem stellt die Benutzung des WCs viele ältere Menschen vor Probleme.

Die Sicherheit älterer Menschen im Haushalt kann nicht nur durch bauliche Maßnahmen, sondern auch durch verschiedene andere technologische Produkte aktiv erhöht werden. Sicherheitsanlagen mit persönlicher Sprache, welche auch Social Alarms genannt werden, wird generell großes Potential für die Zukunft eingeräumt. Vielversprechend sind dabei sprechende User-Interfaces, welche die Bedienung stark vereinfachen können. Neben Sicherheitsanlagen im Hausbereich, welche auf der Basis der menschlichen Sprache funktionieren, gibt es auch technische Zugangskontrollen, welche den Zugang zu bestimmten Räumen gewähren oder verweigern können. Diese Sicherheitssysteme haben insbesondere für ältere Menschen den Vorteil, dass sie einerseits selbst geschützt werden und andererseits Angehörige oder Personen, welche mit ihnen in engem Kontakt stehen, beruhigt werden. Ein erfolgreiches Beispiel für ein elektronisches Schließ- und Identifikationssystem ist das Produkt „Dialock" von der Firma Häfele.

Beispiel 6.2: Häfele – Erhöhte Sicherheit und Zuverlässigkeit für ältere Menschen

Die Firma Häfele ist ein mittelständisches Unternehmen mit Sitz in Nagold. Das Produktsortiment umfasst Möbel- und Baubeschläge sowie elektronische Schließtechnik. Häfele ist in 27 Ländern durch Tochtergesellschaften vertreten. Zusätzlich unterhält Häfele weitere Verkaufsbüros in verschiedenen anderen Ländern. Weltweit beschäftigt

Häfele etwa 2.700 Mitarbeiter und konnte im Jahr 2003 einen Umsatz von 533 Millionen € erzielen.

Ein erfolgreiches Produkt von Häfele ist das Schließ- und Identifikationssystem Dialock. Dialock bietet mehr Sicherheit und Funktionalität als ein herkömmlicher mechanischer Schlüssel. Das System besteht aus drei Grundkomponenten: dem Electronic-Key, dem Terminal und einer Programmiereinheit. Der elektronische Schlüssel ersetzt den bisherigen Schlüssel. Die Daten für die Schließberechtigung sind auf einem Speicherchip im elektronischen Schlüssel enthalten. Diese werden per Funk an das Terminal übertragen. Dort werden die gesendeten Daten mit den einprogrammierten Daten überprüft und wird der Zutritt zu einem Raum bewilligt oder verweigert. Dass die Daten per Funk und somit berührungslos übermittelt werden, wird durch die Transpondertechnologie ermöglicht, auf der Dialock basiert. Dialock hat vielfältige Einsatzmöglichkeiten. Das Gebiet reicht vom Eigenheim bis zu großen Objekten wie Hotels, Büro- und Klinikgebäuden oder Seniorenanlagen. Häfele hat vor gut acht Jahren die Möglichkeit erkannt, die zugrunde liegende Transpondertechnologie zur Zutrittsidentifikation im Gebäudemanagement einzusetzen. Zunächst wurde das Produkt daher an Schreiner vertrieben, welche Dialock montierten. Mit der Weiterentwicklung des Produkts ergab sich jedoch die Chance, Dialock als Systemlösung anzubieten, so dass Beratungsleistungen notwendig wurden. Damit änderte sich auch die Zielgruppe, welche sich dann aus Bauherren, Gebäudebetreibern und Architekten zusammensetzte. Das Produkt wurde seit der Markteinführung bereits mehrfach optimiert: So konnte zum Beispiel die Größe des Terminals reduziert und die Mechanik robuster gemacht werden. Zudem schaltet sich die Elektronik, welche den Datenaustausch zwischen dem Electronic Key und dem Terminal ermöglicht, nun selbständig ein. Dies war vorher nur durch einen Knopfdruck möglich, was aber insbesondere bei älteren Menschen in Seniorenheimen oft zu Verwirrungen geführt hatte. Die Elektronik wird nun selbständig aktiviert, wenn ein elektronischer Schlüssel in den Radius eines Terminals gerät. Dieses Optimierungspotential konnte durch den engen Kontakt mit den Kunden erkannt werden. Sehr großes Potential hat Dialock, wenn die zu schließende Tür motorisch gesteuert ist. Dann kann der elektronische Schlüssel quasi wie eine Fernbedienung verwendet werden. Bei Garagentoren hat sich eine Fernbedienung schon längst durchgesetzt. Niemand würde auf die Idee kommen, diese als eine Behindertenhilfe zu bezeichnen. Sie macht die Nutzung einer Garage für jeden Nutzer bequemer – unabhängig vom Alter des Anwenders. Ähnliches Potential hätte das automatische Schließsystem Dialock.

Ein weiteres großes Problem im Hausbereich betrifft Türen. Viele Türen sind schwer zu öffnen und erfordern einen hohen physischen Aufwand. Hier bieten automatisch öffnende Schiebetüren großen Komfort. Die Tür kann ohne physischen Aufwand benutzt werden, was nicht nur älteren Menschen zugute kommt, sondern auch von jüngeren Menschen sehr gut akzeptiert wird. Die Schweizer Firma Kaba ist ein führender Anbieter von derartigen Türanlagen und hat in ihrer neuen Produktreihe Aktivsensoren in ihre Schiebetüren integriert, welche die Sicherheit beim Durchtreten der Türen erhöhen sollen. Neben der Umgestaltung von Wohnungen und Gebäuden werden verschiedene Zukunftsmodelle für die zukünftige Gestaltung des Wohnraums älterer Menschen diskutiert. Die Vernetzung von Haushaltsgegenständen oder mitdenkende Sicherheitssysteme stellen dabei einen interessanten Bereich für Produktinnovationen dar. Es gibt jedoch noch relativ wenig Untersuchungen zu Themen wie „Intelligentes Wohnen" oder dem Einsatz von Robotern im Haushalt, da davon ausgegangen wird, dass derartige Innovationen nicht in unmittelbarer Zukunft in den Haushalten älterer Menschen zum Einsatz kommen werden.

Ein weiterer Schwerpunkt im Bereich Haus- und Haushaltstechnologien für ältere Menschen stellen klassische Haushaltstechnologien dar, wie beispielsweise Waschmaschinen, Spülmaschinen oder Heizungsanlagen. Wahl und Mollenkopf (2003) haben eine Untersuchung zum Einsatz, der Erfahrung und den Ängsten mit verschiedenen Haushaltsgeräten bei älteren Menschen durchgeführt. Die Ergebnisse finden sich in Tabelle 6.2.

Tabelle 6.2: Haushaltstechnologien bei älteren Menschen (Quelle: Wahl und Mollenkopf 2003)

Gegenstand/Gerät	Verfügbarkeit (in Prozent)	Schlechte Erfahrungen (in Prozent)	Ängste (in Prozent)	Bedürfnis nach Vereinfachung (in Prozent)
Kochplatte	100,0	10,1	6,0	4,6
Backofen	97,2	9,3	3,7	4,0
Mikrowelle	51,7	12,7	8,0	10,3
Schnellkochtopf	56,9	13,2	13,5	10,9
Spülmaschine	39,9	5,9	1,9	2,4
Gefrierschrank	93,4	1,8	0,6	0,7
Elektrischer Rührstab	81,6	3,1	1,7	1,7
Universalküchenmaschine	63,4	4,7	4,0	9,3
Kaffeemaschine	94,5	4,6	1,3	1,3
Waschmaschine	98,0	9,3	7,5	10,7
Trockner	31,0	3,9	2,1	4,1
Staubsauger	99,7	3,3	0,3	1,5
Bügeleisen	99,7	9,8	5,8	2,4
Leiter/Trittleiter	93,1	9,5	12,3	1,6

Angaben für „Schlechte Erfahrungen", „Ängste", und „Bedürfnis nach Vereinfachung" basieren nur auf den Angaben der Befragten, welche die entsprechenden Geräte auch besitzen.

Die Untersuchungen zeigen, dass die meisten älteren Menschen schlechte Erfahrungen mit Schnellkochtöpfen gemacht haben, und – neben der Trittleiter – am meisten Angst vor diesem Gerät haben.

6.6   Alltagstechnik

Aufgrund altersbedingt eintretender körperlicher und geistiger Einbußen kommt es oft vor, dass ältere Menschen große Schwierigkeiten bei alltäglichen Dingen und Tätigkeiten haben, bei denen jüngere Menschen keinerlei Probleme haben. Dazu gehören simple Sachen und Abläufe wie beispielsweise Treppensteigen, Einkaufen, Fernsehen, das Öffnen von Verpackungen oder das Lesen von kleingedruckten Texten und Beschriftungen. Hier wird besonders für ältere Menschen zum Problem, was für die meisten Menschen selbstverständlich ist. Wenn ältere Menschen ihre Unfähigkeit bei der Verrichtung dieser alltäglichen Dinge bemerken, leiden oftmals das Selbstvertrauen und die Selbstachtung. Ein häufig genannter Kommentar lautet: „Ich bin nicht behindert. Ich brauch nur etwas mehr Zeit." Dabei können oftmals kleine Hilfsmittel die Mobilität, den Komfort, die Eigenständigkeit und die Unabhängigkeit der älteren Menschen erhöhen und somit die Lebensqualität steigern. Die meisten jüngeren Menschen machen sich jedoch über diese Art von Problemen keine Gedanken, weil sie außerhalb ihrer Empfindung und Wahrnehmung liegen. Besonders verheerend kann es werden, wenn die Entwickler von Alltagsprodukten bedeutend jünger sind als ihre Käufer.

Es gibt verschiedene Produkte, welche unterstützend im Alltag der älteren Menschen eingesetzt werden können und das Leben älterer Menschen angenehmer gestalten können. Diese Produkte müssen nicht immer High-Tech-Produkte sein. Vielfach reichen einfache und unkomplizierte Hilfsmittel aus, um die Lebensqualität der älteren Menschen zu erhöhen. Insbesondere elektronische Hilfsmittel können in vielfältiger Form als Alltagshilfsmittel eingesetzt werden. Eine Pilotstudie, in welcher elektronische Hilfsmittel bei behinderten Betagten eingesetzt wurden, demonstriert mit aller Deutlichkeit, dass neueste Technologien auch für die ältesten Generationen nutzbar gemacht werden können, sofern technologische Innovationen sozial sorgfältig begleitet werden (vgl. Höpflinger und Stuckelberger 1999). Generell wird zwischen aktiven und passiven Hilfsmitteln unterschieden. Aktive Hilfsmittel sind Hilfsmittel, welche eine aktive und freiwillige Intervention der Benutzer erfordern wie beispielsweise ein fernbedientes Telefon, Fernbedienung von Lichtschaltern, Fenstern, Türen oder Fernsehern. Somit kann eine gehbehinderte, bettlägerige oder motorisch benachteiligte Person ihre Umwelt zumindest teilweise kontrollieren. Aktive Hilfsmittel drängen nichts auf, sondern sie öffnen Wahlmöglichkeiten. Die Initiative verbleibt bei den

Benutzern und die Instrumente geben ihnen eine erhöhte Autonomie. Sie setzen jedoch eine geistige Eigenaktivität voraus. Aktive technische Hilfsmittel sind daher bei kognitiven Behinderungen nur beschränkt einsetzbar. Hingegen treten passive Hilfsmittel automatisch und unabhängig von einer Intervention eines Benutzers in Aktion, etwa wenn sich eine Tür selbständig öffnet oder wenn nach einem Sturz automatisch ein Notsignal ausgelöst wird. Solche Mittel sind besonders geeignet in Fällen, wo Personen nicht in der Lage sind, selbständig zu agieren beispielsweise aufgrund einer Ohnmacht nach einem Sturz oder anderweitiger kognitiver Einbußen (vgl. Höpflinger und Stuckelberger 1999).

Die Stiftung für elektronische Hilfsmittel (FST) mit Sitz in Neuenburg hat verschiedene aktive und passive Alltagshilfen entwickelt, welche die Lebensqualität von älteren Menschen erhöhen.

Beispiel 6.3: FST – Alltagshilfen für ältere Menschen

Die Stiftung für elektronische Hilfsmittel (FST) bietet verschiedene Hilfsmittel an, welche den Alltag von älteren Menschen erleichtern können. Dazu gehören beispielsweise das Rufsystem „LIBRA", die Fernbedienung „17SP" oder das Telefon „Dorocare". LIBRA kann eingesetzt werden, wenn eine Person in der näheren Umgebung der älteren Person gerufen werden soll, diese jedoch zu weit weg ist, um diesen Ruf zu hören. Ein drahtloser Funksender aktiviert eine Glocke, welche sich in der Nähe jener Person befindet, die gerufen werden soll. Der Sender ist leicht und diskret und kann überall mitgenommen werden. Die Fernbedienung 17SP verfügt über große Tasten, welche leicht zu drücken sind und mit klar verständlichen Symbolen ausgestattet wurden. Die Bedienmöglichkeiten können selbst bestimmt werden und die Tasten können den Bedürfnissen entsprechend etikettiert werden. Ungewollte Falscheinstellungen werden dadurch vermieden. Die Fernbedienung ist leicht und robust und es besteht die Möglichkeit, mehrere Geräte oder Installationen mit dieser Fernbedienung zu kombinieren, wie beispielsweise das Öffnen von Türen und Fenstern oder die Aktivierung von Beleuchtungen. Das Telefon Dorocare erlaubt es, Anrufe aus größerer Entfernung mit Hilfe einer kleinen Fernbedienung oder eines externen Schalters entgegenzunehmen. Somit kann gesprochen werden, ohne den Hörer in die Hand nehmen zu müssen. Diese Anwendung ist besonders hilfreich bei älteren Menschen, die nicht schnell genug zum Telefon laufen können, um einen Telefonanruf entgegenzunehmen. Dorocare verfügt zudem über große Tasten mit deutlich sichtbaren Kontrasten der Symbole.

Generell setzt die Akzeptanz von Hilfsmitteln – sowohl aktive als auch passive – eine sorgfältige Begleitung und mehrmaliges Erklären voraus. Sofern dies gewährleistet wird, führen auch Pannen oder technische Anfangsschwierigkeiten nicht zu längerfristigen Problemen. In einer Studie wurde gezeigt, dass in diesen Fällen nach sechs bis neun Monaten die Hilfsmittel integrierter Teil des Alltagslebens der älteren Menschen geworden sind. Dabei ist zu beachten, dass es zu keinen Änderungen des Lebensstils kam, sondern das bisherige Leben weitestgehend unter erleichterten Bedingungen weitergeführt werden konnte (vgl. Höpflinger und Stuckelberger 1999).

Es ist nicht einfach zu entscheiden, bei welcher Gelegenheit Alltagshilfsmittel zum Einsatz kommen sollen. Sie sollten auf jeden Fall eingesetzt werden, wenn ein älterer Mensch folgende Frage positiv beantworten muss: Gibt es alltägliche Tätigkeiten, die ich machen möchte oder machen muss, bei denen ich auf Hilfe angewiesen bin oder die ich nicht mehr alleine ausführen kann? Die meisten Alltagshilfsmittel für ältere Menschen umfassen die folgenden Einsatzmöglichkeiten:

- Gehen und Laufen,
- Unterstützung in Bad und WC,
- Küchenutensilien,
- Ankleideunterstützung,
- Reinigungshilfen,
- Körperpflege,
- Halte- und Greifunterstützung,
- Heben und Aufrichten.

Das Gehen und Laufen kann oftmals durch einfache Mittel erleichtert werden, wie beispielsweise Rollstühle (mechanische oder elektrische, mit individueller Sitzschalenversorgung oder mit Sondersteuerungen), Rollatoren, Gehgestelle, Gehstöcke, Gehböcke, Unterarmgehstützen, Achselstützen oder mobile Treppenlifte. Schweizer Firmen, welche sich auf Produkte wie Gehstöcke, Rollatoren, Gehböcke oder Rollstühle spezialisiert haben, sind Hausmann, Reha-Hilfen, SKS Rehab oder Bimeda. Viele Experten bemängeln jedoch, dass die meisten Rollstühle nicht speziell geriatrisch konzipiert wurden, obwohl sie zu über 90 Prozent von älteren Menschen genutzt werden. Bei der Zubereitung von Speisen können ebenfalls verschiedene Hilfsmittel eingesetzt werden, wie beispielsweise elektrische Dosenöffner, Küchengeräte mit großen Griffen und einfachen Hebeln, rutschfeste Schneidebretter, einfach zu bedienende und sichere Mixer sowie Griffe und Henkel, welche der Ergonomie der älteren Menschen angepasst sind. Ein weiterer großer Einsatzbereich von Alltagshilfen ist das An- und Entkleiden. Menschen aller Altersgruppen haben Probleme, Knöpfe zu öffnen oder Reißverschlüsse zu schließen. Wenn dazu noch motorische Einbußen ins Spiel kommen, kann es vorkommen, dass einige Kleidungsstücke gar nicht mehr selbständig verwendet werden können. Weitere alltägliche Tätigkeiten, welche im Alter schwer fallen, betreffen das Reinigen der Wohnung. Die richtigen Reinigungsgeräte können die Arbeit vielfach stark erleichtern. Staubsauger dürfen nicht zu schwer sein und müssen leicht rollen. Genauso sollten Wischer und Besen ergonomisch geformt sein und eine sichere Anwendung gewährleisten. Darüber hinaus stellt die Körperpflege einen weiteren Aspekt der alltäglichen Tätigkeiten dar, bei dem Hilfsmittel einen großen Nutzen stiften können. Von der Zahnbürste über die Haut- und Haarpflege bis hin zum Rasieren gibt es viele Geräte, welche älteren Menschen Probleme bei der Anwendung bereiten. Neuartige Auslegungen und Formen können Abhilfe schaffen und auf große Nachfrage stoßen. Alltagshilfen können ebenfalls dann zum Einsatz kommen, wenn das Ziehen, Greifen, Drehen oder Bewegen von alltäglichen Gegenständen eingeschränkt ist. Halte- und Greifunterstützungen können den Menschen helfen, bei denen die Greiffestigkeit oder Reichweite eingeschränkt ist. Bei Menschen mit eingeschränkten funktionalen Einschränkungen – wie Greifen, Ziehen oder Drehen – stellt oftmals nicht das Produkt selbst, sondern die Verpackung des Produkts das Hauptproblem dar. In diesem Zusammenhang hat die Bundesarbeitsgemeinschaft der Senioren-Organisationen (BAGSO), unterstützt durch das Bundesministerium für Verbraucherschutz, Ernährung und Landwirtschaft in Deutschland, eine Befragung zum Thema Verpackungen von Produkten durchgeführt, um zu erfahren, welche Probleme bei der Handhabung auftreten (vgl. BAGSO 2003). Die Ergebnisse bestätigen, dass ältere Menschen nur mühsam an den Inhalt der meisten Verpackungen gelangen (64,4 Prozent). Die Probleme liegen vor allem beim Öffnen (Bild 6.6). Viele Senioren ärgern sich auch darüber, dass das Haltbarkeitsdatum schlecht zu lesen sei (66,6 Prozent).

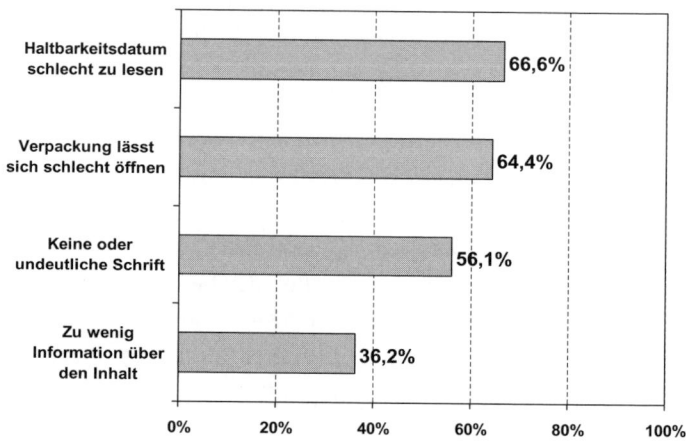

Bild 6.6: Ärgernisse bei Produktverpackungen (Quelle: BAGSO 2003)

Eine weitere Unterteilung der Gründe, warum sich eine Verpackung schlecht öffnen lässt, führt zu dem Ergebnis, dass die Schwierigkeiten der Befragten darin liegen, dass der Öffnungsmechanismus nicht funktioniert (75,4 Prozent), die Lasche/Aufreißfaden nicht zu finden ist (55,1 Prozent) oder dass man sehr viel Kraft benötigt (46 Prozent). Die größten Schwierigkeiten treten bei eingeschweißten Lebensmitteln auf (70,6 Prozent). Aber auch Milchtüten, Kaffee, Dosen oder Getränkeflaschen bereiten große Probleme (Bild 6.7).

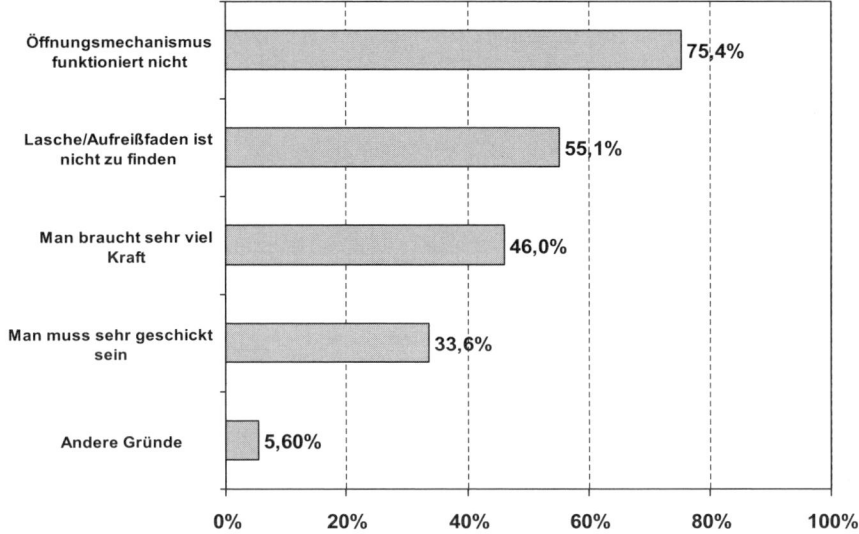

Bild 6.7: Schwierigkeiten bei Produktverpackungen (Quelle: BAGSO 2003)

Diese Erhebung aus dem Jahr 2003 kommt somit zu ähnlichen Ergebnissen wie auch schon frühere Befragungen zum Beispiel durch Meyer-Hentschel Management Consulting. Dies ist verwunderlich, denn Untersuchung haben bestätigt, dass etwa 20 Prozent der älteren Kunden bereit sind, die Marke zu wechseln, wenn sie mit der Verpackung Schwierigkeiten haben. Dieses Ergebnis wird zudem von einer Umfrage der Gesellschaft für Gerontotechnik in Iserlohn bei älteren Menschen bestätigt. Falls sich Produkte als schwer zu öffnen oder zu transportieren erweisen, greifen ältere Benutzer (falls vorhanden) auf Substitute (vgl. Krieb und Reidl 1999). Ein Unternehmen, welches große Anstrengungen unternommen hat, die Verpackung ihrer Produkte einfacher und benutzerfreundlicher zu gestalten ist das Schweizer Unternehmen SIG.

Beispiel 6.4: SIG allCap – Das Öffnen von Verpackungen vereinfachen

Der SIG-Konzern mit Sitz in Neuhausen ist ein weltweit führender Anbieter von automatisierten Verpackungslösungen für Getränke. Im Jahr 2003 erwirtschaftete das Unternehmen mit rund 9.000 Mitarbeitern einen Umsatz von 1,9 Milliarden €. Nach zahlreichen Umstrukturierungen ist SIG nun ein weltweit führender Verpackungskonzern, der aus der SIG Combibloc und der SIG Beverages besteht. Die SIG allCap ist eine Geschäftseinheit der SIG Combibloc und ist für alle Aktivitäten rund um die Entwicklung und Produktion hochwertiger Verschlusssysteme für Getränke und Lebensmittel zuständig. Die drei Hauptprodukte von SIG allCap sind „CombiTop", „CombiLift" und „CombiTwist" – drei Varianten zum Öffnen von Getränkekartons. Die CombiTop-und CombiLift-Öffnungshilfen ermöglichen ein bequemes Ausgießen ohne Nachtropfen. Die CombiTwist-Lösung, welche mit zahlreichen Designpreisen ausgezeichnet wurde, ist ein Schraubverschluss, welcher das Öffnen des Kartons in einem Zug (single action) ermöglicht. Beim Drehen wird der vorperforierte Karton durch einen integrierten Keil durchstoßen.

Ziel eines neuen Innovationsprojektes bei SIG allCap war es nun, die bestehenden Öffnungsmechanismen zu verbessern. Die folgenden Kriterien sollten dabei erfüllt beziehungsweise verbessert werden:

* logistische Convenience,
* Opening Convenience (aufzuwendende Öffnungskräfte),
* Erstöffnungsgarantie,
* Ausgießverhalten,
* single/double action (Öffnen des Verschlusses in einem Zug, respektive zwei Schritten),
* Barriereeigenschaften des Verschlusses.

Auslöser für das Innovationsprojekt war die Kritik an den herkömmlichen Verschlüssen CombiTop und CombiLift. So wird bei dem Verschluss CombiTop bemängelt, dass der Finger mit dem Inhalt in Berührung kommen kann. Bei CombiLift stellt eine mögliche Staubablagerung auf dem Verschluss, welcher beim Ausgießen in den Inhalt gelangt, ein Problem dar. Weiterhin sollten neue Trends bei Öffnungshilfen realisiert werden. Diese betreffen vor allem die Convenience, welche zwar nicht ausschließlich auf ältere Menschen ausgerichtet ist, diesen aber besonders zugute kommt. Im Rahmen des Projektes wurden drei verschiedene Öffnungsversionen konzipiert: Eine Version mit einer „Lasche", eine mit einem „Öhrchen"-Verschluss und eine Version mit einem „Pullring", bei dem man an einem Ring zieht, um die Verpackung zu öffnen.

Alle drei Prototypen wurden durch Testpersonen getestet. Ihre Ergebnisse fielen jedoch nicht wie erwartet aus. Obwohl die Öffnungskräfte, die beim Öffnen der Version „Lasche" aufgewendet werden müssen, erheblich sind, wird diese Version klar favorisiert. Negativ wurde jedoch angemerkt, dass es nicht klar sei, in welche Richtung geöffnet werden muss, oder dass es beim Öffnen kein Knacken gibt. Bei der Version „Öhrchen" wurde vor allem kritisiert, dass sich das Material „schwabbelig" anfühlt und dass der Verschluss nicht richtig schließt. Die Version „Pullring", bei der das Öffnen durch eine bessere Verteilung der Kräfte leichter fällt, wurde als „doof" und „old-fashioned" eingestuft. Diese Version wurde als unverständlich, unhandlich und optisch unschön abgetan. Aufgrund dieser Ergebnisse lässt sich eindeutig feststellen, welche Fähigkeiten des Menschen bei der Gestaltung eines Verschlusses beachtet werden müssen: Kognition, Sehfähigkeit sowie die Handfunktionen. Da alle drei Prototypen nicht den Anforderungen der Testpersonen genügten, wurde das zugrunde liegende Projekt bis auf weiteres abgebrochen. SIG allCap arbeitet aber weiterhin daran, die Öffnung ihrer Verpackungen zu verbessern.

6.7 Transportmittel und Fortbewegungssysteme

Mobilität konnte bereits als ein Hauptbedürfnis älterer Menschen identifiziert werden. Lösungen zur Erhöhung der Mobilität stellen somit einen wichtigen Faktor dar, um die Lebensqualität älterer Menschen zu erhöhen. Wenn Innovationen in diesem Bereich dazu führen, dass ältere Menschen die zur Verfügung stehenden Fortbewegungssysteme einfacher und öfter benutzen, erhöht dies nicht nur ihre Mobilität, sondern ermöglicht ihnen ebenfalls, Sozialkontakte aufrechtzuerhalten, indem sie Freunde und Bekannte häufiger besuchen können. Generell kam zwischen individuellen und öffentlichen Transportmitteln und Fortbewegungssystemen unterschieden werden. Individuelle Lösungen umfassen Fortbewegungssysteme, welche nach den individuellen Vorstellungen der Benutzer direkt und unmittelbar angewendet werden können. Dazu gehören beispielsweise verschiedene motorisierte Fahrzeuge wie Autos oder Motorräder. Insbesondere Motorräder werden zunehmend von älteren Menschen gekauft. Das Durchschnittsalter eines Harley-Davidson-Kunden beträgt beispielsweise 52 Jahre. Erst in diesem Alter wollen und können sich viele ältere Männer ihren Jugendtraum einer Harley Davidson erfüllen. Öffentliche Fortbewegungssysteme umfassen Busse, Straßenbahnen oder Züge.

Bei der individuellen Fortbewegung nimmt das Auto eine sehr wichtige Rolle ein. Für viele Senioren ist das Auto Symbol eines aktiven und selbstbestimmten Ruhestandes. In den Industrieländern wird bereits heute über die Hälfte der Neuwagen an über 50-Jährige verkauft (The Economist 2002). Bei den Wagen in der Luxusklasse sind rund 80 Prozent aller Kunden in Deutschland über 50 Jahre alt. Insgesamt sind momentan etwa 25 Prozent aller Fahrzeugnutzer über 60 Jahre alt und im Jahr 2020 wird jeder dritte Autofahrer über 60 sein. In der Zukunft wird sich deren Anzahl noch deutlich vergrößern, da immer mehr Frauen als Fahrzeugnutzer in Erscheinung treten werden. Während Anfang der 1990er Jahre nur etwa zehn Prozent der über 80-jährigen Frauen einen Führerschein besaßen, wird sich der Anteil an Frauen mit Führerschein auf 80 Prozent im Jahr 2025 steigern (vgl. Pfafferott 1994).

> Über die **Hälfte** aller Neuwagen
> wird an **über 50-Jährige** verkauft.

Aufgrund ihrer zunehmenden Bedeutung für den Straßenverkehr sind die älteren Autofahrer zu einem wichtigen Thema in der öffentlichen Diskussion geworden. Während die Teilnahme am Straßenverkehr die Mobilität und Selbständigkeit der älteren Menschen stark erhöht, gibt es auch Bedenken, dass ältere Menschen die allgemeine Verkehrssicherheit gefährden könnten. Da die Leistungsfähigkeit des alternden Organismus nachlässt, treten leichter und früher Erschöpfungszustände bei älteren Menschen während des Autofahrens auf. Die körperlichen und geistigen Veränderungen, welche sich negativ auf das Fahrverhalten auswirken können, sind:

- Nachlassen der Seh- und Hörfähigkeit;
- Nachlassen der Reaktionsgeschwindigkeit;
- Nachlassen der Konzentrationsfähigkeit und Aufmerksamkeit;
- Nachlassen der Muskelkräfte;
- Probleme mit den Gelenken.

Ein Blick auf die Unfallstatistiken zeigt jedoch, dass ältere Menschen nicht öfter in Unfälle verwickelt sind als jüngere Menschen und sie somit scheinbar in der Lage sind, ihre altersbedingten Einschränkungen in irgendeiner Art zu kompensieren (vgl. Kaiser und Oswald 2000). In der Tat gleichen ältere Menschen oftmals ihr nachlassendes sensorisches, motorisches und kognitives Leistungsvermögen durch eine Veränderung ihres Verkehrsteilnahmeverhaltens oder ihres Fahrverhaltens aus. Die meisten Senioren haben eine eher nüchterne und vernunftbetonte Einstellung zum Autofahren. Ältere Autofahrer meiden ungünstige Tageszeiten, hohe Verkehrsdichten, Dämmerungs- und Dunkelheitsfahrten, ungünstige Witterungsbedingungen, und sie fahren langsamer und vorsichtiger als jüngere. Des Weiteren verfügen viele ältere Autofahrer über eine hohe Verkehrserfahrung, welche ihnen hilft, Unfälle vermeiden zu können. Die Automobilkonzerne haben jedoch auf die Anforderungen ihrer älteren Kunden bereits seit Jahren reagiert und bieten verschiedene Lösungen an, welche das Autofahren im Alter erleichtern. Die wichtigsten Lösungen, um die motorisierte Mobilität älterer Autofahrer so lange wie möglich aufrechterhalten zu können, umfassen die folgenden Aspekte:

- ergonomisch konzipierte Sitze mit entsprechender Rückenunterstützung;
- Erleichterung des Ein- und Ausstiegs durch erhöhte Sitzpositionen;
- komfortable Be- und Entladung des Kofferraums;
- Entlastung der nötigen Aufmerksamkeit durch „subbewusstes" Fahren;
- Einsatz von Navigationssystemen;
- Rückfahrassistenten und Rückfahrkameras;
- Parkhilfen;
- Sichtverbesserungen – insbesondere der Nachtsicht – durch Blendschutz und automatische Scheinwerfereinstellungen;
- Notrufsysteme.

Nissan war einer der Pioniere beim Einsatz von Rückfahrkameras, da das Unternehmen frühzeitig erkannt hat, dass das Drehen der Halswirbelsäule im Alter schwerer fällt. Beim „Mercedes CLK" fährt beispielsweise eine Schiene den Anschnallgurt heraus und reicht ihn dem ungelenken Fahrer. Zudem sind Tacho und Drehzahlmesser bei fast allen Autos inzwischen mit größeren Ziffern ausgestattet, und die Spiegelverstellung ist oftmals deutlicher beschriftet. Navigationssysteme werden fast schon als Standard angeboten, da sie bei der Orientierung behilflich sind. Das „Generation Research Programm" der Ludwig-Maximilians-Universität in München besitzt einen eigenen Fahrsimulator, in dem Probanden der Zielgruppe 50 plus beispielsweise Navigationssysteme testen, da fast zwei Drittel dieser Kundengruppe ein derartiges Produkt kaufen. Geländewagen, SUVs und Vans werden auch deshalb gerne von älteren Menschen gefahren, weil sie hoch sind und der Fahrer leicht ein- und aussteigen kann. Viele Autohändler sprechen von zwei generellen Trends bei älteren Menschen (vgl. Haimann 2005). Demnach bevorzugen Senioren entweder große Wagen der oberen Mittelklasse, weil sie sich durch die üppige Karosserie besonders geschützt fühlen, oder sie neigen dazu, Fahrzeuge aus dem Kompaktwagensegment zu erwerben, weil sie deren Karosserie als übersichtlicher empfinden. Hinzu kommt eine weitere Besonderheit: Mit zunehmendem Alter verlieren die Käufer das Interesse an leistungsstarken Motoren und Zusatzausstattungen. Generell gilt für alle Automobile, welche von älteren Menschen gekauft werden, dass auch hier die angebotenen Modelle und Lösungen nicht den Anschein erwecken, dass sie speziell für ältere Menschen oder Menschen mit einer körperlichen Behinderung entwickelt wurden. Viele der oben genannten Innovationen werden auch von jüngeren Fahrern akzeptiert. Beim Fahrzeugdesign hat sich daher seit Jahren folgender Leitsatz etabliert, welcher ursprünglich vom Direktor des MIT AgeLab, Joseph Coughlin, festgestellt wurde:

> "A young man will never buy an old man's car,
> but neither will an old man buy an old man's car."

Zusätzlich zu den technischen Hilfen nimmt der Anteil an elektronischen Funktionen im Fahrzeug ständig zu. Die steigende Komplexität bei der Bedienung kann jedoch auch zu Erschwernissen führen, denn die damit einhergehende Informationsflut kann zu einer Belastung der Fahrer führen, insbesondere wenn diese nicht in der Lage sind, die entsprechenden Einstellungen vornehmen zu können (vgl. Diehr 2002). Die Elektronik in Autos hat inzwischen eine so hohe Komplexität erreicht, dass selbst ein Kompaktwagen wie der „Fiat Stilo" über mehr Mikroprozessoren und Rechnerleistung verfügt als jene NASA-Raketen, welche die ersten Menschen auf den Mond transportiert haben (vgl. Haimann 2005). Um dem „Krieg der Knöpfe" Einhalt zu gebieten, müssen neue Bedienkonzepte entwickelt werden, welche die Übersichtlichkeit erhalten (vgl. Geiger 2004).

Neben den individuellen Fortbewegungssystemen leisten öffentliche einen wichtigen Beitrag zur Erhöhung der Mobilität und Selbständigkeit älterer Menschen. Zu den öffentlichen Fortbewegungssystemen gehören alle Bereiche des öffentlichen Personennah- und Fernverkehrs, wie beispielsweise Busse, Straßenbahnen oder Züge. Verbesserungen und Vereinfachungen in der Benutzung des öffentlichen Verkehrssystems kommen insbesondere älteren Menschen zugute. Die Verkehrsbetriebe Zürich (VBZ) haben bereits Mitte der 1990er Jahre darauf reagiert, dass es in Zukunft immer mehr ältere Passagiere geben wird, und hat eine neue Serie von Tramwagen bestellt, welche ein leichteres Ein- und Aussteigen ermöglichen sollte.

Beispiel 6.5: Bombardier – Vereinfachte Nutzung der Straßenbahn

Die VBZ hatte Ende 1996 ursprünglich die Firma Schindler – insbesondere die Schindler Waggon AG – damit beauftragt, neue Tramwagen mit neuester Niederflurtechnik zur Verfügung zu stellen. Kurz nach der Auftragsvergabe gab es jedoch große Unsicherheiten bei der Auftragserfüllung, denn die Eigentümer der Schindler Waggon AG wechselten durch mehrfache Fusionen und Firmenübernahmen. Schließlich gehörte die Schindler Waggon AG und somit der Auftrag der VBZ dem kanadischen Bombardier-Konzern, welcher im Jahr 2001 die erste Serie an Niederflurstraßenbahnen unter dem Namen „Cobra" geliefert hat. Die Vorfreude der Zürcher auf die neue Tram war groß. Gerade ältere Menschen, für welche das Ein- und Aussteigen bei herkömmlichen Straßenbahnen große Probleme darstellte, konnten von den neuen Tramwagen profitieren. Die Straßenbahn kann somit mit einem Minimum an physischer Anstrengung benutzt werden, da man aufgrund der Niederflurbauweise anstatt „einzusteigen" bloß „einzutreten" brauchte, was älteren Menschen stark entgegenkommt. Ein ebenerdiger Einstieg ist beispielsweise bei den neuen IC-Doppelstockwagen der SBB schon lange Realität. Die VBZ versprach sogar, dass die neue Niederflurtechnik eine Alternative zum kostspieligen und ineffizienten Behindertentransport darstellen könnte.

Die Vorteile der „Cobra" kommen eindeutig den älteren Menschen zugute. Die Einstiegskanten sind gelb gekennzeichnet und so gut sichtbar. Zudem sorgen farblich hervorgehobene Türdrücker für ein einfacheres Öffnen der Türen. Eine akustische Ansage für jede Haltestelle vereinfacht das Tramfahren für Personen mit Sehschwierigkeiten. Zusätzlich sorgt eine gut lesbare Anzeige für die nächste Haltestelle dafür, dass auch hörbehinderte Menschen über den Streckenverlauf informiert werden. Alle Informationen werden dem Fahrgast einfach und effizient übermittelt, ohne ihn aufgrund von möglichen körperlichen und geistigen Einbußen von der Benutzung der Tram auszugrenzen. Insgesamt plant die VBZ, bis zum Frühjahr 2010 ihre Flotte an Niederflurtramwagen von 17 auf insgesamt 75 Fahrzeuge auszudehnen.

Um die Benutzung des Tramnetzes attraktiver für ältere Menschen zu machen, reicht es jedoch nicht, nur die Trams zu überarbeiten. Gleichzeitig muss die ganze

Infrastruktur – von Traminseln bis zu normalen Haltestellen – neu gestaltet werden. So beabsichtigen die Zürcher Verkehrsbetriebe, ihr gesamtes Tramnetz bis spätestens 2014 vollkommen behindertentauglich zu gestalten. Das Hauptziel ist, durch Anpassungen an den Haltestellen einen ebenerdigen Einstieg zu ermöglichen.

6.8   Unterhaltungs- und Kommunikationstechnologie

Ältere Menschen haben nicht nur ein hohes Bedürfnis, am aktiven Leben teilzunehmen, sie tun dies auch. Durch die sich abzeichnende kulturelle Verjüngung der neuen Generationen an älteren Menschen werden somit auch einige ihrer Bedürfnisse jünger. Dies wird besonders bei der Freizeitgestaltung deutlich. Während die Freizeit älterer Menschen früher selten von Unterhaltungs- und Kommunikationstechnologien geprägt war, spielt die Unterhaltungselektronik heute eine wesentliche Rolle in der Freizeitgestaltung älterer Menschen.

In diesem Zusammenhang haben Wahl und Mollenkopf (2003) eine Untersuchung über den Einsatz von Unterhaltungselektronik bei älteren Menschen durchgeführt. Dabei wurden der Einsatz, die Erfahrung und die Ängste älterer Menschen mit verschiedenen Gegenständen und Geräten aus dem Kommunikations- und Unterhaltungstechnologiebereich untersucht. Die Ergebnisse finden sich in Tabelle 6.3.

Tabelle 6.3: Unterhaltungs- und Kommunikationstechnologien bei älteren Menschen (Quelle: Wahl und Mollenkopf 2003)

Gegenstand/Gerät	Verfügbarkeit (in Prozent)	Schlechte Erfahrungen (in Prozent)	Ängste (in Prozent)	Bedürfnis nach Vereinfachung (in Prozent)
Fernseher	99,3	12,0	6,9	10,6
Kabelanschluss	90,4	6,1	4,3	4,6
Videorecorder	57,7	15,8	17,5	35,8
Teletext	63,7	6,2	5,7	11,4
Videokamera	14,2	3,3	10,1	16,6
Radio	99,4	1,7	0,5	0,8
Stereosystem	65,8	5,6	5,7	9,8
CD-Player	50,0	3,8	3,6	6,3
Personal Computer	12,6	3,4	17,6	26,6
Modem/Internetzugang	5,6	1,4	17,9	20,3

Tabelle 6.3: (Fortsetzung)

Telefon mit Telefonkabel	77,9	3,9	1,5	1,1
Schnurloses Telefon	34,4	4,5	5,6	6,9
Mobiltelefon	9,1	2,2	10,1	21,1
Anrufbeantworter	20,7	3,8	5,9	10,1
Faxgerät	7,5	1,3	7,9	10,4

Angaben für „Schlechte Erfahrungen", „Ängste", und „Bedürfnis nach Vereinfachung" basieren nur auf den Angaben der Befragten, welche die entsprechenden Geräte auch besitzen.

Aus der Untersuchung wird deutlich, dass die meisten älteren Menschen schlechte Erfahrungen mit einem Videorecorder gemacht haben. Gleichzeitig gaben die meisten älteren Menschen an, dass sie genau dort das größte Potential für Verbesserungen sehen. Die größten Ängste haben ältere Menschen jedoch vor dem Gebrauch von Personal Computern (PCs) und dem Internet. Jeweils mehr als 17 Prozent der Befragten gaben an, Probleme und Ängste bei deren Anwendung zu haben. Auch hier wünschen sich viele eine Vereinfachung der Bedienung. Aus dem hohen Bedürfnis nach Vereinfachung ergibt sich ein großes Potential für Innovationen, welche die Bedienung von Computern und den Zugang zum Internet erleichtern.

Trotz der scheinbaren Probleme mit dem PC und Internet ist das Interesse älterer Menschen nach PCs stark gestiegen. Bonstein, Kruse und Rodtmann (2004) haben festgestellt, dass der Bedarf nach PCs bei älteren Menschen in den vergangenen zehn Jahren um 250 Prozent zugenommen hat. Bei den über 65-Jährigen, die heute einen PC, einen Handheld-Organizer oder Computerzubehör wie Drucker oder Scanner kaufen, ist der Anteil an Männern jedoch deutlich höher als der der Frauen. Laut Haimann (2005) hat die PC-Industrie insgesamt gute Chancen, die Absatzverluste, welche sich aus der sinkenden Geburtenrate bei jüngeren Konsumenten ergeben, durch höhere Verkaufsquoten bei älteren Konsumenten auszugleichen. Um ältere Menschen in größerem Umfang als Kunden zu gewinnen, müssen die entsprechenden Geräte und Softwareprogramme jedoch die folgenden Voraussetzungen bieten: Simplifizierung und einfache Bedienbarkeit. Auch die Internetnutzung unter älteren Menschen nimmt weiter zu, sei es für berufliche oder private Zwecke. Das Statistische Bundesamt in Deutschland hat eine Befragung zur Internetnutzung bei älteren Menschen durchgeführt (vgl. Destatis 2005). Die Untersuchung führte zu dem Ergebnis, dass rund 22 Prozent der über 54-Jährigen in Deutschland im ersten Quartal 2004 online gegangen sind. Im Jahr 2002 waren es erst 16 Prozent. Auch wenn die Zunahme bei den älteren Internetnutzern mit 38 Prozent gegenüber 2002 deutlich über dem Zuwachs in der gesamten Bevölkerung ab zehn Jahren liegt (26 Prozent), sind immer noch relativ wenige ältere Menschen online. Zum Vergleich: Der Anteil der Internetnutzer an der Gesamtbevölkerung ab zehn Jahren lag bei 58 Prozent.

Innerhalb der Gruppe der älteren Menschen gibt es eine klare Unterteilung. Die Internetbeteiligung bei den „jungen" Alten, das heißt den Nutzern zwischen 55 und 64 Jahren, lag im ersten Quartal 2004 bei 36 Prozent. Von den über 64-Jährigen, die in der Regel auch über das Berufsfeld nicht mehr in Kontakt mit dem Internet gekommen sind, nutzt hingegen nur gut jeder Zehnte (elf Prozent) das Internet. Männer in den höheren Altersgruppen sind dem Internet gegenüber dabei aufgeschlossener als die gleichaltrigen Frauen. Im ersten Quartal 2004 gingen 44 Prozent der 55- bis 64-jährigen Männer und nur 29 Prozent der gleichaltrigen Frauen online. Bei den über 64-Jährigen öffnet sich die Schere noch weiter: In diesem Alter fällt der Anteil der internetnutzenden Männer mit 19 Prozent dreimal so hoch aus wie bei den Frauen (sechs Prozent). In jüngerem und mittlerem Alter ist die Internetnutzung von Männern und Frauen dagegen annähernd gleich. Das Internet wird jedoch mit zunehmendem Alter weniger intensiv genutzt. Weit über die Hälfte der internetnutzenden Personen im Alter von 15 bis 34 Jahren ist täglich oder fast täglich online. Bei den Online-Nutzern über 54 Jahren gehört der Gang ins Internet bei 43 Prozent zum Alltag. Auch die wöchentliche Nutzungsdauer nimmt in den höheren Altersgruppen insgesamt ab: 28 Prozent der 15- bis 34-Jährigen, aber nur zwölf Prozent der über 54-Jährigen verbringen mehr als fünf Stunden pro Woche im Internet. Ältere Internetnutzer benutzen das Internet hauptsächlich in den Bereichen Information, Kommunikation, E-Commerce oder E-Government. Bei einigen Applikationen werden die Unterschiede zwischen den einzelnen Altersgruppen jedoch sehr deutlich. So zum Beispiel beim Chatten über das Internet, das für 60 Prozent der 15- bis 24-Jährigen, aber nur für zwölf Prozent der über 64-jährigen Online-Anwender attraktiv ist. Die Unterschiede können jedoch auch umgekehrt ausgeprägt sein. Zum Beispiel werden Reisedienstleistungen im Internet von 59 Prozent der über 64-Jährigen, aber lediglich von 36 Prozent der 15- bis 34-jährigen Internetnutzerinnen und -nutzer in Anspruch genommen.

Gemäß der Untersuchung von Wahl und Mollenkopf (2003) ergibt sich ebenfalls großes Potential bei Mobiltelefonen. Weniger als zehn Prozent der befragten älteren Menschen besitzen demnach ein Mobiltelefon, und mehr als jeder Fünfte von ihnen wünscht sich Verbesserungen bei der Produktgestaltung. Generell steht der Markt für Mobiltelefone unter einem extrem starken Innovationsdruck. Die häufig wechselnden Modelle sind mit immer neueren Funktionen ausgestattet. Viele dieser Funktionen sind zwar nützlich, viele andere aber auch überflüssig. Während jüngere Mobiltelefonnutzer sehr viel Wert auf technische Spielereien wie Kamera, Internet, MP3-Player, Farbdisplay, Organizer oder Spiele legen, wollen ältere Menschen einfach nur ein mobiles Telefon zum Telefonieren. Trotz dieser eigentlich einfach zu bedienenden Nachfrage gab es jahrelang kein entsprechendes Angebot am Markt. Der japanische Hersteller Kyocera war einer der ersten Anbieter, welcher im Herbst 2004 gemeinsam mit dem Provider Tu-Ka ein simples Mobiltelefon ohne Display auf den Markt gebracht hat, mit dem einfach telefoniert werden konnte. Das Gerät – mit dem noch nicht einmal eine SMS geschrieben werden kann – kommt bei japanischen Kunden äußerst gut an. In den ersten vier Monaten wurden bereits mehrere zehntausend Geräte verkauft.

6.9   Betreuung und Pflege

> *„Der Pflegebereich ist ein riesiger Wachstums-*
> *markt. Ein Teil der neuen, alten Generation kann*
> *diese Pflege ja auch selber bezahlen.“*
>
> *Dr. Ilona Kickbusch,*
> *Senior Advisor,*
> *Pan American Health Organization, Washington,*

Mit steigendem Alter und der zunehmenden Bedrohung des Verlustes der Unabhängigkeit und Selbständigkeit nimmt der Bedarf älterer Menschen nach Betreuung zu. Auch wenn ein Großteil der älteren Menschen keine oder nur geringe Pflege- und Hilfsleistungen benötigt, sind etwa zehn Prozent der älteren Menschen in der Schweiz pflegebedürftig. Die meisten dieser Patienten leiden an der Alzheimer-Krankheit oder anderen Demenzformen. Die überwiegende Mehrheit der dementen Patienten wird zu Hause von Angehörigen wie beispielsweise dem Lebenspartner oder den Kindern betreut. Die Betreuung eines dementen Patienten erfordert ein äußerst intensives Engagement, und sie kann die Partner – die häufig selbst ein hohes Alter haben – bis an die Grenzen ihrer Belastbarkeit drängen (vgl. Höpflinger und Stuckelberger 1999).

Bei der Betreuung älterer Menschen wird generell zwischen Prävention, Therapie, Rehabilitation und Pflege getrennt. In der öffentlichen Meinung wird vor allem mit Blick auf die Versorgung älterer Menschen der Pflege ein Platz zugewiesen, welcher jenem der Prävention, der Therapie und der Rehabilitation nachgeordnet ist (vgl. Kruse 2002). Dies legt die Annahme nahe, dass Pflege erst dann beginnt, wenn durch die drei anderen Säulen der Versorgung keine Fortschritte mehr zu erzielen sind. Diese Tendenz ist einem umfassenden Verständnis von Pflege abträglich, da die präventive und rehabilitative Dimension der Pflege ausgeblendet werden. Ein umfassendes Verständnis von Pflege erfordert daher die Umsetzung der folgenden Pflegetechniken (vgl. Kruse 2002):

- edukativ,
- beratend,
- aktivierend,
- rehabilitativ,
- kommunikativ,
- psychosozial.

Erst im Falle der umfassenden Umsetzung der Pflegetechniken kann die Pflege ihr präventives und rehabilitierendes Potential ausreichend entfalten. In der Praxis werden jedoch diese Potentiale nicht ausreichend genutzt, was vor allem mit einem sehr eingeschränkten Verständnis von Pflege zu erklären ist. Dieses Verständnis reduziert den Pflegeprozess fälschlicherweise ganz auf die körperliche Dimension und lässt die drei anderen Dimensionen des Menschen – die seelisch-geistige, die soziale und die existenzielle – außer Acht (vgl. Kruse 2002). Die präventive Dimension der Pflege ist vor allem in der Ermittlung möglicher Risiken für die Mobilität und Selbständigkeit des Menschen und in der Entwicklung von Maßnahmen zu sehen, durch die zur Erhaltung der physischen und der kognitiven Leistungsfähigkeit sowie der Mobilität und Selbständigkeit beigetragen wird. Ein hervorragendes Instrument zur Verwirklichung der präventiven Dimension der Pflege – ebenso wie der präventiven Dimension in der Medizin – stellt gemäß Kruse (2002) der präventive Hausbesuch dar. Dieser wird von speziell ausgebildeten Gesundheitsschwestern ausgeführt und von Ärzten supervidiert, die über Erfahrungen auf dem Gebiet der Geriatrie verfügen. Auf der Grundlage der Erkenntnisse eines Hausbesuchs können die nächsten Schritte für die weitere Diagnostik sowie eine mögliche therapeutisch-pflegerische Intervention geplant werden. Des Weiteren werden Maßnahmen erörtert, mit deren Hilfe die im individuellen Fall gegebenen Umwelt- und Lebensbedingungen verbessert werden können und damit zur Aufrechterhaltung von Mobilität und Selbständigkeit beigetragen werden kann. Der präventive Hausbesuch eignet sich nicht nur in besonderer Weise für die Erfassung von Risikofaktoren in der Person und deren räumlicher, sozialer, infrastruktureller Umwelt; er bildet auch ein Instrument zur Integration medizinischer und pflegerischer, gegebenenfalls auch sozialer Maßnahmen (vgl. Kruse 2002). Somit besitzt die Pflege und Betreuung eine gravierende psychosoziale Dimension.

Angesichts der Vielfalt medizinischer, sozialer, psychischer und kontextueller Risikofaktoren von Behinderungen im Alter ist ein multidimensionales geriatrisches Assessment notwendig, was unter anderem eine enge interdisziplinäre Teamarbeit umschließt. Eine Studie über Potentiale des präventiven Hausbesuchs in der Schweiz hat ergeben, dass sie eine wirksame Strategie zur Vorbeugung von Behinderungen im Alltag sein können. Sie sind zudem vor allem wirksam, wenn sie frühzeitig einsetzen (vgl. Höpflinger und Stuckelberger 1999). Zudem haben Studien gezeigt, dass Menschen mit Hilfe- oder Pflegebedarf der psychologischen Betreuung und sozialen Unterstützung eine sehr große Bedeutung beimessen (vgl. Kruse 2002). Das Leitbild der präventiven und rehabilitativen Aufgabe der Pflege lässt sich jedoch nur umsetzen, wenn in der Gesellschaft ein verändertes öffentliches Verständnis der Pflege entsteht und die Bereitschaft besteht, höhere finanzielle Ressourcen für die Pflege zur Verfügung zu stellen. Daher ist und bleibt die familiale Pflege vorerst ein zentrales, unverzichtbares Element der Alterspflege und -betreuung. Umso wichtiger ist deshalb eine angemessene Unterstützung und Entlastung der Angehörigen. Empfehlungen zur Entlastung könnten folgende Aspekte umfassen (vgl. Höpflinger und Stuckelberger 1999):

■ Unterstützende und beratende Gespräche mit Fachpersonen.

■ Ein breites Angebot an Möglichkeiten zur Entlastung, wie beispielsweise ambulante Dienste (Spitex-Dienste, Tagesbetreuung), Entlastungsaufenthalte (medizinisch indizierte Kurzaufenthalte in Spitälern oder Heimen, Ferien für Demenzpatienten), ausgebaute Beratungs- und Therapiemöglichkeiten, gut organisierte Angehörigengruppen.

■ Ausbau von Tagesheimplätzen zur zeitweisen Entlastung stark belasteter Angehöriger. Hier besteht in den meisten Regionen in der Schweiz noch ein großer Mangel.

■ Pflegebeitrag, so dass familiäre Pflege gegenüber institutioneller Pflege keine finanzielle Benachteiligung erfährt (dies wird bereits im Kanton Basel-Stadt praktiziert).

Angemessene Unterstützungsmöglichkeiten durch ausgebildetes Personal sowie unterstützende und beratende Gespräche mit Fachpersonen führen nicht nur zur Entlastung pflegender Angehöriger, sondern auch zu einer Kostenreduktion im Gesundheitswesen, einerseits durch die Verzögerung einer teuren Heim- und Spitalplatzierung dementer Patienten und andererseits durch eine Reduktion langfristiger Gesundheitsrisiken bei den Angehörigen selbst. In diesem Zusammenhang wurden ambulante Pflege- und Betreuungsdienste in der Schweiz in den letzten Jahren verstärkt ausgebaut. Damit wird einerseits die professionelle Pflege betagter Menschen – in Ergänzung zur familialen Pflege – gestärkt, andererseits wird damit auch die Autonomie zu Hause lebender älterer Menschen verstärkt. Es zeigt sich, dass allein lebende Betagte ambulante Dienste häufiger beanspruchen. Zudem beanspruchen Betagte mit höherer Ausbildung ambulante Dienste fast doppelt so häufig wie Betagte mit geringer Ausbildung (vgl. Höpflinger und Stuckelberger 1999).

Wenn ältere Menschen unter schweren geistigen Einbußen leiden, wie beispielsweise Desorientiertheit oder Verwirrtheit, ist eine kontinuierliche Aufsicht und

Betreuung oft unumgänglich. An Desorientiertheit oder Verwirrtheit zu leiden bedeutet für die betroffenen Menschen oft eine erhebliche Einschränkung der persönlichen Freiheit; unter anderem wenn es darum geht, trotz dieser Behinderung sich selbständig und frei bewegen zu können. Betagte Menschen verlieren daher durch die Verringerung der kognitiven Funktionen zusehends jegliche Autonomie bei den Verrichtungen des täglichen Lebens. Die Auswirkungen der Desorientiertheit werden nicht nur vom betroffenen Menschen selber, sondern auch von seinen Angehörigen und seinen Betreuern gespürt. Hat diese Behinderung einen gewissen Schweregrad überschritten, erfolgt in den meisten Fällen systematisch die Einweisung in eine geschlossene Anstalt, was konsequenterweise die Einschränkung der persönlichen Bewegungsfreiheit mit sich führt. Elektronische Sicherheitssysteme können daher eingesetzt werden, um verwirrten älteren Menschen eine Transferierung in eine geschlossene Einrichtung zu ersparen, da sie dabei helfen können, den Aufenthaltsort dieser Menschen anzuzeigen. Eine Studie hat gezeigt, dass elektronische Alarmsysteme den Bedürfnissen verschiedener Gruppen entgegenkamen: Der Direktor eines Pflegeheims konnte ein Abschieben verwirrter Personen vermeiden, und das Pflegepersonal wurde entlastet, da die Gefahr eines Weglaufens und Umherirrens inklusive denkbarer Unfallgefahren weitgehend entfiel. Die Heimbewohner ohne Desorientierung konnten sich ebenfalls völlig frei bewegen. Die Probleme der desorientierten Personen konnten somit gelöst werden, ohne dass die anderen Bewohner in irgendeiner Weise eine Einschränkung ihrer Bewegungsfreiheit erleben mussten. Geschlossene Türen oder sichtbare Überwachungskameras wurden unnötig und halfen dabei, die Atmosphäre in den Heimen zu verbessern (vgl. Höpflinger und Stuckelberger 1999). Elektronische Sicherheitssysteme können somit helfen, den desorientierten und verwirrten Menschen individuelle Bewegungsfreiheit zu ermöglichen. Ein elektronisches Überwachungssystem kann Eingänge und Räume sichern, die von den verwirrten Menschen nicht betreten werden dürfen, ohne ihnen die verbliebene Autonomie des täglichen Lebens zu nehmen. In Untersuchungen wurde ebenfalls festgestellt, dass sich die Angehörigen und Betreuungspersonen der Betagten beim Einsatz elektronischer Sicherheitssysteme subjektiv sicherer fühlten (vor allem, wenn ein Telealarm eingesetzt wurde; aber auch, wenn das Telefonieren erleichtert wurde). Auch die Betagten selbst fühlten sich besser abgesichert, da sie sich zum Beispiel in der Lage sahen, in einem Notfall Hilfe anzufordern. Dieses Sicherheitsgefühl entlastete die sozialen Beziehungen vor allem zu Angehörigen, die nicht täglich vorbeischauen konnten oder weiter entfernt wohnten. Durch das Gefühl erhöhter Sicherheit wurde im Übrigen auch die Selbständigkeit der Betagten gestärkt, da sie selbst entscheiden konnten, wann sie Hilfe benötigten (vgl. Höpflinger und Stuckelberger 1999). Eine Anwendung elektronischer Sicherheitssysteme umfasst beispielsweise, dass verwirrte Menschen, die normalerweise nachts in einem von Gitterstäben umgebenen Bett liegen müssen, eine elektronisch gesteuerte Schlafunterlage bekommen können. Diese Unterlage löst einen Alarm aus, wenn die darin liegende Person das Bett verlässt. Daher ist die betroffene Person nicht mehr gezwungen, in einem Bett mit Gitterstäben zu schlafen. Durch die Vermeidung des Einsatzes eines derartigen Betts wird die subjektiv wahrgenommene Lebensqualität der betroffenen älteren Menschen erheblich verbessert.

Mit dem jüngsten Aufkommen vieler technologieintensiver Produkte wird die Beratung älteren Menschen immer wichtiger – insbesondere wenn die älteren Menschen an geistigen Einbußen zu leiden haben. Eine angemessene Beratung ist jedoch schwierig. Sollen Senioren beispielsweise durch andere Senioren beraten werden oder durch jüngere Menschen? In der Regel hängt die richtige Beratung hauptsächlich vom zugrunde liegenden Produkt ab. Bei neuartigen Informations- und Kommunikationstechnologien trauen Senioren eher jüngeren Menschen zu, auf dem neuesten Stand der Technik zu sein als Gleichaltrigen. Hingegen werden sie bei kompensatorischen Produkten lieber von Gleichaltrigen beraten. Viele Experten erwarten, dass ein besonders hohes Innovationspotential an der Schnittstelle zwischen Produktinnovationen und den dazu passenden Dienstleistungen liegt. Dabei werden produktbegleitende Beratungen oder administrative Dienstleistungen (so genannte Soft Factors) in Kombination mit neuen Produkten angeboten. Insbesondere bei der Einführung von radikalen und technologie-lastigen Neuproduktentwicklungen sind begleitende Einführungen fast schon unabdingbar. Die Enabler (Produkte) müssen dabei mit den Soft Factors (altersgerechte Inhalte) zusammengebracht werden.

Generell wird im Beratungs- und Dienstleistungsbereich geschätzt, dass Anbieter von kombinierten Dienstleistungen auf große Resonanz stoßen werden. Diese so genannten polyvalenten Dienstleister bieten Gesundheits-, Haushalts-, Administrations-, Kommunikations-, Mobilitäts- und Sicherheitsdienstleistungen aus einer Hand an. Es wird somit ein Trend zur Einzelbetreuung oder zum Case Management erwartet. Eine mögliche Gefahr bei Case Managern liegt jedoch darin, dass einige ältere Menschen die „Marktpreise" der angebotenen Dienstleistungen nicht bezahlen können und somit diese Leistungen nicht in Anspruch nehmen können. Eine weitere Gefahr besteht darin, dass ältere Menschen möglichst viele Dinge möglichst lange selbst tun wollen. Da die meisten älteren Menschen immer länger gesund bleiben, könnte die Nachfrage nach Case-Management-Lösungen begrenzt sein. Die Einsatzmöglichkeiten von Case Managern würden sich demnach hauptsächlich auf pflegebedürftige Senioren oder auf Patienten in der Übergangsphase von stationären Spitalaufenthalten zu ambulanter Versorgung beschränken.

6.10   Freizeit, Sport und Bildung

Viele Freizeitaktivitäten, welche früher nur jüngeren Erwachsenen zugetraut wurden, werden heute auch von älteren Menschen ausgeübt. Der aktivere Lebensstil heutiger Rentner hat auch damit zu tun, dass die älteren Menschen von einem hohen Wohn- und Lebensstandard profitieren. Im Rentenalter aktiv zu sein gehört heute zu einer Selbstverständlichkeit. Der Lebensstil der 65- bis 74-Jährigen, teilweise aber auch der über 75-Jährigen, hat sich seit den 1980er Jahren stark geändert, und zwar eindeutig in Richtung einer aktiven und freizeitorientierten Lebensgestaltung. Die Ursachen sind nicht nur die bessere Gesundheit und wirtschaftliche Absicherung, sondern auch die Tatsache, dass die sie schon in ihrer Jugend mit einer aktiven, leistungs- und körperlich orientierten Kultur konfrontiert wurden. So darf nicht vergessen werden, dass die heute 65-Jährigen von der Jugendkultur der 1950er und 1960er Jahre – mit Elvis Presley und Rock 'n' Roll – geprägt wurden. Anbieter von entsprechenden Produkten und Dienstleistungen müssen mit einem „jungen" Angebot auf diese Bedürfnisse eingehen.

Eine Untersuchung des Statistischen Bundesamtes in Deutschland hat ergeben, dass die Haushalte, in denen der Haupteinkommensbezieher zwischen 55 und 64 Jahren alt ist, die zweithöchsten Ausgaben für Freizeit, Unterhaltung und Kultur haben, gefolgt von Haushalten, in denen der Haupteinkommensbezieher zwischen 65 und 74 Jahren alt ist. Nur die Haushalte mit einem 45- bis 54-jährigen Haupteinkommensbezieher haben höhere Ausgaben in diesem Bereich (Bild 6.8).

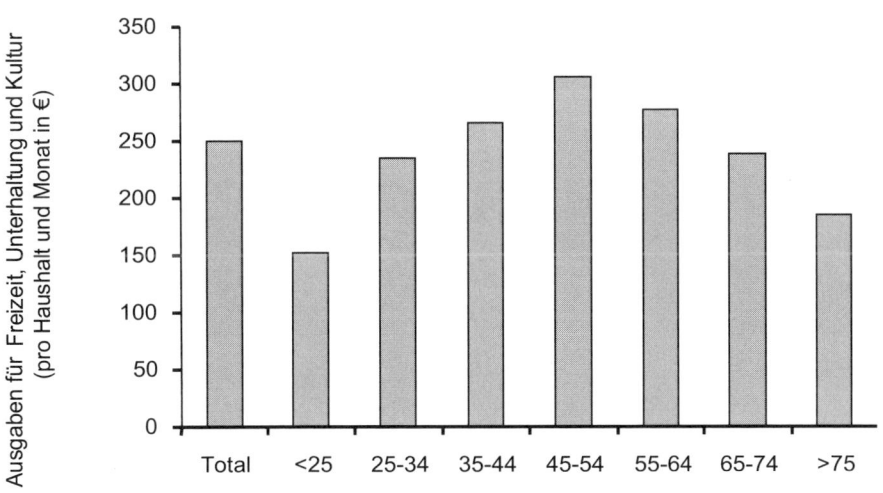

Bild 6.8: Ausgaben für Freizeit, Unterhaltung und Kultur in Deutschland im Jahr 2001 (Quelle: Statistisches Bundesamt 2001)

206 6 Anhang: Attraktive Felder für altersgerechte Innovationen

> Mit etwa **275 €** pro Haushalt und Monat haben die
> **55- bis 64-Jährigen** in Deutschland die zweithöchsten
> Ausgaben für Freizeit, Unterhaltung und Kultur.

Um feststellen zu können, welche Tätigkeiten ältere Menschen in ihrer Freizeit am liebsten ausüben, wurde im Jahr 2000 eine Untersuchung zu den Tätigkeitswünschen älterer Menschen in der Schweiz durchgeführt. Die Erhebung bei gesunden und aktiven 50- bis 80-jährigen Menschen hat ergeben, dass neben Naturerlebnissen vor allem das Reisen gegenwärtig zu den wichtigsten Wunschtätigkeiten älterer Menschen gehört. Neben Naturerlebnissen und Reisen gehören aber auch Haus und Garten, Kultur, soziale Tätigkeiten sowie Weiterbildung zu den wichtigsten Tätigkeitswünschen älterer Menschen. Sie stehen jedoch weniger im Vordergrund als die anderen Tätigkeiten (vgl. Tabelle 6.4). Studien belegen jedoch, dass ältere Menschen in der Realität weniger Ausflüge machen, weniger Bücher lesen und weniger basteln, als sie ursprünglich geplant hatten. Dasselbe gilt für Konzertbesuche, Weiterbildung und Hobbys wie Fotografieren, Musizieren oder Malen. Dafür verbringen sie in der Regel mehr Zeit vor dem Fernseher als geplant. Höpflinger (2002d) stellt in diesem Zusammenhang fest, dass sich beim Übergang in die nachberufliche Lebensphase insgesamt weniger Veränderungen des Freizeitverhaltens feststellen lassen, als üblicherweise angenommen wird.

Tabelle 6.4: Tätigkeitswünsche und Wunschtätigkeiten bei älteren Menschen in der Schweiz in den Jahren 1991 und 2000 (Quelle: Ernest Dichter SA 2000)

Tätigkeitswünsche/Wunschtätigkeiten	1991	2000
Naturerlebnis	56 %	57 %
Reisen	39 %	57 %
Haus und Garten	36 %	42 %
Kultur	22 %	39 %
Soziale Tätigkeit	22 %	22 %
Weiterbildung	12 %	21 %
Fitness	9 %	11 %

Grundlage: Befragung von 900 Personen zwischen 50 bis 80 Jahren in der Schweiz, welche sich subjektiv als gesund bezeichneten. Auswahl gemäß Quoten-Randomverfahren (je ein Drittel 50–59, 60–69, 70–80 Jahre).

Im Rahmen des Schweizerischen Haushaltspanels von 1999 wurden die tatsächlichen Freizeitaktivitäten der älteren Menschen näher untersucht. Tabelle 6.5 zeigt die Häufigkeit diverser Freizeitaktivitäten der zu Hause lebenden 65- bis 79-jährigen Menschen. Lesen, Entspannen und Musikhören gehören für die große

Mehrheit zu den alltäglichen Aktivitäten. Allerdings ist anzuführen, dass es sich bei dieser Tätigkeit um keine altersspezifische Eigenart handelt, denn in derselben Erhebung haben auch 66 Prozent der 40- bis 49-Jährigen und 74 Prozent der 50- bis 64-jährigen Personen angegeben, dass tägliches Entspannen zu ihren häufigsten Tätigkeiten gehört. Darüber hinaus geben die 65- bis 79-Jährigen an, dass tägliches oder zumindest wöchentliches Spazierengehen zu ihrem Alltag gehört. Diese Aktivität wird nach Erreichen der Pensionierung sogar häufiger ausgeübt. Werken und Gartenarbeiten werden ebenfalls häufig ausgeübt, vor allem in ländlichen Gebieten. So konnte der Modellbahnhersteller Märklin im Geschäftsjahr 2002 seinen Umsatz gegenüber dem Vorjahr von 163,9 auf 170,5 Millionen € steigern. Der Grund liegt daran, dass viele Männer mit Beginn des Rentnerdaseins erst richtig in das Hobby einsteigen, da sie dann die entsprechende Zeit haben (vgl. Haimann 2005). Neben Arbeiten und Werken zu Hause gehören das Treffen von Freunden, auswärts Essengehen sowie Einkaufen ebenfalls zu den häufigen, wenn auch nicht täglichen Aktivitäten älterer Menschen. Deutlich seltener sind Gruppensport, Besuch von Sportereignissen oder individuelle sportliche Aktivitäten, wobei das geringere Aktivitätsniveau der älteren Menschen im Vergleich zu jüngeren Menschen nicht nur Alterseffekte, sondern auch Generationenunterschiede widerspiegelt. Tatsächlich waren in früheren Generationen sportliche Aktivitäten weniger selbstverständlich. Kulturelle Aktivitäten wie auch Kursbesuche sind im höheren Lebensalter eher die Ausnahme. Auf jeden Fall zeigt sich kein Trend zu vermehrter kultureller und bildungsbezogener Aktivität nach der Pensionierung, sondern wer in früheren Lebensjahren kulturell interessiert war, bleibt es meist auch im höheren Lebensalter; wie umgekehrt ein geringes kulturelles Interesse sich auch im Alter fortsetzt (vgl. Höpflinger 2002d).

Tabelle 6.5: Häufigkeit diverser Tätigkeiten bei 65- bis 79-jährigen Menschen in der Schweiz im Jahr 1999 (Quelle: Haushaltspanel 1999)

Antwort	täglich	mind. 1-mal pro Woche	mind. 1-mal pro Monat	häufig/nie
Lesen	90 %	7 %	1 %	2 %
Entspannen	90 %	6 %	1 %	4 %
Musik hören	81 %	13 %	2 %	4 %
Spazieren	40 %	43 %	8 %	8 %
Werken/Do-it-yourself	23 %	27 %	12 %	38 %
Gartenarbeiten	19 %	29 %	9 %	43 %
Fahrrad-/Motorradfahren	19 %	30 %	8 %	43 %
Individueller Sport	16 %	24 %	3 %	57 %
Freunde treffen	5 %	46 %	33 %	16 %

Tabelle 6.5: (Fortsetzung)

Bar-, Pub-, Restaurantbesuch	5 %	33 %	27 %	35 %
Musik spielen	4 %	6 %	3 %	57 %
Einkaufen	3 %	26 %	27 %	44 %
Auswärts essen	1 %	20 %	44 %	35 %
Gruppensport	0 %	11 %	2 %	87 %
Kurse besuchen	0 %	6 %	3 %	91 %
Sportevents besuchen	0 %	4 %	9 %	87 %
Theater, Oper, Ausstellungen	0 %	4 %	25 %	71 %
Kinobesuch	0 %	1 %	7 %	93 %

Es ist zu beachten, dass nur eine Minderheit der älteren Menschen die Freizeitaktivitäten in der nachberuflichen Lebensphase in bedeutsamer Weise erweitert. Dennoch fühlen sich die Pensionierten mit ihren Freizeitaktivitäten und – erwartungsgemäß – auch mit ihrer freien Zeit zufriedener als die erwerbstätige Bevölkerung. Es scheint daher, dass die nachberufliche Lebensphase zwar häufig nicht zu einer Ausweitung des freizeitlichen Aktivitätsniveaus beiträgt, die allgemeine positive Einschätzung dieser Aktivitäten jedoch zunimmt (Höpflinger 2002d).

Die erwartete „Verjüngung" des Alters wird dazu führen, dass einige Freizeitaktivitäten älterer Menschen, welche momentan noch relativ schwach ausgeprägt sind, in Zukunft an Bedeutung gewinnen werden. Dazu gehört in erster Linie der Sport. So hat beispielsweise das Marktforschungsunternehmen ACNielsen (2004) festgestellt, dass die Bedeutung der „45 plus" in der Warengruppe der Sport- und Aktiv-Produkte höher ist, als die der unter 45-jährigen Konsumenten. Ältere Menschen betreiben Sport in unterschiedlichen Formen. Während einige Senioren den Sport wettbewerbsorientiert betrachten – so gibt es beispielsweise eine Weltmeisterschaft im 100-Meter-Lauf der über 100-Jährigen –, betreiben die meisten Senioren Sport als Breitensport. Stark an Bedeutung gewinnen Sportarten, welche einen wesentlichen Beitrag zur Aufrechterhaltung der körperlichen Fitness leisten. Dazu gehören neben traditionellen sportlichen Betätigungen wie Wandern auch neuere Sportarten wie Walking oder Nordic Walking.

Nordic Walking ist eine Form des Walkings, bei der zusätzlich Wanderstöcke eingesetzt werden. Durch den Einsatz von Spezialstöcken lässt sich nicht nur das körperliche Training noch besser gestalten als beim klassischen Walking, sondern es bietet auch mehr Sicherheit und Halt, besonders in unebenem Gelände. Nebenbei wird durch die Stöcke die Technik des Armeinsatzes geschult und die Muskulatur aktiv trainiert. Beim Nordic Walking werden mehr Kalorien verbrannt und wird mehr Sauerstoff verbraucht als bei normalem Gehen mit gleicher

Geschwindigkeit. Zudem ist Nordic Walking sehr leicht und schnell erlernbar, verbessert die Herz-Kreislauf-Leistung und entlastet den Bewegungsapparat um bis zu 30 Prozent. Daher ist es besonders geeignet für Personen mit Knie- und Rückenproblemen. Ein weiterer nicht zu unterschätzender Aspekt ist die Geselligkeit, da sich die Walker in der Regel in Gruppen zum gemeinsamen Laufen treffen. Nordic Walking wurde ursprünglich als Sommer-Trainingsmethode der Spitzenathleten aus den Bereichen Langlauf, Biathlon und der Nordischen Kombination in Zusammenarbeit mit dem weltgrößten Karbonstock-Hersteller Exel entwickelt. Im Frühjahr 1997 wurde diese Sportart erstmals in Finnland vorgestellt. Allein in Finnland betreiben etwa eine Million Menschen diesen Ganzjahressport. Heute gehört dieser Fitnesssport auch in den USA, Japan und Mitteleuropa zu einer der attraktivsten Sportarten. Anfang 2001 konstituierte sich die INWA, die International Nordic Walking Association. Die wichtigsten Ausrüstungsgegenstände für das Nordic Walking sind ein Herzfrequenzmessgerät, Schuhe und die Nordic-Walking-Stöcke. Im Juli 2004 hatten rund 800.000 Menschen in Deutschland, die meisten von ihnen älter als 50 Jahre, Nordic-Walking-Stöcke erworben (vgl. FAZ 2004b). Der Sportartikelhersteller adidas – sonst eher für die jüngeren Generationen attraktiv – hat diesen neuen Trend ebenfalls erkannt und in der Herbstkollektion 2003 den ersten speziellen Walking-Schuh angeboten.

Neben der Erhöhung der körperlichen Fitness sind die „jungen" älteren Menschen ebenfalls stark am Erhalt und der Förderung ihrer geistigen Fitness interessiert. Bildung im Alter bekommt daher eine immer wichtigere Funktion. In der Gerontologie wird davon ausgegangen, dass Bildung nicht nur zur Entwicklung von Gewohnheiten, Fertigkeiten, Ressourcen und Fähigkeiten beiträgt, sondern die älteren Menschen in die Lage versetzt, persönlich bedeutsame Ziele zu erreichen und ihr Leben in diesem Sinne effektiv zu gestalten. Verschiedene sozialmedizinische und gerontologische Studien haben sogar nachgewiesen, dass ältere Menschen mit niedrigem Bildungsniveau ein höheres Morbiditäts- und Mortalitätsrisiko aufweisen als jene mit höherem Bildungsniveau (vgl. Kruse 2002). Darüber hinaus konnte belegt werden, dass ein niedriges Bildungsniveau mit schwereren körperlichen Erkrankungen und Behinderungen sowie mit ausgeprägteren Belastungen infolge chronischer Krankheit verbunden ist. Schließlich lässt sich aus Ergebnissen empirischer Studien folgern, dass ein niedriger Bildungsstand einen Indikator für den Schweregrad bestimmter chronischer Erkrankungen darstellt – vor allem kardiovaskuläre Erkrankungen, Schlaganfall, Arthritis, Demenz und Parkinson.

Bildung für ältere Menschen kann verschiedene Bereiche umfassen. Während der Arbeitsmarkt in vielen europäischen Ländern momentan noch von geburtenstarken Jahrgängen geprägt ist, steigt das Durchschnittsalter der Erwerbsbevölkerung stark an, was zur Folge hat, dass die Gesamtheit der Erwerbstätigen künftig weniger durch das neue Humankapital der Berufsanfänger lernen kann und dafür mehr auf die Weiterbildung der schon bisher Beschäftigten angewiesen ist, um den notwendigen Strukturwandel zu meistern. Der Bildungsbereich sollte daher trotz sinkender Schüler- und Studentenzahlen verstärkt und in Richtung beruflicher Fort- und Weiterbildung ausgebaut werden. Neben der beruflichen Fort- und Weiterbildung stellen Bildungsangebote für die nachberufliche Phase ebenfalls attraktive Angebote für ältere Menschen dar. Es sollte jedoch beachtet werden, dass die freiwillige Bildung in der nachberuflichen Phase nur von einem Teilbereich der Senioren in Anspruch genommen wird. Experten schätzen, dass nur etwa zehn bis 15 Prozent aller Senioren derartige Bildungsprogramme nachfragen. An deutschen Universitäten gibt es immerhin schon rund 39.000 Seniorenstudenten. Die über 60-Jährigen machen bereits fast die Hälfte aller Gaststudenten an deutschen Unis und Fachhochschulen aus. Die beliebtesten Fächer sind Geschichte, gefolgt von Wirtschaftswissenschaften und Rechtswissenschaften. Die Hochschule mit der mit Abstand größten Zahl an Seniorenstudenten ist die Universität Frankfurt. Hier studieren pro Jahr etwa 5.000 Senioren. In manchen Veranstaltungen der Geistes- und Kulturwissenschaften machen die Senioren fast 80 Prozent der Hörerschaft aus. Aufgrund ihrer stark steigenden Zahl wird diese Entwicklung jedoch auch kritisch diskutiert. Für die „normalen" Studierenden ist oftmals kein Platz mehr im Hörsaal. Eine Lösung wäre das Konzept der so genannten Universität des dritten Lebensalters. Professoren aller Fachbereiche veranstalten hier gegen eine geringe Semestergebühr eigens für Senioren konzipierte Seminare und Vorlesungen.

Literatur

ACNielsen (2004): *Die Generation 45plus: Best Ager – Best Shopper. Eine heterogene Gruppe und ihre Sub-Segmente.* Marktstudie.

BAGSO (2003): *Beschwerdepool für ältere Verbraucher. Ergebnisse zur Befragung zum Thema Verpackungen.* http://www.bagso.de/fileadmin/Verbraucherforum/Verpackungen_01.pdf, gefunden am 15. April 2004.

Balachandra, R.; Friar, J. H. (1997): Factors for success in R&D projects and new product innovation: a contextual framework. *IEEE Transactions on Engineering Management*, Vol. 44, No. 3, S. 276–287.

Bally, E. (2005): *Neue Trends in der Lebensmittelindustrie: Am Beispiel von Functional Food in der Ernährung des alten Menschen – Bedeutung und Nützlichkeit von funktionellen Lebensmitteln.* http://www.alzheimerforum.de/2/3/2/Neue_Trends_in_der_Lebensmittelindustrie.html, gefunden am 6. April 2005.

Baltes, M. M.; Maas, I.; Wilms, H.-U.; Borchelt, M. (1999): Everyday competence in old and very old age: Theoretical considerations and empirical findings, in: Baltes, P. B.; Mayer, K. U. (Hrsg.): *The Berlin Aging Study.* Cambridge University Press: Cambridge, S. 384–402.

Baltes, M. M.; Wahl, H.-W.; Schmid-Furstoss, U. (1990): The daily life of elderly Germans: Activity patterns, personal control, and functional health. *Journal of Gerontology: Psychological Sciences*, Vol. 45, S. 173–179.

Bass, F. M. (1969): A New Product Growth for Model [sic!] Consumer Durables. *Management Science*, Vol. 15, No. 5, S. 215–227.

Behnke, K. D. (2003): Guiding the Process of Assistive Technology Assessment for Elders. *ASA – American Society on Aging.* Vol. 11, No. 1, Summer 2003. S. 1 ff.

Belliveau, P.; Griffin, A.; Somermeyer, S. (2002): *The PDMA Toolbook for New Product Development.* John Wiley and Sons: New York.

Beolchi, L. (2002): *European Telemedicine Glossary of Concepts, Standards, Technologies and Users.* 4th Edition. Information Society of the European Commission. Working Document.

Biedermann, M. (2005): *Esskultur im Bereich der verschiedenen Kostformen im Heim.* http://www.nahrungsverweigerung.de/scripts/sub/interessantes/esskultur_im_heim.html, gefunden am 6. April 2005.

BLS (2001): Consumer Expenditure Surveys 1999 of the Bureau of Labor Statistics. http://www.bls.gov, zitiert nach: The Henry J. Kaiser Family Foundation (2001): *Prescription Drug Trends. A Chartbook Update.* November 2001. http://www.kff.org, gefunden am 7. Februar 2001.

Bohn, F. (2002): *Neuer Ratgeber „Wohnungsanpassungen".* http://www.seniorweb. ch/de/indexloa-der.html?http&&&www.seniorweb.ch/de/aktuell/2002/nuetzlich 0203.php, gefunden am 9. Januar 2003.

Bonstein, J.; Kruse, K.; Rodtmann, E. (2004): Abschied vom Jugendwahn. *stern*, Nr. 41, 30. September 2004, S. 32 ff.

Bristol, T. (1996): Persuading senior adults: The influence of endorser age on brand attitudes. *Journal of Current Issues & Research in Advertising*, Vol. 18, Iss. 2, S. 59–68.

Brünner, B. O. (1997): *Die Zielgruppe Senioren – eine Analyse.* Peter Lang: Frankfurt am Main.

Bundesamt für Statistik (2002): *Räumliche und strukturelle Bevölkerungsdynamik in der Schweiz 1990–2000.* Neuchâtel.

Bundesamt für Statistik (2005): *Qualitätsbericht. Einkommens- und Verbrauchsstichprobe 1998.* Stand: Mai 2005. http://www.destatis.de/download/qualitaetsberichte/ qualitaetsberichtevs.pdf.

Carrigan, M.; Szmigin, I. (2000): Advertising and older consumers: Image and ageism. *Business Ethics: A European Review*, Vol. 9, Iss. 1, S. 42–50.

Charness, N. (2003): Access, motivation, ability, design, and training: necessary conditions for older adult success with technology, in: Charness, N.; Schaie, K. W. (Hrsg.): *Impact of Technology on Successful Aging.* Springer Publishing Company: New York.

Charness, N.; Kelley, C. L.; Bosman, E. A.; Mottram, M. (2001): Word processing training and retraining: effects of adult age, experience, and interface. *Psychology and Aging*, Vol. 16, S. 110–127.

Cooper, R. G. (1979): Identifying industrial new product success: Project NewProd. *Industrial Marketing Management*, Vol. 8, S. 124–135.

Cooper, R. G. (1986): New product performance and product innovation strategies. *Research Management*, Vol. 29, No. 3, S. 17–25.

Crews, D. E. (1990): Anthropological Issues in Biological Gerontology, in: Robert L. Rubinstein (Hrsg.): *Anthropology and Aging. Comprehensive Reviews.* Kluwer Academic Publishing: Dordrecht. S. 11–38.

CUD (2004): *Nokia Helps Lead IT Industry to Customers with Disabilities.* The Center for Universal Design, North Carolina State Universitiy http://design. ncsu.edu/cud/ proj_services/projects/case_studies/nokia.htm, gefunden am 1. August 2004.

DB Research (2002): *Die demografische Herausforderung.* Demografie Spezial. 30. Juli 2002. Deutsche Bank Research. www.dbresearch.de, gefunden am 26. Juni 2005.

DB Research (2003): *Auf dem Prüfstand der Senioren: Alternde Kunden fordern Unternehmen auf allen Ebenen.* http://www.dbresearch.de/PROD/DBR_INTERNET_ DEPROD/PROD0000000000060519.pdf, gefunden am 8. August 2004.

Deloitte & Touche (2000): *The Emerging European Health Telematics Industry.* Market Analysis. Reference No. C13.25533; Februar 2000.

Destatis (2005): *Internetnutzung älterer Menschen nimmt überdurchschnittlich zu.* Pressemitteilung vom 18. April 2005. Statistisches Bundesamt. http://www.destatis.de/presse/deutsch/pm2005/p1790024.htm, gefunden am 8. August 2005.

Deutsche Gesellschaft für Erbrechtskunde (2004): *Lieber an die Kinder als an den Staat.* Pressemitteilung vom 1. April 2004.

Diehr, M. (2002): Easy to use – Erleichterung und Unterstützung Älterer aus Sicht eines PKW-Herstellers, in: Schlag, B.; Megel, K. (Hrsg.): *Mobilität und gesellschaftliche Partizipation im Alter.* Schriftenreihe des Bundesministeriums für Familie, Senioren, Frauen und Jugend. Band 230, S. 272–280. Kohlhammer: Stuttgart.

DIE WELT (2004): Teures Alzheimer-Medikament hilft kaum. *DIE WELT*, 2. Juli 2004, S. 24.

Dychtwald, M. K. (1997): Marketplace 2000: riding the wave of population change. *Journal of Consumer Marketing*, Vol. 14, Iss. 4/5, S. 271–275.

Dzumba, D. (2001): *Implementation of Inclusive Design in Industry.* http://www.stakes.fi/cost219/procdzumba2.doc, gefunden am 9. August 2004.

Ernest Dichter SA (2000): *Senioren 2000. Eine neue Generation auf dem Weg zur Selbstverwirklichung.* Zürich. Bericht des Ernest Dichter Instituts für Motiv- und Marktforschung. 2000. http://www.dichter.ch/downloads/04-04_seniorenbroschuere.pdf, gefunden am 27. September 2005.

Eurostat (2002): *Verbraucher in Europa; Zahlen, Daten und Fakten.* Amt für amtliche Veröffentlichungen der Europäischen Gemeinschaften: Luxemburg. http://www.eu-datashop.de/download/DE/inhaltsv/thema3/verbr_de.pdf, gefunden am 30. Juli 2004.

FAZ (2004a): Betty Barclay hat sich gut gehalten. *Frankfurter Allgemeine Zeitung.* 3. Juli 2004, S. 17.

FAZ (2004b): Rauhe Badehose und Walkstock. *Frankfurter Allgemeine Zeitung.* 13. Juli 2004, Technik-Beilage, S. 6.

Floerkemeier, C.; Lampe, M.; Schoch, T. (2003): The Smart Box Concept for Ubiquitous Computing Environments. *Proceedings of sOc'2003* (Smart Objects Conference), Grenoble, May 2003, S. 118–121.

FRAME (2003): *Freizeitmobilität älterer Menschen.* http://www.zem.uni-bonn.de/projects/frame/21prob.HTM, gefunden am 16. Januar 2003.

Gassmann, O.; Reepmeyer, G. (2003): *Innovationspotentiale im Successful Ageing in der Schweiz.* Studie im Auftrag des Bundesamtes für Berufsbildung und Technologie (BBT). Bern, S. 107.

Gassmann, O.; Reepmeyer, G.; Stengl, B.; Jäniche, V. (2003): *Potentialabschätzung von Innovationen im Successful Ageing in der Schweiz.* ITEM Working Paper. Dezember 2003.

Gates, W. (1998): *Accessibility day speech.* http://www.microsoft.com/BillGates/speeches/accessibilityday.asp, gefunden am 28. Juli 2004.

Geiger, T. (2004): Krieg der Knöpfe. *SPIEGEL ONLINE.* http://www.spiegel.de/auto/werkstatt/0,1518,307296,00.html, gefunden am 6. Juli 2004.

Georgescu, V. (2002): Warum alte Patienten die Kasse retten. *SPIEGEL ONLINE.* http://www.spiegel.de/politik/deutschland/0,1518,224507,00.html, gefunden am 27. November 2002.

Getzen, T. E. (1992): Population Aging and the Growth of Health Expenditures. *Journal of Gerontology*, Vol. 47, No. 3, S. 98–104.

GfK (2002): *50 Plus 2002 – Der Bericht. Studie zum Verbraucher im dritten Lebensabschnitt. Gesellschaft für Konsumgüterforschung.* GfK Marktforschung: Nürnberg.

Glatthard, T.; Bohn, F. (2002): *Wohnungsanpassungen bei behinderten und älteren Menschen.* http://www.fachmessen.ch/altbau/2002/presse5.html, gefunden am 9. Januar 2003.

Gruner, K.E. (1997): *Kundeneinbindung in den Produktinnovationsprozess: Bestandsaufnahme, Determinanten und Erfolgsauswirkungen.* Gabler: Wiesbaden.

Haimann, R. (2005): *Alt! Wie die wichtigste Konsumentengruppe der Zukunft die Wirtschaft verändert.* REDLINE WIRTSCHAFT: Frankfurt am Main.

Hancock, H. E.; Fisk, A. D.; Rogers, W. A. (2001): Everyday products: Easy to use ... or not? *Ergonomics in Design*, Vol. 9, S. 12–18.

Haushaltspanel (1999): *Schweizerisches Haushaltspanel SHP*, 1999.

Hess, T. (1990): Aging and semantic influences on memory, in: Hess, T. M. (Hrsg.): *Aging and cognition: Knowledge organization and utilization.* North-Holland: Amsterdam, S. 93–160.

Hock, E.-M.; Bader, B. (2001): Kauf- und Konsumverhalten der 55plus-Generation, Ergebnisse einer empirischen Studie in der Schweiz, in: Belz, C.; Tomczak, T.; Rudolph, T. (Hrsg.): *Thexis – Fachbericht für Marketing*, Vol. 2001/3.

Höpflinger, F. (2002a): *Aspekte demographischer Alterung – Messung und gesellschaftliche Folgen.* http://www.mypage.bluewin.ch/hoepf/fhtop/fhalter1E.html, gefunden am 13. Dezember 2002.

Höpflinger, F. (2002b): *Entwicklung und Stand der Gerontologie in der Schweiz.* http://www.mypage.bluewin.ch/hoepf/fhtop/fhalter1B.html, gefunden am 11. Dezember 2002.

Höpflinger, F. (2002c): *Wandel des Alterns – und gesellschaftliche Folgen.* http://www.mypage.bluewin.ch/hoepf/fhtop/fhalter1D.html, gefunden am 13. Dezember 2002.

Höpflinger, F. (2002d): *Nachberufliche Tätigkeitsfelder in der Schweiz – Problemstellung und neue Ergebnisse.* http://www.mypage.bluewin.ch/hoepf/fhtop/fhalter1I.html, gefunden am 18. Dezember 2002.

Höpflinger, F.; Stuckelberger, A. (1999): *Alter Anziani Vieillesse – Hauptergebnisse und Folgerungen aus dem Nationalen Forschungsprogramm NFP32.* In Zusammenarbeit mit Hermann-Michel Hagmann. Bern.

Horx, M. (2002): *Willkommen im 21. Jahrhundert – Aufbruch in die Wissensgesellschaft, Trends und Megatrends für die Zeitenwende.* http://www.zukunftsinstitut.de, April 2002.

Howard, J. A. (1977): *Consumer Behavior. Application of Theory.* New York.

Hultsch, D. F.; Hertzog, C.; Small, B. J.; Dixon, R. A. (1999): Use it or lose it: Engaged lifestyle as a buffer of cognitive aging? *Psychology and Aging*, Vol. 14, S. 245–263.

Hupp, O. (1999): *Seniorenmarketing: Informations- und Entscheidungsverhalten älterer Konsumenten.* Kovač: Hamburg.

Hyflick, L. (2000): The future of Aging. *Nature*, Vol. 408, November 2000, S. 267 ff.

IDCnet (2004): *D2.1 – The needs of industry and future technologies landscapes and the resultant requirements for the graduate profile – update.* http://www.idcnet.info/html/IDCnet_D2.1.1.html, gefunden am 3. August 2004.

IHA-GfM (1998): *Konsum und Mediennutzung nach Altersklassen.* Hergiswil.

Infratest (2003): *Hilfe- und Pflegebedürftige in Privathaushalten in Deutschland 2002.* Infratest Sozialforschung, München.

Inglehart, R. (1979): Wertewandel in den westlichen Gesellschaften: Politische Konsequenzen von materialistischen und postmaterialistischen Prioritäten, in: Klages, H.; Kmieciak, P. (Hrsg.): *Wertewandel und gesellschaftlicher Wandel.* Frankfurt am Main /New York. S. 279–360.

Johne, A. F.; Snelson, P. A. (1988): Success factors in product innovation: a selective review of the literature. *Journal of Product Innovation Management*, Vol. 5, No. 1, S. 114–128.

Kaiser, H. J.; Oswald, W. D. (2000): Autofahren im Alter – Eine Literaturanalyse. *Zeitschrift für Gerontopsychologie und -psychiatrie*, Vol. 13, No. 3/4, S. 131–170.

Kennie, D. C. (1984): Health maintenance of the elderly. *Journal of the American Geriatric Society*, Vol. 32, S. 316–323.

King, T. W. (1999): *Assistive technology: Essential human factors.* Allyn & Bacon: Boston, MA.

Klages, H. (1993): Wertewandel in Deutschland in den 90er Jahren, in: v. Rosenstiel, L. et al. (Hrsg.): *Wertewandel. Herausforderungen für die Unternehmenspolitik in den 90er Jahren*, 2. Aufl., Stuttgart, S. 1–15.

Köhler, R. (1993): Produktpolitik: Strategische Stoßrichtung und Erfolg von Produktinnovationen, in: Hauschildt, J.; Grün, O. (Hrsg.): *Ergebnisse empirischer betriebswirtschaftlicher Forschung: Zu einer Realtheorie der Unternehmung.* Festschrift für Eberhard Witte, Schäffer-Poeschel: Stuttgart, S. 255–293.

Kohli, M. (2000): Der Alters-Survey als Instrument wissenschaftlicher Beobachtung, in: Kohli, M.; Künemund, H. (Hrsg.): *Die zweite Lebenshälfte. Gesellschaftliche Lage und Partizipation. Ergebnisse des Alters-Survey.* Opladen, S. 10–32.

Kölzer, B. (1995). *Senioren als Zielgruppe: Kundenorientierung im Handel.* Deutscher Universitäts-Verlag: Wiesbaden.

Kortmann, W. (1995): *Diffusion, Marktentwicklung und Wettbewerb: Eine Untersuchung über die Bestimmungsgründe zu Beginn des Ausbreitungsprozesses technologischer Produkte.* Lang: Frankfurt am Main /Bern.

Krieb, C.; Reidl, A. (1999): *Senioren-Marketing: so erreichen Sie die Zielgruppe der Zukunft*. Ueberreuter: Wien.

Krieb, C.; Reidl, A. (2001): *Seniorenmarketing – So erreichen Sie die Zielgruppe der Zukunft*. moderne industrie: Landsberg am Lech.

Kruse, A. (2002): *Gesund altern: Stand der Prävention und Entwicklung ergänzender Präventionsstrategien*. Schriftenreihe des Bundesgesundheitsministeriums für Gesundheit. Band 146. Nomos: Baden-Baden.

Kubey, R. W. (1980): Television and Aging: Past, Present, and Future. *The Gerontologist*. Vol. 20, No. 1, S. 16–35.

Lazer, W. (1986): Dimensions of the mature market. *Journal of Consumer Marketing*, Vol. 3, Iss. 3, S. 23–34.

Lee, S.-G.; Mun, S. K.; Jha, P.; Levine, B. A.; Ro, D. W. (2000): Telemedicine: Challenges and opportunities. *Journal of High Speed Networks*, Vol. 9, S. 15–30.

Leibrock, C.; Terry, J. (1999): *Beautiful Universal Design: A visual guide*. John Wiley: New York.

Leu, R. E.; Burri, S.; Priester, T. (1997): *Lebensqualität und Armut in der Schweiz*. Haupt: Bern.

Lewis, H. G. (1997): *Seniorenmarketing – Die besten Werbe- und Verkaufskonzepte*. moderne industrie: Landsberg am Lech.

Lilien, G. L.; Yoon, E. (1989): Determinants of new industrial product performance: a strategic reexamination of the empirical literature. *IEEE Transactions on Engineering Management*, Vol. 36, No.1, S. 3–10.

Lohrum, M. (2000): Nicht alle Kunden sind jung – intergenerative Produktgestaltung, in: Meyer-Hentschel (Hrsg.): *Handbuch Senioren-Marketing: Erfolgsstrategien aus der Praxis*. Meyer-Hentschel Management Consulting. Dt. Fachverlag: Frankfurt am Main, S. 379–414.

Lowney, G. (2000): *Greg Lowney, Microsoft's Accessibility Strategist, Discusses the importance of Universal Design and Accessibility*. http://www.microsoft.com/presspass/features/2000/jun00/06-16accessibility.asp, gefunden am 29. Juli 2004.

Lüthje, C. (2003): Kundenorientierung als Erfolgsfaktor im Innovationsprozess, in: Herstatt, C.; Verworn, B. (Hrsg.): *Management der frühen Innovationsphasen*. Gabler: Wiesbaden, S. 36–56.

Mace, R. (1998): *A Perspektive on Universal Design*. http://www.adaptenv.org/index.php?option=Re-source&articleid=156&topi cid=28, gefunden am 8. August 2004.

Mahajan, V.; Muller, E.; Srivastava, R. K. (1990): Determination of Adopter Categories by Using Innovation Diffusion Models. *Journal of Marketing Research*, Vol. 27, No. 1, S. 37–50.

Mann, W. C. (2003): Assistive Technology, in: Charness, N.; Schaie, K. W. (Hrsg.): *Impact of Technology on Successful Aging*. Springer: New York.

Martinez, E.; Polo, Y.; Flavián, C. (1998): The acceptance and diffusion of new consumer durables: differences between first and last adopters. *Journal of Consumer Marketing*, Vol. 15, No. 4, S. 323–342.

McCann Erickson (2005): Die Generation 50PLUS – Wie kommuniziert man mit ihnen? Präsentation beim KTI-Forum, Zürich, 14. November 2005.

Mead, S. E.; Fisk, A. D. (1998): Measuring skill acquisition and retention with an ATM simulator: The need for age-specific training. *Human Factors*, Vol. 40, S. 516–523.

MedizInfo (2004): *Epidemiologie: Häufige Krankheiten ab 65 Jahren.* http://www.medizinfo.de, gefunden am 30. Mai 2004.

Menrad, K. et al. (2000): *Functional Food.* Studie im Auftrag des Zentrums für Technologiefolgen-Abschätzung (TA-SWISS). TA 37A/2000.

Meyer-Hentschel (2000): *Handbuch Senioren-Marketing: Erfolgsstrategien aus der Praxis.* Meyer-Hentschel Management Consulting. Dt. Fachverlag: Frankfurt am Main.

Meyer-Hentschel, H.; Meyer-Hentschel, G. (1991): *Das goldene Marktsegment: Produkt und Ladengestaltung für den Seniorenmarkt.* Dt. Fachverlag: Frankfurt am Main.

Microsoft (1998): *Accessibility Day 98: Education and Commitment.* http://www.microsoft.com/enable/news/accday98.aspx, gefunden am 28. Juli 2004.

Mollenkopf, H. (2003): Assistive Technology: Potential and Preconditions of Useful Applications, in: Charness, N.; Schaie, K. W. (Hrsg.): *Impact of Technology on Successful Aging.* Springer: New York.

Moore, P. (2003): Newsletter from Include 2003, *Inclusive Design for Society and Business.* 26-28 March 2003. Helen Hamlyn Research Centre, Royal College of Art: London. http://www.hhrc.rca.ac.uk/programmes/include/publications. html, gefunden am 3. August 2004.

Moschis, G. P.; Lee, E.; Mathur, A. (1997): Targeting the mature market: Opportunities and challenges. *Journal of Consumer Marketing*, Vol. 14, Iss. 4/5, S. 282–293.

Moschis, G. P. (1992): *Marketing to Older Consumers: A Handbook of Information for Strategy Development.* Westport.

Moss, M.; Lawton, M. P. (1982): Time budgets of older people: A window on four life styles. *Journal of Gerontology*, Vol. 37, S. 115–123.

Netdoktor (2004): *NetDoktor.de. Das unabhängige Gesundheitsweb für Deutschland.* http://www.netdoktor.de/medikamente/showpreparation.asp?id=12741, gefunden am 30. Mai 2004.

Nielson, J.; Curry, K. (1997): Creative strategies for connecting with mature individuals. *Journal of Consumer Marketing*, Vol. 14, Iss. 4/5, S. 310–322.

Oswald, F. (2002): Wohnbedingungen und Wohnbedürfnisse im Alter, in: Schlag, B.; Megel, K. (Hrsg.): *Mobilität und gesellschaftliche Partizipation im Alter.* Schriftenreihe des Bundesministeriums für Familie, Senioren, Frauen und Jugend. Band 230, Kohlhammer: Stuttgart, S. 97–115.

Pfafferott, I. (1994): Mobilitätsbedürfnisse und Unfallverwicklung älterer Autofahrer/innen, in: Tränkle, U. (Hrsg.): *Autofahren im Alter*. TÜV Rheinland. Deutscher Psychologen Verlag: Köln/Bonn, S. 19–36.

Pro Senectute (2002): *Alter – Generation mit Zukunft: Antworten zum Thema Alter und Älterwerden*. 3. Aufl., Zürich.

Raisbeck, G. (1982): Systems Development: Technology-Push, User-Pull or Producer-Motivated?, *Interfaces*, Vol. 12, No. 4, August 1982, S. 108–112.

Rice, G. E.; Okun, M. A. (1994): Older readers' processing of medical information that contradicts their beliefs. *Journal of Gerontology*: Psychological Sciences, Vol. 49, S. 119–128.

Rogers, E. M. (2003): *Diffusion of Innovations*. 5. Aufl., The Free Press: New York.

Rogers, W. A.; Fisk, A. D. (2003): Technology Design, Usability, and Aging: Human Factors Techniques and Considerations, in: Charness, N.; Schaie, K. W. (Hrsg.): *Impact of Technology on Successful Aging*. Springer: New York.

Rogers, W. A. et al. (1996): Training older adults to use automatic teller machines. *Human Factors*, Vol. 38, S. 425–433.

Rogers, W. A.; Mykityshyn, A. L.; Campbell, R. H.; Fisk, A. D. (2001): Only 3 easy steps? User-centered analysis of a "simple" medical device. *Ergonomics in Design*, Vol. 9, S. 6–14.

Rosbach, B. (2005a): Raus aus den Puschen. *Lebensmittel-Zeitung Spezial. Generation 50+. Strategien für die Mehrheit von morgen*. Ausgabe 1/2005, S. 40–43.

Rosbach, B. (2005b): Verborgene Schätze. *Lebensmittel-Zeitung Spezial. Generation 50+. Strategien für die Mehrheit von morgen*. Ausgabe 1/2005, S. 36–39.

Rothwell, R. et al. (1974): SAPHO updated – project SAPHO phase II. *Research Policy*, Vol. 3, S. 258–291.

Rowe, J. W.; Kahn, R. L. (1998): *Successful Aging*. Pantheon Books: New York.

Saloma, T. et al. (2001): *Accessibility and Mobile Phones*. Irving: Nokia Mobile Phones. http://rose.iinf.polsl.gliwice.pl/~kwadrat/www.csun.edu/cod/conf2001/proceedings/0156salomaa.html, gefunden am 2. August 2004.

Schirrmacher, F. (2004): *Das Methusalem-Komplott*. Blessing: München.

Schlettwein-Gsell, D. (2005): *Esskultur im Heim Mangelernährung und Fehlernährung im Alter: Welche Ursachen führen zu Mangelernährung und Fehlernährung? Was müssen Heimköchinnen und -köche darüber wissen? Was können sie tun?* http://www.nahrungsverweigerung.de/scripts/sub/interessantes/esskultur_im_heim.html, gefunden am 6. April 2005.

Schroeder, P. (2000): *Access Issues; A Brief History of Microsoft and Accessibility*. http://www.afb.org/afbpress/pub.asp?DocID=aw010402&Mode=Print, gefunden am 5. August 2004.

Schweizerischer Wissenschaftsrat (1999): *Fakten & Bewertungen*. Ausgabe 4/99.

Silvers, C. (1997): Smashing old sterotypes of 50-plus America. *Journal of Consumer Marketing*, Vol. 14, Iss. 4/5, S. 303–309.

Smith, J.; Baltes, P. B. (1996): Altern aus psychologischer Perspektive: Trends und Profile im hohen Alter, in: Mayer, K. U.; Baltes, P. B. (Hrsg.): *Die Berliner Altersstudie*. Akademie-Verlag: Berlin. S. 221–250.

Standort Schweiz (2003a): *Biotechnologie*. http://www.standortschweiz.ch/seco/internet/de/technologies/biotechnology/index.html, gefunden am 10. Januar 2003.

Standort Schweiz (2003b): *Mikro- und Nanotechnologie*. http://www.standortschweiz.ch/seco/internet/de/technologies/micro_nano/index.html, gefunden am 10. Januar 2003.

Standort Schweiz (2003c): *IuK*. http://www.standortschweiz.ch/seco/internet/de/technologies/ict/index.html, gefunden am 10. Januar 2003.

Statistisches Bundesamt (2003a): *Bevölkerung Deutschlands bis 2050 – Ergebnisse der 10. koordinierten Bevölkerungsvorausberechnung*. Statistisches Bundesamt, Wiesbaden, Juni 2003.

Statistisches Bundesamt (2003b): *Einnahmen und Ausgaben privater Haushalte. Einkommens- und Verbrauchsstichprobe 2003*. Statistisches Bundesamt, Wiesbaden, 2003.

Statistisches Bundesamt (2001): *Statistisches Jahrbuch*, Wiesbaden, 2001.

Strohm, D. (2003): Die härtesten Tester des Marktes. *NZZ am Sonntag*, 23. November 2003. S. 57.

Szmigin, I.; Carrigan, M. (2001): Time, consumption, and the older consumer: An interpretive study of the cognitively young. *Psychology & Marketing*, Vol. 18, Iss. 10, S. 1091–1116.

The Economist (2002): *Over 60 and overlooked*. Ausgabe vom 8. August 2002.

Trocchia, P. J.; Janda, S. (2000): A phenomenological investigation of Internet usage among older individuals. *Journal of Consumer Marketing*, Vol. 17, Iss. 6/7, S. 605–616.

van Selm, M.; Westerhof, G. J.; Thissen, T. (1996): Ouderen in tv-reclamespots: lachwekkend of respectabel? *Tijdschrift voor Gerontologie en Geriatrie*, Vol. 6, S. 237–242.

Vaupel, J. (2000): Setting the Stage: A Generation of Centenarians? *The Washington Quarterly*, 23:3, Summer 2000, S. 197–200.

Wahl, H.-W.; Mollenkopf, H. (2003): Impact of Everyday Technology in the Home Environment on Older Adults' Quality of Life, in: Charness, N.; Schaie, K. W. (Hrsg.): *Impact of Technology on Successful Aging*. Springer: New York.

Weiguny, B. (2004): Und ein Gläschen zum Dessert. *Frankfurter Allgemeine Sonntagszeitung*. Wirtschaft, Nr. 15, 11. April 2004, S. 35.

WHO (2002): *Active Ageing: A Policy Framework*. World Health Organization. Ageing and Life Course, 2002.

Wilhelm, S. (2005): Richtig abgeschmeckt. *Lebensmittel-Zeitung Spezial. Generation 50+. Strategien für die Mehrheit von morgen*. Ausgabe 1/2005, S. 44 ff.

Wolfe, D. B. (1997): Older markets and the new marketing paradigm. *Journal of Consumer Marketing*, Vol. 14, Iss. 4/5, S. 294–302.

Yom, M.; Wilhelm, T.; Beger, D. (2001): *Seniorengerechte Website-Gestaltung. Planung und Analyse*, 28. Jahrgang, Heft 6, S. 22–25.

Internetseiten

http://www.50plusmarkt.com
http://www.aarp.org
http://www.afar.org
http://www.bagso.de
http://www.eurag-europe.org
http://www.feierabend.com
http://www.forum-fuer-senioren.de
http://www.healthandage.com
http://www.item.unisg.ch
http://www.kti-cti.ch
http://www.npoe.nl
http://www.senio.de
http://www.senioren-informations-zentrale.de
http://www.senioren-initiativen.de
http://www.seniorennet.de
http://www.senioren-online.net
http://www.seniorenrat.ch
http://www.seniorentreff.de
http://www.seniorweb.ch
http://www.sgg-ssg.ch
http://www.stakes.fi
http://www.thematuremarket.com
http://www.viva50plus.org
http://www.who.int
http://www.zfg.unizh.ch

Index

Mobiltelefon 88, 134, 199
Motorrad 193

N
Nachkriegsgeneration 2
Nahrungsmittel 165
NASA 195
Nettoeinkommen 33, 34
Nettovermögen älterer Menschen 34
Nissan 194
Nivea Vital 146
Nokia 129, 131
Nordic Walking 45, 208
Notrufe 137
Novartis 87
NPOE 112
Nutraceuticals 168

O
Oberflächengestaltung 110, 124, 134, 170
OECD 73
Optische Effekte 136
Osteoporose 42, 44
Otto-Reisen 38

P
Partizipation 41, 54
Pepsi 165
Pfizer 58, 162
Pflege 200
Pharmazie 161
Phonak 97
Point of Sale 59, 61, 62, 69, 145, 155
Porsche 148
Potential
– demographisches 4, 21, 159
– wirtschaftliches 4, 20, 156
Prävention 85, 92
Präventiver Hausbesuch 201
Preisauszeichnung 136
Pro Senectute 51, 182
Procrit 165

Produktanforderungen 134
Produktgestaltung
– altersunabhängige 132
– erfolgreiche 135
– Kriterien 136
– partizipative 126, 138, 156
Produktkommunikation 140
Produktplatzierung 137
Produktverpackungen
– Ärgernisse 190
– Schwierigkeiten 191

R
Rehabilitation Engineering 119
Reiseanbieter 38
Renten
– -alarm 2
– -kollaps 2
– -problematik 2
Rentenversicherung 33
Reproduktionsrate 5
RFID 80
Roche Diagnostics 76
Rolex 148

S
SCA Hygiene Products 141
Schindler 53
Schweizerische Akademie der Medizinischen Wissenschaften (SAMW) 180
Schweizerische Akademie der Technischen Wissenschaften (SATW) 180
Schweizerische Gesellschaft für Gerontologie (SGG) 16, 177
Schweizerischer Seniorenrat (SSR) 17
Sehvermögen 133
Seiko 24
Selbständigkeit 41, 50
Senio 41, 67
Seniorenmarketing 20, 141, 143
Senioren-Universität Zürich 55

Autoren

Prof. Dr. Oliver Gassmann ist seit 2002 Professor für Technologiemanagement und Direktor des Instituts für Technologiemanagement an der Universität St. Gallen. Er ist Mitglied diverser wirtschaftlicher, politischer und wissenschaftlicher Beiräte. Prof. Gassmann leitet die Initiative „Innovation for Successful Ageing" der KTI/CTI im Auftrag des Bundes der Schweiz. 1996–2002 war er bei der Schindler Aufzüge AG tätig, seit 1998 ist er als Vice President für die Leitung der Forschung und Vorentwicklung im Schindler-Konzern verantwortlich. Zuvor Studium der Wirtschaftswissenschaften an der Universität Hohenheim und Promotion mit höchster Auszeichnung an der Universität St. Gallen. 1998 Auszeichnung durch den RADMA-Prize in Manchester, U.K. Prof. Gassmann ist Autor, Ko-Autor und Herausgeber von zehn Büchern und über 120 Fachpublikationen im Bereich Technologie- und Innovationsmanagement in internationalen Zeitschriften. Seine Arbeiten sind in Deutsch, Englisch, Japanisch und Chinesisch erschienen.

Dr. Gerrit Reepmeyer ist wissenschaftlicher Mitarbeiter bei Prof. Gassmann am Institut für Technologiemanagement an der Universität St. Gallen, wo er im Herbst 2005 mit höchster Auszeichnung promovierte. Momentan befindet er sich als Visiting Scholar an der Columbia Business School in New York. Vor seiner Tätigkeit in St. Gallen hat Herr Reepmeyer als Manager bei der Venture-Capital-Firma Knowledge-Cube ebenfalls in New York gearbeitet. Herr Reepmeyer hat einen Abschluss als Wirtschaftsingenieur von der Technischen Universität Berlin sowie einen Master of Science in Management vom Stevens Institute of Technology in Hoboken, USA. Sein Forschungsschwerpunkt liegt im Bereich Innovationsmanagement mit spezieller Berücksichtigung der pharmazeutischen Industrie. Herr Reepmeyer hat bisher zwei Bücher, drei Buchkapitel und zehn Artikel im Bereich Innovations- und Technologiemanagement veröffentlicht.